J. BEZARD

PROFESSEUR DE PREMIÈRE AU LYCÉE ROCHE

LA
CLASSE DE FRANÇAIS

Journal d'un Professeur
dans une division de Seconde C (Latin-Sciences).

TROISIÈME ÉDITION

PARIS
LIBRAIRIE VUIBERT
63, Boulevard Saint-Germain, 63

Librairie VUIBERT, Boulevard Saint-Germain, 63, PARIS.

Ouvrages de M. J. Bezard

DE LA MÉTHODE LITTÉRAIRE
Journal d'un Professeur dans une classe de Première

Ouvrage couronné par l'Institut.

Volume 18-12 de 716 pages . . . . 5 fr. »

M. Bezard a eu une excellente idée. Il publie, dans un gros volume de 700 pages, le cours de littérature qu'il a fait pendant l'année à ses élèves, le cours complet, non seulement les explications, les analyses et les appréciations du professeur, mais les demandes, réponses et réflexions des élèves; et cela fait un enseignement très vivant, très instructif, très varié. Tous les auteurs du programme sont exposés sous des points de vue attrayants, pittoresques, appuyés de références, de conseils, de comparaisons et de citations pris chez les écrivains et les critiques anciens, modernes ou contemporains. Une partie du livre (et ce n'est ni la moins séduisante ni la moins utile) est consacrée à la correction des devoirs d'élèves. Les élèves touchent du doigt, pour ainsi dire, les raisons d'infériorité ou de supériorité qui motivent leur classement. Ce sont des leçons parlées et des démonstrations faites sur le vif. Il serait trop long d'entrer ici dans les détails de cet ouvrage d'une utilité incontestable. Qu'il nous suffise de dire que c'est un cours de littérature enseigné par questions et par sujets, avec de nombreux exercices, de très bonnes analyses et d'intéressantes dissertations historiques. L'ouvrage de M. B. est un des meilleurs que nous ayons sur l'enseignement classique et scolaire de l'histoire de la littérature française.

(Journal des Débats.)

Comment apprendre le Latin à nos Fils

Volume 18-12 de 424 pages . . . . 3 fr. 50

M. Bezard nous avait enseigné la littérature française, on sait avec quel charme et quelle autorité.

La portée de sa méthode était trop générale pour qu'il n'essayât point d'en faire bénéficier l'enseignement du latin. Le livre qu'il publie aujourd'hui, et qui est le résultat d'une patiente enquête, indique de la manière la plus nette les exercices et les procédés — parfois différents de ceux qui sont actuellement en honneur — d'où doit sortir la nécessaire renaissance des humanités latines.

Les professeurs feront à ce nouveau livre un accueil aussi chaleureux qu'à ses devanciers ; les parents désireux de « suivre » leurs fils voudront l'étudier ; les élèves qui trop souvent souffrent du manque de continuité de leurs études latines et qui voudraient se ressaisir pendant qu'il en est encore temps, en tireront le plus grand profit.

3 fr. 50 net.

LA CLASSE DE FRANÇAIS

DU MÊME AUTEUR

(A LA MÊME LIBRAIRIE)

De la Méthode littéraire. Journal d'un Professeur dans une Classe de Première. — Volume 18 × 12^{cm} de 746 pages, 2e édition. . . . . . . 5 fr. "
  Couronné par l'Institut.

Comment apprendre le Latin à nos fils. — Volume 18/12^{cm} de 424 pages.. . . . . 3 fr. 50

J. BEZARD

PROFESSEUR DE PREMIÈRE AU LYCÉE HOCHE

LA CLASSE DE FRANÇAIS

Journal d'un Professeur
dans une division de Seconde C (Latin-Sciences).

TROISIÈME ÉDITION

PARIS
LIBRAIRIE VUIBERT
63, BOULEVARD SAINT-GERMAIN, 63

A MES CHEFS

ET A MES COLLÈGUES

> « Ma première vue a été de mettre par écrit et de fixer la méthode d'enseigner, usitée depuis longtemps parmi vous... »
>
> ROLLIN (Dédicace du *Traité des Études*).

LA CLASSE DE FRANÇAIS

AVANT-PROPOS

Ce livre est le *Journal de classe* d'un professeur de français dans une division de Seconde C. Je veux, comme le Diable Boiteux, soulever pour le public le toit d'une classe prise au hasard, et soumettre notre méthode à son jugement impartial. « Folle tentative ! m'a-t-on dit de divers côtés. Le public est trop distrait, trop occupé par ailleurs de choses plus graves, ou plus frivoles, pour prêter quelque attention à ces petits Mémoires scolaires... Aussi bien, cela ne s'est jamais fait; un professeur n'a jamais eu la naïveté de sténographier sa classe, fût-ce pour la redire aux parents de ses élèves; votre ouvrage ne rentre dans aucune catégorie bien connue... » Et l'on ajouterait volontiers, comme ce libraire dont s'amuse quelque part Lamartine[1] : « Renoncez à ces nouveautés qui dépaysent le lecteur ! Lisez nos Maîtres: Esménard, Luce de Lancival... non... Frary, Bonvalot, Le Bon !

---

1. LAMARTINE, *Raphaël*, chap. 82.

Ressemblez, de grâce, à quelqu'un, si vous voulez qu'on vous reconnaisse et qu'on vous lise. Je vous donnerais un mauvais conseil en vous engageant à publier cet ouvrage... » Sages et prudentes paroles !... Hélas, elles ont eu le sort de toutes les prophéties et de tous les conseils ! Elles n'ont pas retardé d'une heure ma folie, et je viens, en dépit de ces fâcheux pronostics, soumettre au public une méthode contraire à celle de « nos Maîtres » !

La leur fut efficace, il y a quelques années, lorsqu'il s'agissait d'attaquer, de détruire les anciens programmes. C'était le temps où M. Jules Lemaître faisait, en pleine Sorbonne, le procès des vieilles études, et où la Commission d'Enquête, sollicitant les critiques, mettait un zèle des plus louables à tenir compte des moindres avis. Un plaidoyer vigoureux, éloquent dans l'invective, spirituel dans la satire, et très dur pour les professeurs, eût été de mise alors ; il n'eût pas été difficile, suivant le conseil du libraire, de trouver un modèle à suivre, et j'aurais lancé dans le sillage de la *Question du Latin* un brûlot bien incendiaire sur la *Question du Français*...

Cet heureux temps n'est plus !...

et un nouveau programme, arrêté en 1902, a marqué trop tôt la fin de la période héroïque. Plus de satire, plus d'éloquence ! Plans de réforme, vastes projets, tous les genres vraiment favorables aux développements oratoires nous sont désormais interdits ; et nous venons cinq ans trop tard pour déployer quelque talent... il ne nous reste plus qu'à montrer de la conscience ! Nous devons recoudre point par point, après qu'on a tant décousu ; il s'agit, non d'imaginer, mais de regarder, d'observer, de noter au jour le jour ce qui se passe autour de nous ; telle est la tâche moins séduisante, moins avantageuse (oh combien !), mais utile dans sa modestie, que, depuis cinq années, en silence, s'imposent beaucoup de professeurs. Oui, chacun de nous, dans le domaine que lui assigne le Plan d'études, travaille patiemment à se faire, sur cette importante réforme, une opinion personnelle ; il en voit les qualités ; il en découvre aussi les imperfections ; il tâche d'appliquer de son mieux les théories et les systèmes, de les rendre vraiment pratiques, et d'adapter l'œuvre excellente, mais touffue, du législateur, à la réalité qu'il a sous les yeux. Presque tous, nous avons quelque chose à dire, rien qu'en racontant sans recherche, sans ambition, sans éloquence, mais avec sincérité, les réflexions que nous inspire le spectacle de la vie. C'est ce que j'ai tâché de faire pour *l'enseignement du français*, espérant que certains collègues suivraient peut-être mon exemple dans les facultés voisines, et que de nos monographies se dégagerait un plan d'ensemble, un plan tracé *d'après nature*. On ne trouvera pas une idée, dans notre Journal scolaire, qui ne soit appuyée sur des faits et des documents, sur le travail des élèves, le témoignage des familles, l'observation quotidienne du professeur dans sa classe. Chacun de nos chapitres est un procès-verbal, et le livre entier consiste en une série de comptes rendus. Nous n'avons eu d'autre souci que de noter fidèlement ce qui se passait chaque jour. Ainsi, sans idée préconçue, sans autre but que de dire simplement la vérité, nous avons écrit nos Mémoires!

Ils se composent, dans le plus grand nombre des chapitres, de deux parties essentielles. On y trouvera presque toujours deux genres de notes très différentes.

Les premières concernent *la préparation et la dictée des devoirs :* elles occupent souvent plusieurs pages, à la suite de chaque matière. C'est peut-être la partie la plus importante de notre tâche, celle que réclament avec instance beaucoup de parents, celle où s'exerce de la manière la plus profonde l'action du professeur. « Donnez à mon fils une méthode ! » me disait au début de l'année un homme de grande expérience, mûri dans les affaires. — « Montrez-lui comment il doit travailler », ajoutait une de ces mères que n'aveugle pas leur tendresse, et qui voient souvent plus loin, plus profondément que nous-mêmes. — « Qu'il apprenne à réfléchir; qu'il ait en mains les instruments nécessaires; qu'il ne reste pas un enfant! » Tel est le cri général; telle est aussi la définition simple et juste du rôle qui nous sera désormais assigné.

A cette demande si légitime, on connaît la réponse faite par quelques réformateurs. Ils proposent de n'établir, désormais, aucune différence entre le rôle du professeur et celui du répétiteur, et de rendre dès aujourd'hui leurs fonctions « interchangeables »[1], en attendant qu'elles soient « unies dans la personne d'un même maître »[2]. La surveillance du travail deviendrait *au moins*[3] aussi importante que l'enseignement lui-même, et les qualités pédagogiques grandiraient chez les professeurs, à mesure qu'on exigerait d'eux des connaissances moins profondes et des titres moins élevés[4]. — Sans aborder une discussion qui m'entraînerait hors de mon sujet, je dois dire que les parents dont j'ai reproduit les vœux ne m'ont pas semblé favorables à un projet de cette nature. Ils ne voient guère ce que gagneraient les élèves à compter constamment sur l'aide de leur maître; ils ne voient que trop, en revanche, ce que perdrait le professeur à ne jamais les quitter pour préparer sa classe. Ils savent que, pour enseigner un peu, il faut avoir beaucoup appris et apprendre sans relâche, que ce n'est pas trop de toute une vie consacrée à certaines études pour acquérir ou conserver l'expérience nécessaire, et la *science,* sérieusement constatée par un examen difficile, un peu renouvelée chaque jour par le

---

1. *Enquête parlementaire de 1900,* t. II, p. 638, déposition de M. PAYOT.
2. *Discours de* M. COUYBA. Chambre des Députés, 12 février 1902.
3. *Enquête,* t. I, p. 263, déposition de M. SÉAILLES. Textes recueillis, avec d'autres non moins intéressants, par M. le D^r LE BON, dans le chapitre très net qu'il consacre à cette question (*Psychologie de l'Education,* p. 101-106).
4. « La suppression de l'agrégation serait fort importante (pour les professeurs)... Les nécessités des concours font d'eux des spécialistes. » D^r LE BON, *op. cit.,* p. 102.

travail ou la réflexion, leur paraît encore la plus sûre garantie de notre valeur professionnelle[1]. Aussi préfèrent-ils peut-être, en ce qui concerne le français, se contenter du système, plus timide assurément, mais plus simple, que je propose dans ce livre.

Notre méthode a l'avantage, en effet — ou l'inconvénient — de n'exiger aucun changement radical ; elle laisse chacun à sa place, le professeur dans sa chaire, et l'élève devant son pupitre ; pas de nouveauté, pas de réforme... et pas de bruit ! — « Mais alors, dira-t-on, ce n'est pas une méthode ! » — Hélas, non, je le crains : ce n'est qu'un usage, celui de tous les professeurs consciencieux qui furent, « quoi qu'on die », assez nombreux depuis le bon Rollin. Il consiste *à ne pas dicter*, autant que possible, *un sujet, sans y ajouter des conseils sur la manière de le traiter*. J'aime mieux parler aux élèves *avant* le devoir qu'*après*. Mieux vaut prévenir que corriger. Ce point est d'autant plus digne d'attention que l'élève n'est pas seul à nous écouter. Ces matières, ces réflexions, ces conseils s'adressent à ses parents, à son répétiteur, à tous ceux qui suivent son travail. J'entends d'avance, en les dictant, le dialogue familier qui les complétera le soir. Scène touchante et simple, dont plus d'un père ou d'un grand frère nous rapporte parfois l'écho, mais qu'on devine sans la voir !

---

[1]. Voir, dans *L'Enseignement secondaire* (Belin) du 1er décembre 1906, l'article de M. Henri BERNÈS intitulé : « Enseignement et Surveillance. » On y trouvera, bien résumée, la thèse des « réformateurs » ; mais on se laissera gagner, sans doute, par les arguments si justes que leur oppose M. Bernès.

Combien préférable aux doléances d'antan! « Je connais déjà vos classes, nous dit-on parfois en riant. Je les ai suivies sans me déranger, et le cahier de textes est pour moi un véritable « théâtrophone »[1]. » L'accord s'établit de loin entre le père (ou le répétiteur) et le professeur, sur la méthode du bon sens, et lorsqu'ils ont le plaisir de se voir, ils partagent presque l'illusion de s'être déjà rencontrés. Aussi n'ai-je pas craint de passer beaucoup de temps à cette tâche qu'on peut appeler la *direction du travail;* nous ne saurions y attacher désormais trop d'importance.

La seconde série des notes est consacrée, naturellement, à *la correction des devoirs.* — J'avais d'abord donné, dans mes comptes rendus, comme dans la classe elle-même, un certain développement à la partie toute critique, négative, de ces corrections; j'y rappelais, dans des analyses détaillées, les principaux caractères des copies moyennes ou médiocres, et les défauts sur lesquels la classe devait fixer son attention. Malheureusement, ces analyses, en l'absence des copies (trop nombreuses pour être imprimées), perdaient le plus souvent tout leur intérêt. Elles restaient intelligibles pour ceux qui avaient assisté à la classe, parce qu'elles leur rappelaient, avec le

---

1. Ceci doit être encore plus vrai des Sciences que des Lettres. Qui donnera aux parents le moyen de suivre leurs enfants, de connaître nos méthodes et de les appliquer avec eux ? Qui leur racontera la *classe d'arithmétique,* ou la *classe de géométrie,* afin de tarir dans leur source tant de larmes enfantines et de chagrins maternels ?

son de la voix, beaucoup de détails accessoires ; mais le lecteur, qui n'est pas dans les mêmes conditions, les aurait jugées obscures ; il aurait trouvé, sans doute, comme le paysan du conte villageois, que nous manquions vraiment trop d'égards pour ceux « qui ne sont pas de la paroisse ». Une pareille traduction n'eût été qu'une trahison. Je n'en ai donc maintenu que quelques spécimens, portant sur des devoirs très courts, où il m'était plus facile de citer au moins un extrait à l'appui de chaque observation. Ils suffiront pour qu'on se fasse une idée de tous les autres. — Une trahison plus choquante encore eût été, sous prétexte de peindre la classe sur le vif, de livrer la collection, même partielle, des négligences, fautes de français, impropriétés, trivialités, dont le style des collégiens, de tous temps et en tous pays, fut toujours si bien fourni. Je me suis permis d'en signaler, à l'occasion, quelques exemples ; mais j'avoue que, le plus souvent, j'ai cru devoir me refuser ce genre d'effets trop facile ; il m'a semblé que je manquerais, en insistant sur ces misères, dépourvues d'ailleurs d'intérêt, aux égards dus à des élèves si zélés et si confiants ; et je m'en suis remis du soin de combler cette lacune à la malice du lecteur.

J'ai préféré m'étendre, au contraire, sur la partie *positive* de nos corrections, la plus féconde évidemment, s'il est vrai que l'exemple soit la seule leçon profitable. Certes, il est nécessaire de blâmer les défauts, de signaler les fautes, de détruire les mauvais germes, lorsqu'ils se développent avec trop d'abondance sur un terrain favorable! Mais combien il est plus sûr de compter sur la méthode préventive, chère à la médecine moderne, et de fortifier l'organisme, pour qu'il élimine de lui-même tous les éléments nuisibles! Notre terrain psychologique est riche en bons éléments : les qualités de nos élèves l'emportent sur leurs défauts; leur tempérament ne demande qu'à se développer dans le meilleur sens, lorsqu'on a soin de le diriger suivant une méthode rationnelle, et de s'appuyer sur deux forces que rien ne saurait remplacer : la raison et le sentiment... La raison et le sentiment, « l'ordre et le mouvement », tout le style ! suivant le vieux mot de Buffon... Non pas que nous ayons adopté le ton du *Discours sur le style,* ni repris les célèbres manchettes du solennel académicien. Si même des puristes voulaient nous adresser un reproche, ce serait de n'avoir pas été toujours très académique, et d'avoir évité par-dessus tout l'apparence d'une gravité doctorale. Mais sous une forme parfois un peu familière peut-être, sous le ton naturel et simple qui, seul, plaît à nos élèves, nous n'avons fait qu'appliquer les méthodes de nos anciens maîtres, et le bon sens traditionnel est toujours ce qui nous convient.

On trouvera donc, d'abord, et bien des fois répétés, des conseils relatifs à l'*ordre,* à la *logique* dans le discours. Comme il est surtout nécessaire, dans une classe, d'être compris, nous n'avons pas hésité à souligner les divisions, à user de chiffres romains, de chiffres arabes, de majuscules et de minuscules. Les élèves sourient, sans doute (et le professeur avec eux), de ces procédés naïfs ; mais ils ne sont pas dupes de leurs plaisanteries ; ils se moquent, mais ils écoutent ; et ils savent, tout en s'amusant, appliquer à l'occasion ce qui leur est enseigné. L'un d'eux, un jour, imagina (c'était, il y a quinze ans déjà, dans un lycée de province) d'écrire toute une lettre conçue suivant la méthode classique. La lettre-parodie fit le tour de la classe, et je ne fus pas sans être mis au courant de ce qu'elle contenait :

Début, écrivait l'auteur. — « J'ai l'intention d'aller te voir, après-demain, à la campagne...

Ire PARTIE. — J'ai, pour m'y décider, trois raisons principales :

1° Le besoin de prendre l'air ;

2° Le désir de canoter sur la rivière ;

3° L'espoir de jouer encore un bon tour à ton voisin, le père Baptiste !

2e PARTIE (restriction). — Pourtant, j'en serai peut-être empêché par trois motifs essentiels. Chacun d'eux s'appuie sur trois arguments :

1° Le premier est..., etc.

Il est inutile d'ajouter que cet élève (un Anglais) remettait d'excellents devoirs, rigoureusement composés suivant les « préceptes de l'art ». Sa raillerie même prouvait à quel point il avait compris, et je fus presque aussi heureux qu'un auteur dramatique, lorsqu'il voit caricaturer sa pièce par les revues de fin d'année. Je continuai donc sans scrupules à exiger des divisions, des *primo* et des *secundo*, des grands A et des grands B. Une semaine sur deux, les élèves sont invités à les présenter sans voiles, sans développements rédigés, sous forme de simple *plan;* ce devoir de quinzaine, suivant le système aujourd'hui adopté par beaucoup de professeurs, n'est que le compte rendu, l'analyse sommaire d'un texte étudié avec soin ; il force les élèves à lire, à bien lire, en décomposant ce qu'ils ont lu ; il est la preuve écrite du travail accompli. Il est en même temps le symbole du principe qui doit, avant tout, nous diriger dans nos études ; il représente l'*amour de l'ordre.*

L'ordre, pourtant, ne suffit pas, et il serait même dangereux d'abuser de ces exercices, si d'autres ne les complétaient. Les élèves ne s'en rendent pas toujours compte. Séduits par la facilité qu'ils éprouvent à faire des « plans » plus ou moins superficiels, ils s'exagèrent volontiers la valeur d'un tel travail. « Faire un plan » est devenu pour beaucoup d'entre eux le but suprême, l'idéal de la composition littéraire. Un professeur est, à leurs yeux, d'autant plus « fort » qu'il couvre plus vite le tableau, sur le premier sujet venu, d'accolades et de divisions ; et l'on entend de braves jeunes gens vous dire avec conviction: « Ils m'ont donné 5 sur 20, à la Sorbonne. J'avais pourtant fait un bien bon plan ! » — Pauvres amis ! Le *plan*, certes, est quelque chose ; mais il ne vaut que par l'habileté avec laquelle vous savez en tirer une dissertation ; il faut que le goût, le sentiment, l'imagination complètent l'œuvre de la raison ; et notre tâche la plus importante, en même temps que la plus difficile, est de vous apprendre à *écrire* ! Evidemment, les qualités « scientifiques » dont nos jeunes gens sont épris restent tout aussi précieuses dans le style proprement dit que dans la composition. Un élève qui a mis de l'ordre dans son devoir, dont le paragraphe est bien construit et les idées bien enchaînées, trouvera plus facilement qu'un autre le mot propre, l'expression juste, parfois même l'expression vive et pittoresque ; « les mots lui viennent aisément » lorsqu'il voit clair dans sa pensée. Mais il faut qu'il y ajoute des qualités plus littéraires, celles que développe l'étude des orateurs et poètes, et que Buffon définit si bien en parlant de cette émotion qui « joint le sentiment à la lumière..., donnant ainsi la vie à chaque expression ».

Une telle chose, dira-t-on, ne saurait s'apprendre, et le don du style, même en prose, est une qualité naturelle que, seules, des natures bien douées possèdent sans l'avoir acquise : « Ah ! mon Daniel, disait la mère Jacques à son frère, quelle jolie façon tu as de dire les choses[1] ! » Comment communiquer à la moyenne des élèves cette « jolie façon de dire les choses » ? Comment leur faire voir la couleur des images et sentir la musique des phrases ?

---

[1]. A. DAUDET, *Le petit Chose*, 2ᵉ partie, chap. II. — M. J. Lemaître cite très justement ce mot, dans son étude sur Daudet, pour rappeler ce qu'il y a d'indéfinissable... et d'inimitable dans le style d'un écrivain. (*Contemporains*, II.)

Comment former l'œil et l'oreille, si la nature ne leur a donné, d'elle-même, une exquise sensibilité ?

A cette objection trop fondée, je répondrai que nous n'avons pas la prétention, encore moins le désir de former des écrivains ; que si la plupart des hommes sont incapables (grâce à Dieu !) de sentir comme le petit Chose, ils doivent du moins exprimer des idées précises dans un style correct, et que cette vertu plus modeste, si elle ne peut être enseignée par le raisonnement, doit du moins être suggérée, peu à peu, par l'*imitation*.

De là l'importance attribuée, dans ce livre, au moindre fragment de copie, dès qu'il laisse entrevoir, sous une forme un peu terne, l'« intention », le ferme désir de trouver l'expression juste. Il est certain qu'on ne corrige pas, qu'on ne refait pas une mauvaise phrase. Un devoir négligé reste négligé, quelque peine que se donne le maître pour en atténuer les défauts ; c'est perdre son temps sans profit pour personne, c'est même offrir une prime à la paresse de l'élève, que de s'y arrêter sérieusement. Il n'en est pas de même des devoirs faits avec goût, fût-ce avec un goût médiocre, fût-ce même avec mauvais goût ! Car on y sent toujours une pensée qui se cherche, une intelligence qui ne demande qu'à être dirigée, soutenue, et l'on est tout heureux de venir à son secours. Le lecteur s'imaginera sans peine, d'après son expérience personnelle, ce que peut être ce travail, fait en classe, avec les élèves. Qui ne connaît ces scènes familières ? Et quel est l'homme cultivé qui n'a gardé quelque souvenir d'un de ces petits incidents classiques,

du temps où il fut écolier !

Lorsque je me suis contenté de mettre à la fin du devoir les initiales de l'élève, on saura que les retouches ont été nulles ou insignifiantes. Mais quand la rédaction imprimée est due à la collaboration de la classe, j'ai pris soin d'ajouter : « corrigé », « modifié », « ajouté »; car, bien souvent, dans ce cas, il subsiste peu de chose de la rédaction primitive. Un élève avance un terme plus exact ; d'autres, aidés par ce premier mot, trouvent à l'envi des termes plus précis encore ; on cherche à haute voix ce qui manque, dans une phrase déjà bien construite, pour que le rythme satisfasse les oreilles les plus exigeantes ; et l'on arrive généralement à lui donner l'allure convenable. C'est ainsi que, dans la mesure où le style peut s'imiter, ceux qui ne sont pas dénués de quelque goût naturel arrivent parfois à comprendre l'« art de dire joliment les choses ».

Ai-je besoin, en terminant, de solliciter l'indulgence pour ces devoirs sans prétention ? Le lecteur qui a bien voulu parcourir cet Avant-propos, celui que n'a pas rebuté le titre scolaire du livre, est sûrement un père de famille ou s'intéresse plus ou moins à quelque jeune collégien. Il sait tout ce que les élèves ont à faire dans ces divisions C, et comme il leur est difficile de ne pas sacrifier les Lettres

AVANT-PROPOS

à l'étude exclusive des Sciences. Il leur faut, pour nous fournir des copies à peu près correctes, une réelle bonne volonté, et nous ne saurions, sans injustice, nous montrer trop exigeants. On se placera donc, pour les juger, dans les conditions difficiles où les circonstances nous ont mis... *Trois*[1] heures de classe par semaine! Peu de temps, très peu de temps en étude[2]! Des programmes scientifiques un peu longs, et qui semblent faits plutôt pour les premiers des classes que pour la moyenne! Bref, un régime sur lequel chacun sait que les professeurs de Lettres ont renoncé même à gémir, pour ne pas être exposés à pleurer du matin au soir... Le lecteur bienveillant nous en tiendra compte. Il fera, comme on dit, la part des circonstances, et il n'en sera que plus sensible aux efforts tentés par nos jeunes « scientifiques » pour

---

1. Il semble bien que le chiffre de 4 heures, longtemps adopté par les programmes officiels, soit en effet le plus convenable. C'est la limite normale, naturelle, vers laquelle nous tendons. En 3 heures, tous les exercices sont gênés, étriqués, chevauchent les uns sur les autres. En 4 heures, tout deviendrait facile, aisé : nous aurions deux classes d'explication, une classe de correction générale du devoir (plan et premières copies), et une classe de direction du travail (compte rendu des copies moyennes ; dictée du devoir suivant et conseils pratiques; distribution des livres et conseils sur les lectures). — Un petit allègement des heures, et surtout des programmes scientifiques, pourrait compenser, dit-on, sans dommage pour personne, cette faveur faite aux Lettres. Certains professeurs de sciences affirment même que les mathématiques profiteraient indirectement d'un partage plus équitable, d'un développement plus harmonieux des facultés intellectuelles. La part du français est vraiment, à leur avis, bien restreinte, et son influence trop réduite.

2. Là est le mal le plus grave.

acquérir ce que ne donnent ni la chimie, ni l'algèbre, ni même la plus élégante des solutions géométriques. Il y aura dans son sourire plus d'indulgence que de malice, lorsqu'il jettera les yeux sur leurs essais enfantins, pleins d'une inexpérience aimable ; et il craindra de décourager, par un jugement sévère, leur désir de goûter encore, à une époque si positive, cette chose de plus en plus rare qu'on appelle le *sens littéraire.*

1

LES DEUX PREMIÈRES CLASSES

Conseils généraux sur la narration.

Analyse d'un conte de Daudet.

Nous sommes au 1ᵉʳ octobre. Je viens de prendre au Secrétariat l'horaire de l'année nouvelle, et je m'arrête un instant devant ma classe pour considérer ce papier avec une secrète angoisse. Comment ferai-je pour développer en si peu de temps mon programme? Comment les élèves, surtout, feront-ils pour l'appliquer? Heureusement pour eux, ils n'y songent pas. Ils ont bien d'autres soucis. Ils choisissent leurs places, se poussent, se bousculent; on entend des cris et des rires... Hâtons-nous! Entrons!

Le silence se fait brusquement, un de ces silences profonds qu'explique seule la crainte ou la curiosité. Rassurez-vous, ce n'est pas la peur. Sous la discipline moderne, et malgré l'heureuse fermeté en honneur dans notre lycée, la crainte est le dernier sentiment que nos collégiens connaissent! Il n'en est pas de même de la curiosité. Songez que nous sommes en *Seconde C*, dans la division scientifique, où l'esprit sera constamment tendu sur des problèmes d'algèbre ou de géométrie. Certes, on aime ce labeur austère ; on s'y applique avec zèle. Mais on ne déteste pas de trouver dans les Lettres un délassement relatif, et l'on a connu des maîtres, en Troisième, même en Quatrième, qui les rendaient (chose incroyable) attrayantes, presque amusantes ! Le professeur de Seconde est-il de leur école, ou ressemble-t-il plus ou moins au professeur Crocodilus, dont Alphonse Daudet raconte qu'il « pourchassait avec soin, dans les devoirs de ses élèves, cette fleur rare qu'on appelle l'imagination »[1] ? Évidemment, à première vue, il n'a pas l'air bien féroce, et les camarades, l'an dernier, ne disaient pas trop de mal de sa classe ; mais il y a des airs si trompeurs et des camarades si naïfs ! Il faut voir... Soyez sûr que cette question capitale est la seule qui se pose dans toutes ces têtes immobiles dont les yeux, les trente paires d'yeux, laissent deviner la pensée intime d'une manière si expressive.

L'examen, pendant que je prenais note de tous les noms, ne paraît pas avoir été trop défavorable car un mouvement d'attention plutôt sympathique accueille l'ouverture de mon mince portefeuille. Un livre en sort, un petit livre, reliure d'amateur, tranche dorée... ; bon signe ! J'annonce : « *Les Contes de Daudet.* » Peuh ! C'est bien connu. On préférerait peut-être Maupassant. Enfin ! Cela vaut encore mieux que *Britannicus*... Je continue : « Quel

---

1. A. DAUDET, *L'Immortel.*

est le meilleur lecteur ? » Silence général. « Allons ! dénoncez-vous ! Quel est le premier prix de récitation ? » Une main se lève. « Prenez le livre de Daudet. Ouvrez-le, page 128. Vous êtes prêt ? » Il lit : « *L'Agonie de la Sémillante.* » — « C'est cela. Je vais aller au tableau, et j'y prendrai des notes pendant que vous lirez. Vous vous arrêterez quand je vous ferai signe, après le premier développement. Marchez. »

Il y a deux ou trois ans de cela. Je courais la mer de Sardaigne...

La première classe est commencée.

L'élève lit, sans interruption, la première moitié du conte : de la page 128 à la page 137, jusqu'à : « Encore sous l'impression... » A ce moment, je l'interromps, après avoir silencieusement pris des notes sur le tableau.

Il semble, dis-je, que Daudet ait composé ce petit récit exprès pour nous. C'est le seul où l'on puisse suivre d'aussi près le travail de l'écrivain. Il nous a expliqué, dans *Trente ans de Paris*, la manière dont il procédait ; mais il est bien plus curieux, ici, de le voir à l'œuvre, travaillant presque sous nos yeux. — *L'Agonie de la Sémillante* est divisée en deux parties très différentes ; je viens de vous arrêter à la fin de la première. Elle nous montre le *travail de recherche* auquel doit se livrer d'abord tout élève qui étudie un sujet. « Comme la matière est sèche ! dites-vous parfois. Comment veut-on qu'un enfant trouve tout seul des idées ! » De là à déclarer le sujet absurde, à s'arracher les cheveux et à maudire son professeur, il n'y a qu'un pas. Je suis sûr que vous ne l'avez jamais franchi ! Pourtant, il y a des choses dont il ne faut pas jurer... C'est que vous voulez mettre la charrue avant les bœufs, et que vous passez tout de suite au *second travail*, au *travail de composition*, sans l'avoir fait précéder d'une analyse suffisante.

Or, la nature a voulu que, dans ces deux *moments successifs*, nous fissions appel à des facultés, à des méthodes différentes. Le premier travail s'appuie sur la partie mécanique de notre intelligence, le second sur la partie réfléchie ; l'un est surtout affaire d'*imagination*, et l'autre de *raisonnement*.

I. — Le premier travail.

La recherche des idées et le mécanisme de l'imagination.

Vous n'ignorez pas que la loi fondamentale à laquelle obéit l'esprit humain est la *loi de l'association des idées*. Un souvenir, une idée, une image ne se présente pas isolément à notre mémoire ; cette « image » (tel est le terme adopté par les philosophes) est toujours amenée par une image précédente, et ne manque pas d'en attirer une troisième à sa suite. La série de nos souvenirs ressemble à une chaîne ininterrompue qui se déroulerait sans cesse devant nos yeux ; c'est un *cinématographe* qui ne s'arrête jamais. Jour et nuit, l'*imagination* fait ainsi défiler, plus ou moins rapides, plus ou moins intenses, mais sans le moindre « trou », la longue collection de ses photographies.

Cette *chaîne d'images* présente un double caractère. D'abord, la force qui la fait mouvoir est purement mécanique. Elle est indépendante de la réflexion. Elle est même d'autant plus intense que la réflexion est plus faible. Quand nous sommes distraits, ou légèrement endormis, ou fatigués par la maladie, c'est-à-dire dans toutes les circonstances où notre volonté chancelle, où notre raison s'affaiblit, l'*imagination* prend sur nous plus d'empire : au lieu de la guider, nous sommes menés, entraînés par elle; nous ne voulons plus, nous ne raisonnons plus, *nous rêvons!* — Ce que nous appelons le *réveil* est précisément l'effort de la raison ou de la volonté qui reprend ses droits et dit à la partie mécanique et inconsciente de notre être : « Halte-là. Je reprends le commandement ! » — Naturellement (et c'est le second caractère de l'imagination), ce travail mécanique est le contraire de la réflexion. La réflexion introduira partout de l'ordre et de la logique; elle établira entre les images des liaisons raisonnables. Le propre du rêve est d'être absurde, *mal lié*; les images se rattachent les unes aux autres comme elles peuvent, par un détail insignifiant, accessoire, rarement par des parties essentielles; elles sont associées à peu près *au hasard*. Même à l'état de veille, pour peu que nous soyons distraits, ou au cours d'une conversation à bâtons rompus, sans idée directrice, nous sommes étonnés parfois du chemin que nous avons fait, en passant par l'intermédiaire de quatre ou cinq idées.

Eh bien! notre plus grand soin, au cours du premier travail de recherche et d'analyse, doit être de nous placer dans cet état de demi-inconscience où l'*imagination* nous guide, où la réflexion sommeille, où la pensée se contente d'*enregistrer* ce que lui présente cette force mystérieuse. — Ces images sont fragiles, timides : un rien, un mouvement, une idée étrangère les met en fuite ; il faut les laisser se dérouler d'elles-mêmes dans notre mémoire, les solliciter doucement, et ne diriger le rêve que dans la mesure nécessaire pour qu'il reste fixé sur le sujet du devoir. Ainsi procède ici Daudet. Il regarde, il écoute, il prend des notes... Il ne cherche pas à y mettre de l'ordre ; il s'en garde bien... Sur notre première feuille de papier, nous écrivons au hasard, en haut, en bas, n'importe où, très vite, à mesure que les idées veulent bien se présenter. Elle doit offrir l'aspect que je viens de donner au tableau. Regardez :

La scène. — Tableau. — Cimetière.

Au hasard d'une conversation. — L'état de la mer. Brume.
Perte du gouvernail.
Le capitaine, bon marin. L'heure.

Deux témoignages qui la complètent. — Le douanier aperçoit la frégate.
La casquette du douanier (place énorme, disproportionnée qu'occupe cette casquette dans la série des images).
Le navire à sec de voile.
Le berger lépreux, à moitié idiot. Image : la lèvre soulevée.
Les cadavres.

Nouvelle conversation. — Autres détails : 600 cadavres.

— Débris. — Le capitaine en grand costume. — L'aumônier avec son étole. — Le mousse, les yeux ouverts.

Interruption. — Le feu s'éteint.

Derniers détails. — Un autre épisode. — Le premier naufrage. — La corvette. — Les 20 tringlots sauvés. — Les moustaches du brigadier.

II. — Le second travail.

LE CHOIX DES IDÉES ET L'ORDRE ÉTABLI ENSUITE PAR LA RÉFLEXION.

Lisons avec soin la *transition* (de : « Encore sous l'impression... » à : « Je voyais la frégate... »).

Ici, tout change. Daudet, qui n'avait fait jusque-là que *prendre des notes,* se met à réfléchir. Il commence par *choisir* les détails les plus importants, ceux qui ont (le mot est de lui, page 141) le plus grand pouvoir d'*évocation* ; les autres, secondaires, viendront se grouper autour d'eux (premier procédé de composition) ; de plus, d'autres encore, qui ne figurent pas sur notre première feuille, qui n'ont pas été entendus par l'auteur, seront devinés par lui, *retrouvés* par la réflexion (second procédé de composition). Ce procédé-là n'est pas à la portée de tout le monde. C'est à lui précisément qu'on reconnaît le talent d'un écrivain. Augustin Thierry, dans ses *Récits des Temps Mérovingiens,* Walter Scott, dans *Ivanhoé,* ne procèdent pas autrement. Ils devinent, d'après un petit nombre de détails importants, ce qui a dû se passer au vɪ° ou au xɪɪ° siècle ; ils reconstituent une scène entière comme Cuvier dessinait le squelette d'un animal dont il ne possédait que quelques ossements. C'est, suivant un autre mot de Daudet (page 137), une *reconstruction,* ou plutôt encore, puisqu'il s'agit non d'un savant, mais d'un poète, une véritable *évocation.*

§ 1. **Le départ tranquille. Confiance des passagers.** — Imaginé, d'après un détail : « Le capitaine est bon marin. » On voit ici le procédé de reconstruction logique : il s'agit de trouver l'*effet* quand on connaît la *cause.*

§ 2. **La brume.** — Le tangage. Dans l'entrepont.
La peur ; le récit des tringlots ; les plaisanteries du brigadier. (Tous les souvenirs sont utilisés. Il n'y a pas d'invention proprement dite ; seulement de l'ordre et de la vie.)

§ 3. **Un craquement.** — Le détail important, centre du paragraphe : *la perte du gouvernail.* C'était un des premiers notés, tandis que l'épisode des tringlots était le dernier entendu. L'ordre logique, vous le voyez, est le contraire du désordre primitif.

Les conséquences *devinées* de cette perte irréparable : va-et-vient — en dérive — bruits de coups de canon — les brisants. (Aucun de ces détails ne figurait sur la première feuille. Ils sont tous retrouvés, évoqués d'après le premier.)

§ 4. **La scène finale.** — *Les détails féconds* : le grand costume du capitaine et l'étole de l'aumônier.

Ici, il s'agit au contraire de trouver la *cause* quand on connaît l'*effet*. « Il n'y a pas de fumée sans feu, fait observer un élève... — C'est cela même ! Vous avez compris. » Il n'y a pas de grand costume sans une intention du capitaine : « Il a donc voulu se faire beau pour mourir ! » Il n'y a pas d' « étole » sans cérémonie religieuse ; et de cette simple remarque, Daudet tire la grande scène finale, avec la prière des agonisants.

C'est ainsi que la *réflexion* complète l'œuvre de l'*imagination*.

Allez, et faites de même... si vous pouvez !

2

NARRATION

Une bonne leçon.

———

1. Grand-père écoute en souriant ses petits-enfants. Les deux garçons se plaignent de leurs professeurs, la petite fille de ses maîtresses.

2. « J'avais dix ans, leur dit-il. Le maître d'école du village m'avait légèrement corrigé... Je revins en pleurant protester auprès de mon père contre sa « brutalité ».

3. « Mon père, menuisier de son état, homme un peu rude, mais plein d'esprit, ne répondit rien et m'emmena immédiatement à l'école. Il invita « M. le Maître » à « nous faire l'honneur de dîner le soir à la maison ».

4. Les enfants rougissent et comprennent. Le vieillard achève de les convaincre... C'est à ce père excellent qu'il a dû l'esprit de discipline, la sévérité pour lui-même et le sens de la justice. Cette soirée lui a laissé un ineffaçable souvenir.

(Anecdote authentique. Dans un village de Bourgogne, vers 1809.)

CORRECTION

Comparaison entre deux copies.

Nous avons aujourd'hui un assez grand nombre de copies moyennes, honnêtes, mais un peu pâles. Deux élèves, au contraire, me semblent avoir vu les idées intéressantes et les avoir mises en lumière avec quelque vivacité. La correction sera donc des plus simples ; nous allons les prier de nous lire, alternativement, chaque paragraphe de leur copie ; nous résumerons, à la fin d'un développement, les impressions de la classe ; nous verrons les qualités différentes des deux devoirs, et cette *comparaison* continuelle nous permettra de les mieux apprécier. — C., commencez. Nous écoutons. Et surtout, n'hésitez pas à élever la voix. Faites-vous entendre ! Ce sera le meilleur moyen de vous faire valoir !

1ᵉʳ Paragraphe.

1ʳᵉ *Copie*. — Près de la fenêtre sommeillait mon vieux grand-père, accoudé au bras d'un fauteuil d'osier, le buste renversé en arrière, la tête penchée sur l'épaule droite, et un journal déplié sur les genoux. Ses cheveux et ses favoris blancs, légèrement bouclés, encadraient son visage ; ses longs cils soyeux descendaient sur ses paupières rougies par le travail... Il était si bon, si doux, qu'aussitôt revenu de l'école, suivi de mon frère et de ma sœur, je ne manquais pas d'entrer dans sa chambre. J'ouvrais la porte sans bruit ; il feignait une surprise toujours renouvelée ; tout le monde se jetait à son cou, et qui à cheval sur ses genoux, qui assis à ses pieds sur un tabouret, on lui racontait les divers incidents de la journée. — Or, ce jour-là, je lançai violemment sur la table ma serviette au cuir labouré de coups de canif, et, sans embrasser le vieillard qui me regardait tout surpris, je m'écriai : « Ah, grand-père ! A quoi bon travailler ? Tu sais... ma belle page d'écriture ! Était-elle assez bien soignée ? Eh bien ! pour un malheureux pâté, le maître m'a donné un zéro ! » Et, d'un geste furieux, je m'accoudai à la table. — Il faut croire qu'une réclamation en attire une autre, à cause du secret plaisir que l'on éprouve à se faire plaindre, car mon frère et ma sœur continuèrent sur le même ton. Heureusement, grand-père intervint, et de sa voix la plus douce : « Petits, fit-il en souriant, asseyez-vous autour de moi ; je vais vous conter une histoire vraie. » Nous ne fûmes pas longs à obéir, et le bon vieillard commença :...

C. C.

Le portrait du grand-père fut déclaré par la classe assez heureux ; le *journal déplié,* notamment, se trouvait l'objet de plusieurs remarques sympathiques ; la *serviette au cuir labouré de coups de canif* fut jugée d'un bon réalisme ; l'*histoire vraie,* mot d'enfant, fut appréciée comme étant prise sur le vif. Mais on regretta généralement que le portrait des enfants fût un peu court ; on aurait fait volontiers plus ample connaissance avec le frère et la sœur... « Voilà bien, en effet, repris-je, après avoir recueilli, de ci, de là, les suffrages, les vrais acteurs du premier acte, dans cette comédie enfantine. Ceux d'entre vous (et ils sont nombreux) qui consacrent une demi-page, parfois même une page au portrait du vieillard, sans oublier la description de sa chambre et de son mobilier, commettent une faute de composition. Il vaut mieux insister ici sur le caractère des enfants ; mieux vous nous les ferez connaître, et plus nous prendrons ensuite d'intérêt au discours de leur grand-père. Son récit, en effet, ne s'adresse pas à nous ; si nous l'écoutons volontiers, c'est que nous le sentons suivi, jugé, presque vécu par les enfants ; nous devinons, nous lisons, sur leurs physionomies mobiles et dans leurs regards expressifs, la curiosité, l'inquiétude vague ou la joie malicieuse ; et nous ne doutons pas, à voir leurs mines futées ou graves, que cette histoire ne soit d'une grande actualité !... Oui, décidément, C. aurait bien dû ajouter quelques lignes. Mais, si j'ai bonne mémoire, nous allons mieux entendre, dans une autre copie, la voix aigrelette de mademoiselle Suzanne. A votre tour, R. :

2ᵉ *Copie.* — Dans une grande pièce, peu éclairée par le jour indécis d'une soirée de novembre, un vieillard sommeillait doucement. Tout à coup, il fut réveillé en sursaut par les ébats joyeux de deux petits enfants qui sautèrent sur ses genoux et l'embrassèrent tendrement. « Bonjour, bonjour, mes petits, dit grand-père en tapant sur les joues de sa petite-fille et de son petit-fils : Eh bien ! comment vont les classes ? Êtes-vous contents ? — Peuh, bon papa, dit la petite Suzanne en secouant la tête et en faisant la moue, nos maîtresses sont sévères... mais sévères !... Ainsi, aujourd'hui, j'ai encore eu un mauvais point ; et je ne faisais rien de mal, pourtant ! C'est au moins le dixième que j'attrape. Tout le temps, mauvais point par-ci, mauvais point par-là ! — Bah, vous êtes bien à plaindre, les filles, s'écrie le jeune Maurice, la lèvre dédaigneuse et les mains dans ses poches. Vous vous plaignez de vos maîtresses parce qu'elles vous donnent des mauvais points. Mais nous ! Nos professeurs... C'est bien pis ! Ils nous donnent des lignes à copier... et beaucoup. Aujourd'hui, j'en ai soixante... et des longues ! » Grand-père écoutait sans rien dire les plaintes de ces enfants martyrs. Puis il sourit et leur dit : « Écoutez une histoire qui m'est arrivée quand j'étais petit et que j'allais en classe. » Aussitôt, les deux enfants se placèrent pour bien entendre. C'était si amusant, les histoires que racontait grand-père, surtout celles de « quand il était petit » ! Ils posèrent leurs cartons ; la petite fille sauta sur les genoux de bon papa ; le petit garçon s'assit à ses pieds, et le vieillard commença :...

A. R.

Si la classe eût été moins disciplinée, on aurait entendu, sans doute, un de ces frémissements qu'Homère comparait au bruissement des abeilles, et qui étaient jadis, dans les assemblées des Grecs, la marque de la plus complète approbation ! Je la devinai, du moins, aux regards, aux attitudes, et l'interprétai sans retard : « Vous le voyez, R. a fait encore plus que C., le sacrifice d'un portrait facile, dont nous n'aurions guère pu dire qu'une chose : « C'était une belle tête de vieillard ! » Les paroles que l'excellent homme adresse dès le début à ses petits-enfants, la joie que ceux-ci témoignent d'entendre les histoires de grand-père suffisent pour nous laisser entrevoir sa bonté souriante. Votre camarade a préféré, avec raison, insister sur le caractère des enfants. Il n'y a pas mal réussi.

Les trois derniers paragraphes.

Je lasserais l'attention du lecteur si je reproduisais sur

chaque paragraphe des observations analogues. Je pense que ces quelques lignes suffisent à lui rappeler une méthode d'ailleurs connue, et pratiquée depuis qu'il y a des maîtres et des élèves. Je me contenterai donc de donner le résultat de nos petites discussions, en imprimant, pour les § 2 et 3, celle des deux copies que le suffrage universel déclara la meilleure. Quant au quatrième développement, on le jugea, chez l'un comme chez l'autre, trop sec et trop pâle. Je l'ai remplacé ici, comme en classe, par des indications sur la manière dont il aurait fallu le traiter.

§ 2.

C'était il y a 65 ans, un jour du mois de février. J'avais comme maître un bon vieil homme qui surveillait nos jeux dans la petite cour et nous promenait les jours de congé. Mais il était sévère en classe. Quand il passait le seuil de la petite salle basse, sa physionomie changeait complètement : il mettait ses lunettes, enfonçait sa toque de velours jusqu'aux oreilles, fronçait les sourcils et marchait lentement, une règle de fer à la main. Oh, il était terrible, ainsi, le père Delenque ! — Puis, il allait s'asseoir derrière un grand pupitre ; et là, malheur à celui qui ne suivait pas... Ce jour-là, comme tous les autres jours, il était à sa place, et nous lisions, ou plutôt mes camarades lisaient dans l'histoire sainte la mort de Moïse. Moi, tout en feignant d'écouter, je regardais sous la table une grosse bête noire qui traînait avec peine un petit bateau en papier. Tout à coup, le père Delenque dit de sa voix nasillarde : « Charles, continue ! » Charles, c'était moi, hélas ! Je tressautai, et repris au premier endroit venu : j'étais encore en plein désert, au pied du mont Sinaï. Tous mes camarades

avaient beau me souffler : « Plus loin... la terre promise... »
Elle était loin, la terre promise ! Sur un signe du maître, je
m'avançai lentement, tout honteux, les mains derrière le dos ;
puis, plus lentement encore, je tendis la main droite, les
doigts joints, les ongles en dehors ; trois ou quatre coups de
règle bien appliqués m'apprirent l'inconvénient qu'il y avait à
se distraire mal à propos... Durant le reste de la classe, des
idées de révolte bourdonnèrent dans ma tête. N'ayant aucune
raison valable pour m'excuser, je finis par m'en forger une.
« Pouvait-on écouter une lecture si longue ? » Mon petit amour-
propre me soufflait : « A qui le tort ? A lui ! Pourquoi ne
s'est-il pas arrêté à temps ? » J'en vins à me considérer comme
la victime d'une injuste tyrannie, et je ne doutai pas que mon
père ne fût indigné par cet acte de scandaleuse brutalité.
Aussi, à peine la classe finie, je courus d'un trait à la maison.

C. C.
(Un peu corrigé.)

§ 3.

Mon père, menuisier de son état, était à son atelier, sous
un petit hangar au fond de la cour. J'allai m'asseoir sur un
tas de planches, et comme, occupé à son travail, mon père
n'avait même pas remarqué mon arrivée, je me mis à sangloter
de toutes mes forces. Il se retourna et me dit : « Eh bien !
Charles, qu'y a-t-il donc ? — Il y a... Il y a, répondis-je en
pleurant, que M. le Maître, il... il m'a battu... mes doigts
saignent... presque. » Mon père ne dit rien, mais, fronçant
les sourcils, il secoua la tête. Puis, pendant que je le regardais, surpris et intrigué de son silence, il posa ses outils, ôta
son gros tablier gris, enleva du revers de sa main les copeaux
attachés à son pantalon, prit sa casquette et dit : « Allons,

viens ! » Il marchait d'un pas rapide, se dirigeant droit vers l'école ; je le suivais, en trottinant, sans interrompre mes sanglots, un peu inquiet de ses manières mystérieuses, mais bien convaincu que nous allions au moins demander des explications. Aussi, pour être plus sûr de les voir tourner à la confusion de M. le Maître, je mordais mes doigts à belles dents... Histoire, sous prétexte d'affaiblir la douleur, de les rendre un peu plus rouges.

M. Delenque était au fond de son jardin, occupé à repiquer des pensées. Il se retourna au bruit de nos pas, et ouvrit d'abord de grands yeux ; puis, avec son plus gracieux sourire, il nous offrit d'entrer dans la maison. Et cependant, je me disais en moi-même : « Père Delenque, garde-toi ; tu ne sais pas ce qui t'attend ! » Hélas, c'est à moi que j'aurais dû adresser ces paroles ! En effet, à ma grande stupéfaction, mon père répondit au vieux maître : « Non, non, il est inutile, M. le Maître, de vous déranger ; nous venons voir seulement, Charles et moi, si vous ne pourriez pas nous faire l'honneur de dîner avec nous aujourd'hui. » Puis il me regarda en souriant d'un air qui voulait dire : « Hein, mon bonhomme, tu ne t'attendais pas à cela ! » Je me sentis devenir rouge jusqu'au bout des oreilles et je m'enfuis à toutes jambes. A. R.

§ 4.

Ici, les meilleures copies deviennent sèches et froides ; elles se contentent de maximes morales, insignifiantes dans leur solennelle banalité. Il fallait tracer un tableau analogue à celui de Daudet, à la fin du conte : *Le Pape est mort*. « Je me souviens, dit l'enfant espiègle, d'une soirée funèbre et douce... » Ici, également, il suffisait de raconter la soirée; pas funèbre, celle-là, mais douce et pleine de charme ! L'arrivée de M. le Maître, avec ses plus beaux habits, son gilet de velours à fleurs, sa chaîne d'or, sa calotte brodée... Le repas, avec de sobres indications sur le modeste décor, la nappe de grosse toile, les mets du village, simples mais soigneusement apprêtés *en l'honneur du convive* (dire *lesquels*). Puis la conversation de ces hommes justes et bons : les nouvelles du pays, la maladie d'une voisine, les récoltes qui s'annoncent belles, les nouvelles de la guerre lointaine qui pesait si cruellement sur les familles villageoises... les jugements droits, pleins de bon sens, portés sur tous ces sujets... Enfin, les réflexions qui se font jour naturellement dans la conscience de l'enfant :

Et peu à peu se levait en moi l'idée que, sans le vouloir, sans philosophie, sans recherche, par la seule vertu de l'exemple, les braves gens inspirent aux enfants... Je sentis que la vie n'est pas faite pour satisfaire son caprice et se livrer à son humeur... Combien de fois, devenu grand, lorsque j'étais sur le point de m'irriter contre les hommes ou de maudire la destinée, combien de fois me suis-je dit : « Rappelle-toi le père Delenque! » Alors, je cherchais en moi-même la cause de ma déconvenue; je me corrigeais d'un défaut, petite Suzanne, pour éviter les « mauvais points », les remarques désagréables; et j'accusais ma maladresse, mon étourderie, ma paresse, maître Maurice, plutôt que l'injustice de mes chefs... Et maintenant, assez de choses sérieuses; allez jouer, mes chers petits! Mais sachez, vous aussi, plus tard, quand votre vieux grand-père ne sera plus là pour vous la redire à propos, sachez vous rappeler l'histoire du père Delenque!

PLAN-ANALYSE

**Manière de prendre des notes dans un auteur.
Deux notes sur J.-J. Rousseau.**

TEXTE DICTÉ

Note sur l'enfance de J.-J. Rousseau, d'après le début des *Confessions*.

(Édition Tarsot, de la page 251 à la page 274.)

Dates et principaux épisodes.
Traits qui sembleront le mieux montrer :
la sensibilité,
l'intelligence
chez cet enfant de génie.

Analyse d'un récit.

L'Aqueduc (pages 261-264), depuis : « il y avait, hors de la porte... » jusqu'à : « l'idée de ce noyer... ».

CORRIGÉ DE LA NOTE

1re Partie : L'enfance, jusqu'à l'âge de 14 ans.

I. — Défauts.

Trop de sentiment. Pas assez de raison dans l'éducation.

1. Tendresse un peu faible de son entourage. — Son père, sa tante, sa mie (il a perdu sa mère en naissant). Son père, homme faible lui-même. Le chagrin des premières années... « Quand il me disait : « Jean-Jacques, parlons de « ta mère », je lui disais : « Eh bien ! mon père, nous allons donc pleurer ! » Et ce mot seul lui tirait déjà des larmes... » et la suite, jusqu'au mot profond qui termine ce paragraphe : « Je sentis avant de penser ! » (p. 251-252).

P. 259 : Émotion effrayante chez un enfant de cet âge, à la suite d'un incident vulgaire (le peigne de Mlle Lambercier). Symptôme dont une famille attentive n'eût pas manqué de tenir compte.

2. Mauvais choix de ses lectures et développement prématuré de son imagination. — *Les romans du xviie siècle* (p. 252). — « L'intérêt devint si vif que nous lisions tour à tour sans relâche et passions les nuits à cette occupation...

Quelquefois mon père, entendant le matin les hirondelles, disait tout honteux : « Allons-nous coucher ; je suis plus enfant que toi ! »

« Dangereuse méthode ! » ajoute le pauvre Jean-Jacques. On le croit sans peine.

Par elle, ajoute-t-il, « j'acquis une intelligence unique à mon âge sur les passions !... Ces émotions confuses, que j'éprouvai coup sur coup..., me donnèrent de la vie humaine des notions bizarres et romanesques, dont l'expérience et la réflexion n'ont jamais pu me bien guérir. »

Plutarque (p. 253). — « Plutarque, surtout, devint ma lecture favorite... De ces intéressantes lectures... se forma cet esprit libre et républicain, ce caractère indomptable et fier, impatient de joug et de servitude, qui m'a tourmenté tout le temps de ma vie... Sans cesse occupé de Rome et d'Athènes, vivant pour ainsi dire avec leurs grands hommes, né moi-même citoyen d'une république et fils d'un père dont l'amour de la patrie était la plus forte passion, je m'en enflammais à leur exemple, je me voyais Grec ou Romain. »

L'épisode final : l'imitation de Scévola.

Plutarque, évidemment, était bien préférable aux romans. Mais il aurait fallu que cette lecture fût complétée par celle d'auteurs plus modernes. Rousseau se fait, d'après l'honnête mais un peu naïf moraliste, une idée trop favorable de l'antiquité ; et ce préjugé, qui lui est commun avec toute la jeunesse du xviiie siècle, ne sera pas sans exercer une certaine influence sur les assemblées révolutionnaires.

II. — Qualités.

1. Douceur et bonté (p. 254). — « Comment serais-je devenu méchant, quand je n'avais sous les yeux que des exemples de douceur, et autour de moi que les meilleures gens du monde ? Mon père, ma tante, ma mie, mes parents, nos amis, nos voisins, tout ce qui m'environnait ne m'obéissait pas, à la vérité, mais m'aimait... et moi, je les aimais de même... »

Portrait de sa tante (p. 245), auprès de laquelle il était toujours

« à l'entendre chanter, assis ou debout à côté d'elle... »
« Je vois encore son regard, son attitude ; je me souviens de ses petits propos caressants ; je dirais comment elle était vêtue et coiffée, sans oublier *les deux crochets* que ses cheveux noirs faisaient sur ses tempes, selon la mode de ce temps-là. »

2. Goûts élevés. — L'amour de la musique, qu'il doit à cette excellente femme, et le souvenir des chansons dont elle avait bercé son enfance (p. 255) :

« Dirait-on que moi, vieux radoteur, rongé de soucis et de peines, je me surprends quelquefois à pleurer comme un enfant, en marmottant ces petits airs d'une voix déjà cassée et tremblante :

Tircis, je n'ose
Écouter ton chalumeau... ? »

3. Goûts simples. — Développés de 10 à 12 ans par la vie au village, chez le pasteur Lambercier (p. 257). L'amour de la nature. La direction du pasteur. L'amitié de son cousin Bernard.

2ᵉ Partie : L'adolescence, de 14 à 16 ans.

Souffrances réelles, mais grossies par son imagination. Exemples : deux narrations. L'une est assez aimable : l'enfant ne souffre pas de telle manière que la pitié nous empêche de sourire. L'autre est triste, émouvante sans déclamation : on croirait lire une page de *Jack* ou de *David Copperfield*, l'éternelle histoire de l'enfance victime de la barbarie.

1. Une vocation manquée. — Il essaie d'apprendre chez M. Masseron, greffier de la ville, ce que son oncle appelait l'*utile métier de grapignan*. A retenir surtout le portrait de M. Masseron :

« Me reprochant sans cesse mon engourdissement, ma bêtise, me répétant tous les jours que mon oncle l'avait assuré *que je savais, que je savais*... tandis que dans le vrai je ne savais rien ; qu'il lui avait promis un joli garçon et qu'il ne lui avait donné qu'un âne » (p. 266).

2. Brutalité. Chez un graveur. — « Mon maître, M. Ducommun, était un jeune homme rustre et violent, qui vint à bout, en très peu de temps, de ternir tout l'éclat de mon enfance, d'abrutir mon caractère aimant et vif et de me réduire par l'esprit, ainsi que par la fortune, à mon véritable état d'apprenti... La tyrannie de mon maître finit par me rendre insupportable le travail que j'aurais aimé, et par me donner des vices que j'aurais haïs... J'étais hardi chez mon père, libre chez M. Lambercier, discret chez mon oncle ; je devins craintif chez mon maître et, dès lors, je fus un enfant perdu » (p. 267).

3. **Autres épisodes plus étendus**[1]. — *Un premier vol :* Les asperges (p. 269).

Un second vol : Les pommes (p. 270). Portrait de Jean-Jacques à l'âge de seize ans.

Un instant décisif : La célèbre scène du pont-levis (p. 272). A quoi tient la destinée !

CORRIGÉ DE L'ANALYSE

OU « L'ART DES PRÉPARATIONS » DANS UN RÉCIT BIEN COMPOSÉ

I. — La plantation d'un saule, ou : La naissance d'une idée.

1. Le noyer de M. Lambercier. — Plantation. Cérémonie. Détails qui frappent les enfants. L'imitation.

2. Le saule des deux enfants. — Les premiers progrès de l'idée. Sentiments des petits propriétaires. Soins qu'ils prennent.

---

[1]. On les trouvera également aux pages 379, 381 et 375 de l'édition SCHRŒDER, illustrée de si curieuses gravures.

II. — La construction d'un aqueduc, ou : La préparation d'un drame.

1. **Un obstacle.** — La sécheresse.

2. **Nécessité « mère d'industrie ».** — Ingénieuse entreprise.

Passage le plus utile à étudier, pour le choix des détails précis : remarquer l'utilité de chacun d'eux.

Ils nous montrent mieux (par l'effet) l'ardeur des jeunes architectes que dix lignes d'épithètes, comme : ingénieux, habiles, empressés, industrieux.

3. **Attente pleine d'anxiété.**

III. — Le drame et l'épilogue.

1. **Le drame.** — Ici, comme dans toutes les comédies, autant la *préparation* a été longue, afin de nous faire bien connaître, par l'analyse, les caractères, autant la *crise* est rapide et le *dénouement* précipité. — La colère de M. Lambercier.

2. **Plaisant épilogue.** — Les enfants sont rassurés par le rire de M. Lambercier. Ils recommencent un peu plus loin (p. 261-264).

NARRATION[1]

Le choix des détails pittoresques. — Le mouvement dans un récit.

Charlemagne au lycée.

Les élèves de Première ont l'habitude, le jour de la *Saint-Charlemagne*, de jouer une courte scène dont ils empruntent le sujet à votre vie de collégiens. C'est ainsi que nous avons entendu, il y a deux ans, une amusante discussion entre dix personnages sur la réforme de l'orthographe, et que nous vîmes, l'an dernier, un candidat au baccalauréat scandaliser son jeune examinateur. Vous imaginerez une scène analogue, dont la figuration serait peut-être plus coûteuse, mais qui n'est pas irréalisable.

1. A la fin du banquet, on annonce l'Empereur. Un grand élève, déguisé en Charlemagne, entre, suivi de leudes et de clercs en costumes du IXe siècle. *On le reçoit.* Aspect de l'assemblée.

---

1. Donnée à la 1re composition.

2. Il s'informe de l'état des études. Il est émerveillé de trouver un *élève de Seconde C* plus fort en géométrie qu'Alcuin, et d'apprendre que des enfants savent plus de physique qu'Aristote.

3. Un *élève de Seconde B* le renseigne avec complaisance sur les langues que parlent actuellement les Saxons de Germanie et les Angles de Bretagne. Il lui apprend, par la même occasion, que le monde s'est beaucoup agrandi.

4. Mais son admiration fait place à une surprise affligée, lorsqu'il sollicite les confidences de toutes les sections sur l'enseignement du *latin*, cette langue unique au monde ! Il conclut de leurs réponses que les temps sont décidément changés, et il retourne tout songeur à Aix-la-Chapelle.

CORRECTION

Loin de posséder, sur ce sujet, deux bonnes copies, comme la première fois, je ne puis vous en proposer qu'une. Encore le premier paragraphe seul peut-il être lu sans retouches ; nous devrons, pour les autres développements, recommencer ce devoir.

1er Paragraphe.

Tout le monde a traité le premier point d'une manière passable. Pourtant, le *choix des détails* laisse doublement à désirer.

Les uns se sont perdus dans les détails oiseux, absolument hors du sujet : tantôt on nous fait connaître le menu du banquet ; tantôt on décrit le groupe des professeurs ; les coupes de champagne tiennent une demi-page dans certaines copies, et je vous fais grâce des toasts longuement reproduits par quelques maladroits... Ces fautes grossières sont assez rares. Il est inutile d'y insister.

Plus nombreux sont les apprentis qui, après avoir bien distingué les *deux points* intéressants, n'ont pas su choisir, pour les mettre en lumière, les détails les plus heureux. Nous avons vu, dans l'analyse du conte de Daudet, combien ce choix était important : si l'on découvre le détail précis, pittoresque, évocateur, il dispense de tous les autres ; il les suggère au lecteur par une association si puissante, que celui-ci ne saurait s'y soustraire. Mais il s'agit de le découvrir ! Vainement, par exemple, vous décrivez le costume de Charlemagne ; vainement vous me faites connaître la couleur de son manteau, la longueur de son épée, la hauteur de son casque... Ai-je le temps de procéder à cette analyse, quand il m'apparaît brusquement dans « l'encadrement de la porte » ? Évidemment non. Je ne verrai à ce moment qu'un détail, le plus frappant. C'est celui-là que vous devez mettre en lumière. Aussi, votre camarade a-t-il pu se contenter d'un ou deux traits pour nous donner une idée de cette imposante figure ; la « barbe neigeuse » de Charlemagne lui prête le prestige d'un burgrave ; ses « bottes grises de poussière » nous rappellent qu'il vient de loin, de très loin. Éloignement dans le temps, éloignement dans l'espace ; double sujet d'étonnement et de vénération pour les hommes ; double point de départ de nos rêves.

Il faut toujours beaucoup compter sur l'imagination du lecteur ; nous le frappons moins par nos paroles que par les pensées secondaires qu'elles éveillent dans son esprit. Ainsi, vous m'avez tous dit, en plusieurs lignes : « les élèves sont pleins de surprise... l'assemblée est émue... on entend des applaudissements et des cris... » Votre camarade, lui, s'est bien gardé d'insister. Seulement, il nous fait remarquer que « les mandarines pelées restent dans les assiettes ». Jugez à quel point un élève de Quatrième ou de Troisième doit être distrait par le spectacle pour abandonner, toute pelée, sa mandarine au lieu de la manger ! Le lecteur ne manquera pas de faire le calcul inconsciemment, et cette réflexion, on pourrait dire ce réflexe, produira plus d'effet sur son imagination que les trois lignes écrites par vous.

En un mot, l'art consiste moins à *exprimer* qu'à *suggérer*, et l'image la meilleure, celle qui dispense de tout détail, est ici, comme dans L'Agonie de la Sémillante, celle qui possède au plus haut point « le pouvoir d'en évoquer d'autres ».

Remarquez encore deux détails : « couronné de papier d'argent », « armures en carton doré ». En eux-mêmes, ils sont insignifiants ; mais, rapprochés de ceux qui les précèdent, comme ils deviennent doucement, discrètement ironiques ! Comme ils montrent bien que nous ne sommes pas dupes ! Indiquer, sans appuyer, voilà, dans ce genre de sujet, ce qu'il convient de faire. Mais il faut, pour y réussir, posséder une qualité bien nécessaire : la mesure, le goût, le tact !

Écoutez le paragraphe de K., légèrement retouché :

Au lycée Hoche, un jour de Saint-Charlemagne. La salle des fêtes resplendit, ornée de drapeaux et de tentures aux franges d'or. Assis autour des tables, où de gigantesques croquembouches étalent leur parure, les élèves causent gaiement. Pendu à la muraille, le buste en plâtre de la République sourit à cette assemblée bruyante. Le banquet est près de finir. Soudain, la porte s'ouvre avec lenteur et dans l'encadrement apparaît Charlemagne, vieux de plus d'un siècle, l'air vénérable avec sa longue barbe neigeuse. Ses bottes sont grises de poussière ; il vient de loin, de très loin. A son aspect majestueux, les jeunes lauréats, pris de respect, se lèvent comme un seul homme, et les professeurs s'inclinent silencieusement devant ce front blanchi, couronné de papier d'argent. Cependant, anxieuse, l'assemblée attend une parole de l'Empereur. Les mandarines pelées demeurent dans les assiettes, les coupes de champagne ne se choquent plus gaiement. La République de plâtre elle-même semble ne plus sourire. « Majesté, soyez le bienvenu ! » s'écrient ensemble le proviseur et le censeur du lycée, « soyez le bienvenu, ainsi que votre suite ! » L'Empereur n'est pas seul, en effet : sa suite, une suite pompeuse de courtisans s'avance à quelque distance derrière lui, resplendissante de casques et d'armures en carton doré. Et à cette vue le même cri jaillit de toutes les poitrines : « Vive l'empereur Charlemagne ! » Alors, d'une belle voix profonde et douce, l'Empereur Charles parle ainsi : « Merci, mes jeunes amis, merci de l'empressement que vous mettez à m'accueillir dans ce collège ; je vois que vous n'oubliez pas le vieux Charlemagne. Cette nuit, dans ma tombe, à Aix-la-Chapelle, j'avais aperçu en songe cette salle richement parée ; vous étiez, comme maintenant, alignés devant les nappes chargées de plats ; et, debout au milieu des tables, M. le proviseur me faisait signe d'entrer par la porte grande ouverte. Je n'ai pas résisté à cet aimable appel. Et voilà comment, sorti de ma crypte, je suis venu saluer cette jeune France, accompagné de mes fidèles. » Et les guerriers, gigantesques comme leur empereur, de courber la tête devant lui...

Paragraphes 2 et 3.

Il ne suffit pas de choisir les images ; il faut savoir les amener, autrement dit, trouver le *rythme* et le *mouvement* convenables. Il y a un rythme dans la prose. Il n'est, bien entendu, ni aussi musical, ni aussi régulier que celui de la poésie ; mais il existe et les paragraphes restent traînants et lourds tant que vous ne l'avez pas découvert. Votre camarade s'était un peu inspiré, sans le vouloir sans doute, du *Sous-Préfet aux Champs*, de Daudet, et le rythme de ce petit conte, avec ses périodes balancées, ses énumérations, ses répétitions, était bien celui qui convenait à notre propre fantaisie : « Majesté, soyez le bienvenu !... Soyez le bienvenu, ainsi que votre suite ! »

Dans le 2ᵉ et le 3ᵉ paragraphes, la grâce aimable ne suffit pas. Les idées que vous avez à exprimer (développement des sciences, succès des langues vivantes) sont en elles-mêmes un peu lourdes ; il faut, pour que le paragraphe n'en paraisse pas écrasé, qu'il soit fortement construit ; il faut que l'idée essentielle soit exprimée dès le début, et que toutes les autres y soient étroitement rattachées ; en un mot, plus vous mettrez d'*unité* dans le développement, plus vos phrases sortiront naturellement de la première ligne, et plus vous donnerez l'impression de la légèreté sans effort. Une pareille nécessité exclut la forme du dialogue que vous avez presque tous adoptée. Nous donnerons simplement la parole à un élève, et l'Empereur se contentera de l'interrompre, sans l'arrêter.

Voici, par exemple, les discours que nous pourrions mettre dans la bouche de chaque élève :

1er Discours.

« Ah ! Sire ! n'en déplaise à Votre Majesté, les écoles sont bien changées ! Jusqu'à ces dernières années, vous les auriez encore reconnues. Mais aujourd'hui, la géométrie, la physique, d'autres sciences dont vous ignorez même le nom, ont pris la place des vieilles études ! Le vénérable Alcuin, que j'aperçois près de vous, aurait peine à suivre nos classes de Mathématiques, et Aristote paraîtrait un enfant auprès de notre professeur de chimie. » L'Empereur, malgré son calme imposant, ne put réprimer un geste de surprise indignée. « Vous verrez, Sire, vous verrez en sortant de notre lycée les changements qui se sont faits dans le monde : votre arrivée nous avait été annoncée d'Aix en une seconde ! Nous avons feint la surprise, par politesse, mais une étincelle, courant le long d'un fil de cuivre, nous avait depuis une heure informés de votre départ. Vous voyagez vite, Sire, comme les ombres, mais les vivants vont presque aussi vite que vous : routes de fer et routes de terre sont sillonnées de voitures plus lourdes que vos équipages de guerre et mille fois plus rapides que l'illustre Veillantif. Les guerriers eux-mêmes ne peuvent plus montrer leur vaillance sans le secours des hommes de science, et vos grandes épées sont des jouets de carton à côté des armes nouvelles. Aussi ma famille, pratique, m'a-t-elle fait faire les études qui rapportent à la fois le plus d'honneur et le plus d'argent ; elle veut que je sois ingénieur ! Pardonnez-lui, grand Empereur !

Ombre de Roland, soyez clémente ! Un élève de C n'entend plus votre cor, et toute poésie est morte pour lui ; un élève de C ne connaît plus que les chiffres ! »

2º *Discours.*

« Mon camarade exagère, Sire ; rassurez-vous ! D'autres ont conservé le goût des lettres et du beau langage. Même, le nombre des belles langues a tellement augmenté, que le choix seul nous embarrasse ! » Ainsi parlait la voix pointue d'un jeune élève de Seconde B ; et l'Empereur à la barbe fleurie le regardait en souriant. « Autrefois, Sire, vous éprouviez le regret de ne pas les savoir toutes ! Que diriez-vous aujourd'hui ? Vous comprendriez encore quelques mots de la langue saxonne, devenue celle d'un puissant empire ; vous retrouveriez dans l'espagnol et l'italien des traces vivantes du noble latin ! Mais l'anglais, Sire, l'anglais, la langue que parle la terre entière... Excusez-moi, mais je ne puis m'empêcher de rire en songeant à votre ahurissement dans les rues de Londres ou de New-York. « Aoh ! yes ! » c'est le cas de le dire !

— Voilà des noms, en effet, qui me sont bien étrangers : Aix-la-Chapelle n'est donc plus le centre du monde ?

— Le centre du monde, Sire ! Mais il est partout et nulle part ! La Terre est un globe immense dont nous avons fait le tour et dont l'humanité inquiète se dispute les derniers déserts. Il faut, pour garder aux Francs une place au soleil nouveau, que nous apprenions à connaître le monde entier qu'il éclaire ! La vraie science n'est plus le latin, Sire, non, même plus la théologie ; la science qui doit surtout nous conduire dans la vie, la science du pain quotidien, pour les élèves comme pour les peuples, est celle qui nous indique où le blé pousse et où il se vend, et où nous pourrons en trouver, demain, pour nos descendants ; la vraie science, Sire, c'est la géographie !

— Voilà certes qui confond toutes mes idées sur le monde! Bref vous vous préparez ainsi à devenir... comment dit-on ?... un voyageur à la langue déliée, un Ulysse... un...

— Un globe-trotter, Sire ; l'avenir est là ! Ulysse est, en effet, un des rares modèles antiques qui ne soient pas bons pour les musées. Ulysse serait moins *emprunté* que vous dans notre société commerçante. Ulysse deviendrait milliardaire en dix ans : il lancerait de splendides *business* ; il serait tout à fait moderne, et sûrement il mettrait Télémaque dans la section B ! »

Le dernier paragraphe n'a pu être corrigé, faute de temps.

PLAN DÉTAILLÉ D'UNE DISSERTATION

Analyse d'un Caractère.

Le baron du xi⁰ siècle dans la « Chanson de Roland ».

Premier travail: Recherche des idées.

Vous relirez le poème, sans passer un vers, et vous noterez, au fur et à mesure, les *qualités* et les *défauts* du baron vers l'an 1050. Vous prendrez, pour fixer vos souvenirs, une très grande feuille de papier, de manière à écarter vos notes les unes des autres. Sans avoir d'idée préconçue, vous verrez, cependant, certaines citations, certaines formules analogues, se rapprocher les unes des autres pour former un paragraphe. Vous les relierez entre elles par une barre, ou vous les désignerez par un numéro semblable. Vous préparerez ainsi peu à peu, pendant le travail de recherche, le travail de composition.

Deuxième travail: Composition.

Vous examinerez ensuite, d'après cette feuille sans

doute un peu surchargée, les idées et les exemples qui vous permettront de traiter les trois points suivants :

I. Le rude guerrier du xi⁰ siècle : Un barbare. — Énumérer, en les classant par ordre d'importance, les textes qui le prouvent ; donner les premiers mots du vers ou du passage, avec la référence exacte.

II. Les sentiments nouveaux du chevalier : Le barbare un peu civilisé. — 1. *Le sentiment religieux.* — Caractère original de ce sentiment, la naïveté.

2. *Le sentiment de l'honneur.* — Le lien féodal.

Ceci est le plan-modèle de presque toutes les dissertations.

Nous trouvons une première division en deux grandes parties, généralement *opposées* l'une à l'autre, et présentant les deux côtés différents de la question. La perfection n'étant pas de ce monde, nous avons toujours à considérer, dans une thèse, le *pour* et le *contre*, les défauts et les qualités, le mal et le bien, l'erreur et la vérité ; nous ne pouvons être équitables qu'en observant une grande impartialité, en nous faisant tour à tour l'avocat des deux partis. « Le baron du xi⁰ siècle ? dit l'un, quelle brute ! quel barbare ! — C'était un héros, Monsieur, répond l'autre, un saint ; plût à Dieu qu'aujourd'hui, etc. » Vous connaissez la chanson. Eh bien ! nous, sans prendre parti à l'avance, nous devons examiner les deux thèses, l'une après l'autre, en les contrôlant par les textes ; nous consacrerons simplement la seconde partie, la plus importante, à celle qui nous semblera contenir la plus grande part de vérité.

La seconde partie, à son tour, se divise en deux ou trois paragraphes, plus souvent deux que trois, car le même phénomène continue à se produire. Deux idées ne sont jamais exactement de même valeur; la plus importante viendra donc naturellement en second lieu, et se subdivisera elle-même en deux idées secondaires. De sorte que le procédé de la dissertation ressemble à celui de la nature dans la croissance des végétaux ; les botanistes l'appellent la *dichotomie*[1] ! Le schéma d'un arbrisseau est la figure d'un de nos plans :

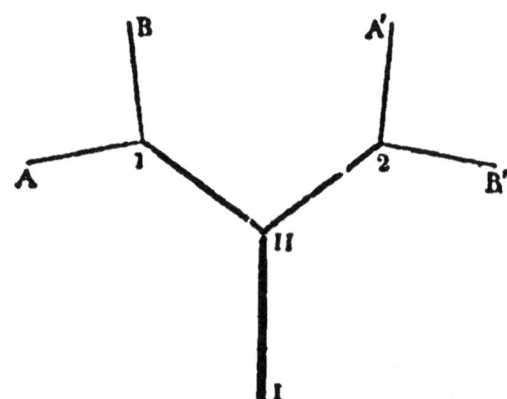

Nous conserverons toujours les mêmes signes : les chiffres romains pour la grande division, les chiffres arabes pour les grands paragraphes, les lettres pour les divisions secondaires.

1. C'est d'ailleurs le mot employé par les professeurs allemands, pour désigner un procédé analogue (CAUER, *Von deutscher Spracherziehung*, p. 189).

La dictée de nos plans, les notes sur nos explications seront ainsi facilitées.

CORRECTION

Ce devoir n'a pas été corrigé comme les autres. Nous avons, pour changer de méthode, rattaché ce que nous devions en dire aux *classes d'explication*. L'une de ces classes, consacrée à l'*Épisode du Cor*, nous a permis de grouper autour du texte célèbre toutes nos remarques relatives à l'honneur et au point d'honneur. Les vers où le poète raconte *la Mort de Roland* nous ont rendu le même service pour le sentiment religieux. Le compte rendu de ces classes trouvera tout naturellement sa place dans un volume spécial que j'espère consacrer bientôt à la *lecture des auteurs*. Contentons-nous de remarquer les liens étroits qui rattachent la préparation des devoirs à l'explication orale des textes classiques. Nous reviendrons plus d'une fois sur ce point [1].

1. Nous y sommes revenus en effet, dans *La Méthode littéraire*, parue trois ans après ce premier essai ; si les chapitres annoncés ici sur le moyen âge n'ont pas pu y trouver place, nous n'en avons pas moins insisté sur l'importance capitale de l'explication française, et le lecteur y verra la préparation des devoirs subordonnée à l'étude attentive des textes classiques.

NARRATION[1]

Charles VIII et Anne de Beaujeu (1487).

Charles VIII, faible de complexion, assez pauvre d'esprit, élevé dans l'ignorance, généreux et crédule, faisait sa lecture habituelle des vieux romans de chevalerie. Il y puisait le goût des aventures de guerre et des grands coups d'épée. C'est en imaginant des exploits pareils à ceux de Charlemagne et des douze pairs, qu'il projeta plus tard d'aller combattre les Turcs jusqu'en Asie, et qu'il entreprit pour commencer, en 1494, la conquête du royaume de Naples, sur lequel il faisait valoir d'anciens droits.

1. Vous le montrerez âgé de dix-sept ans, malade à Amboise, assis près d'un grand feu d'hiver, et *se faisant lire la « Chanson de Roland »*, dont un manuscrit remanié et rajeuni avait été trouvé dans la bibliothèque du château.

[1]. *Annales du Concours général;* année 1884.

2. Vous décrirez les *émotions qu'éprouve le jeune prince* à mesure que se déroule le récit du combat et de la mort de Roland; il veut en achever lui-même la lecture.

3. Sa sœur, Anne de Beaujeu, le *surprend*, dévoré par la fièvre, *déclamant les vers de la Chanson*, ravi à la seule pensée des batailles qu'il livrerait sous les murs de Constantinople et de Jérusalem.

4. Elle lui rappelle *les difficultés présentes*, les périls qui menacent encore le royaume, et les devoirs qu'il sera tenu de remplir lorsqu'il gouvernera. Elle lui prend enfin le manuscrit et lui conseille de lire le *Rosier des Guerres*, que Louis XI a fait écrire à son intention par Étienne Porchier.

Cette narration, la meilleure peut-être de celles qui furent données au Concours général, appartient à un genre tout autre que les deux premières. Les éléments de votre analyse vous sont fournis, non par l'observation de la vie quotidienne, mais par les souvenirs historiques et littéraires que vous puisez dans vos lectures. Mais les procédés de composition restent les mêmes. Je vous les rappelle d'un mot.

I. Recherche des idées. — Les noter telles qu'elles vous viennent à l'esprit.

II. Classement des idées. — Vous rappeler qu'elles sont loin d'avoir toutes la même importance. Il n'y en a qu'*une*, à vrai dire, par paragraphe ; les autres doivent lui être subordonnées. Votre premier soin doit être de découvrir et de mettre en lumière cette idée essentielle. Tout détail qui ne servirait pas à la développer doit être impitoyablement rejeté.

III. J'insisterai davantage aujourd'hui sur le **style**, tout au moins sur cette partie de l'art d'écrire qui tient de si près à l'art de composer. L'ordre et la clarté ne suffisent pas pour convaincre, émouvoir, entraîner le lecteur : il faut, suivant le mot de Buffon, y joindre le *mouvement*. Ce mot peut être défini de diverses manières, suivant qu'il s'agit d'un discours, d'une dissertation, ou d'un simple récit. Pour la narration d'aujourd'hui, le mouvement doit venir surtout de la *variété* dans le choix des nuances.

1. Dans les *portraits*, vous ne nous ennuierez pas d'une longue analyse ; vous n'utiliserez pas la série entière des détails qui vous seront venus à l'esprit. Un portrait n'est pas un inventaire ! Deux ou trois traits seulement, pourvu qu'ils soient bien choisis, suffiront à évoquer tous les autres. C'est le procédé que vous enseignent vos professeurs de dessin. La méthode est la même partout, et l'on s'épargne beaucoup de recherches inutiles en le constatant.

2. Dans les *dialogues*, vous éviterez également de vous perdre dans les détails. Il est rare que les deux personnages aient la même importance ; c'est généralement le

plus âgé, le plus instruit ou le plus ardent qui dirige la conversation ; l'autre se borne à lui donner la réplique, à l'interrompre, à le contredire ou à l'approuver. Il n'en est pas toujours ainsi, et nous verrons dans les tragédies, des scènes où les tirades sont de la même longueur pour les deux personnages ; mais ces scènes sont beaucoup moins nombreuses que les autres.

3. Les *discours* que vous prêterez ainsi au principal acteur ne devront jamais être longs ; mais, si courte que soit une phrase ou une période, elle doit être *rythmée*. Le *rythme*, c'est-à-dire un certain équilibre entre les différentes parties de la phrase, est la condition essentielle du mouvement, même en prose. Aussi ferez-vous bien d'imiter Charles VIII, et d'exprimer à haute voix votre pensée. La voix seule peut vous aider à rendre l'enthousiasme poétique du jeune prince ou la mélancolie inquiète de la dame de Beaujeu. Je vois les internes protester. Le procédé leur est, en effet, non sans raison, interdit. Qu'ils écoutent, du moins, la parole intérieure ; que la phrase écrite chante dans leurs oreilles. Beethoven était sourd ! Ils peuvent bien être muets et s'entendre tout de même. Quant aux externes, ils feront peut-être sourire leur entourage. Mais il y a des cas où l'on ne doit pas craindre de paraître un original.

CORRECTION

La correction réelle, telle qu'elle a été faite en classe,

n'a pu être reproduite. Nous avions comparé, paragraphe par paragraphe, la meilleure copie de la classe avec celle d'un de mes anciens élèves, aujourd'hui sorti du lycée ; l'une était régulière, sage, mais un peu lente ; l'autre plus vivante et plus originale. Elles s'éclairaient bien l'une par l'autre. Mais le compte rendu, tel que je l'avais rédigé, allongeait ce petit chapitre d'une manière d'autant plus fâcheuse que nous avons donné déjà, dans le devoir n° 2, une idée de ce procédé. Je me contente d'imprimer la meilleure des deux copies. Elle avait été faite en trois heures, dans une composition, sans que les élèves eussent connaissance du devoir publié dans les *Annales du Concours général*.

1. Dans une des salles du château, à Amboise, Charles, roi de France, est assis dans un grand fauteuil près du feu.

Le prince est pâle ; ses yeux, cerclés d'un trait bleuâtre, brillent d'un feu inaccoutumé ; il est malade, fiévreux, les mains moites et les tempes glacées.

... Dehors, il neige, il fait froid, le vent siffle. Et seul devant la grande cheminée armoriée, Charles rêve, p¹ de tristesse... Il se sent faible, quoique prince. Il se s donné de tous et triste à mourir, sans autre distract ue de regarder danser dans l'âtre les flammes qui projettent dans la chambre des lueurs fantastiques.

Il voudrait chasser, forcer les cerfs à la course, ou lancer sur les oiseaux de passage les faucons de ses volières... Mais il fait trop froid — et d'ailleurs, en aurait-il la force ?

« Monseigneur veut-il que je lui lise les aventures du *Chevalier au Lion* ou de *Lancelot* ? demande un page à cheveux bouclés, qui vient d'entrer.

— Cherche autre chose, répond le prince. Je sais par cœur les aventures du *Chevalier au Lion* et *Lancelot* m'est connu. N'y a-t-il pas d'autres histoires ?

— Le chapelain du château m'a donné un livre rare, dit-il, et que vous n'êtes pas sans connaître, Monseigneur, la *Chanson de Roland*. On y voit, paraît-il, Charlemagne et ses pairs, Roland et Olivier, son ami. Là sont contées les aventures des Français qui combattirent les Musulmans d'Espagne.

— Oui, oui, lis-moi ce livre, ami, s'écria le prince. Certes ! Je sais les prouesses du temps de Charlemagne notre ancêtre, et j'aimerais à les entendre lire. »

2. Le prince s'enfonça dans le fauteuil, caressant de la main son lévrier favori, couché à ses pieds, la tête posée sur ses genoux. La lecture commença. Le page lisait le passage de la lutte suprême entre les pairs de Charlemagne et les Sarrasins, à Roncevaux. Sa voix était souple et savait se faire forte et douce, tour à tour. Charles écoutait, les dents serrées, les yeux brillants de fièvre, fixés dans le vide ; il semblait entrevoir dans une hallucination grandiose l'agonie des preux. Le front ridé, les sourcils froncés, les mains nerveusement crispées sur les bras du fauteuil, il suivait la voix du lecteur, enthousiaste et frémissant. De temps en temps, lorsqu'il entendait le récit de la mort d'un de ces chevaliers, il ne pouvait retenir un cri d'admiration et de fureur. Il voyait l'endroit, le val de Roncevaux, la montagne abrupte de tous côtés, les Français acculés, comme des loups par les chiens des chasseurs, et la masse des Musulmans, innombrables comme des corbeaux sur les champs de bataille. Il voyait Olivier, les soldats, les pairs, Roland, Durandal au poing, l'écu au bras, frappant d'estoc et de taille, à droite, à gauche, devant lui, coupant des têtes, fendant des heaumes, abattant

des mains. Il voyait au-dessus de la mêlée le geste noble de Turpin, l'archevêque, bénissant les Chrétiens...

Soudain, les yeux pleins de larmes, les pommettes rouges, le cœur battant, il se leva, courut vers le page qui lisait, lui prit le livre et lut, à son tour, la voix rauque, frémissante ; il en était à la mort de Roland. Les preux étaient tombés tous, l'un après l'autre. Roland, à moitié mort, soufflait dans l'oliphant brisé...

Le prince lisait, adossé à la cheminée, devant le page émerveillé, surpris de cette ardeur inattendue chez son maître.

3. Plongé dans sa lecture, Charles ne vit pas s'ouvrir une des portes de la salle, ni apparaître le hennin blanc de sa sœur, Anne de Beaujeu, princesse de France et régente du royaume.

Elle s'avança calme et grave, et vint s'arrêter à quelques pas devant son frère, sans parler. Le prince aperçut la jeune femme, mais continua la lecture. Il disait Roland mort, et l'ange Gabriel emportant le preux dans le paradis, où l'attendaient ses compagnons.

Quand il eut fini, ses mains ouvertes laissèrent échapper le livre, qui tomba par terre.

Sur un signe le page sortit.

« Il ne faut pas lire tant de romans, mon frère, dit Anne d'une voix douce. Vous vous fatiguez inutilement. Ce n'est pas sage. Donnez-moi ce livre, Charles ! »

Le prince ramassa le manuscrit qu'il remit à sa sœur. « Je le sais maintenant par cœur, déclara-t-il. Mais, ma sœur, d'où vient que vous voulez m'empêcher de lire les faits glorieux de nos ancêtres? N'est-ce point là un noble passe-temps, et n'ai-je pas raison de l'aimer? C'est pour un prince français le meilleur exemple à suivre, ce me semble ; et pour moi, qui dois régner, je ne saurais lire d'autres livres. J'aime les combats, les luttes, les guerres, la gloire des armes et le fracas des armées. Ah! mon rêve, ce serait d'aller, à la tête d'une armée de Français, la lance au poing, l'épée au côté, lutter contre les Turcs, qui tiennent Jérusalem en leur pouvoir. Songez à la gloire, à l'honneur de délivrer la Ville Sainte et protéger le tombeau du Christ! Songez à notre retour, couverts de gloire et couverts d'or, l'Orient à mes pieds, les Musulmans écrasés, les rois étonnés et craintifs! Ah! heureux ceux qui peuvent, l'épée au poing, voir tomber les murs des citadelles ennemies! »

4. « — Avant d'aller en Orient, pauvre roi de demain, regardez votre empire, conquérant de rêve! L'ennemi est chez nous, aux frontières, n'attendant qu'un signe pour envahir votre France, notre France! Pauvre roi! Allez, allez, préparez des troupes, levez des armées, partez au delà des mers, prenez la Ville Sainte... Mais qui vous donnera les hommes et l'argent nécessaires? Le trésor est vide, les seigneurs sont maîtres chez eux, les vilains ne veulent plus prendre les armes. A peine vous reste-t-il le dévouement de quelques hommes! Les Écossais de votre père, peu payés, sont retournés dans leurs montagnes.

Pauvre roi! je vous fais peur, et vous pleurez! Un jour, ce ne seront plus mes paroles qui vous effraieront : ce seront les soucis, et le royaume en danger.

Prince, voici un livre que fit écrire le feu roi, votre père, par maître Étienne Porchier, le *Rosier des Guerres*. Il le fit écrire pour vous, se doutant bien que, fils trop faible d'un roi trop puissant, vous rêveriez, vous aussi, d'aller planter la bannière et la croix sur les murs de la cité sainte! »

Puis, se détournant pour essuyer une larme: « Adieu, Monseigneur », dit-elle.

Elle sortit, laissant le pauvre roi de France éploré, seul,

dans la vaste chambre que le crépuscule emplissait d'ombres. Il se mit à songer à ses rêves évanouis, incertains comme l'avenir — et comme lui-même.

E. H.-M.
Élève de Seconde B (1904-1905).

CONSEILS POUR LA LECTURE D'UNE CHANSON DE GESTE

Exercice oral et facultatif[1]. — Étude des procédés narratifs dans une Chanson de Geste.

En songeant à une Narration.

Vous imaginerez que je vous ai proposé la narration suivante. Elle a été, en effet, dictée à vos camarades de l'an dernier, qui l'avaient un peu longuement, mais correctement traitée :

GUIBOURC ET GUILLAUME AU COURT-NEZ.
(Fragment des *Aliscans*.)

1. Guibourc, femme de Guillaume, comte d'Orange, attend sur les remparts de la ville le retour de son mari...

---

1. L'exercice est facultatif, parce qu'il est impossible que tous les élèves aient à temps entre les mains l'unique volume de la bibliothèque. Je crois qu'une fois les collections indispensables constituées,

Il revient presque seul, vaincu par les Sarrasins à la bataille d'Aliscans... Deuil, effroi... Il va demander du secours à l'Empereur, son beau-frère.

2. Guillaume arrive à Laon. Louis, fils de Charlemagne, et sa cour lui font mauvais accueil. Mais le lendemain, il paraît dans l'assemblée des barons. Sa colère, son langage brutal... Intervention de sa nièce, Aelis, qui fléchit l'Empereur.

3. L'armée de secours arrive encore à temps devant Orange. Combat acharné contre les Sarrasins. Exploits des barons. Délivrance... Mais Guibourc, brisée par tant d'émotions, prévoit sa fin prochaine. Elle engage son mari à se retirer après sa mort dans un monastère. Le farouche baron deviendra un jour saint Guillaume.

Vous lirez le long récit des *Aliscans*[1]. Vous retiendrez les passages ou les détails qui pourraient être conservés dans votre narration ; vous noterez ce qu'il conviendrait de supprimer.

Mon but est surtout de vous faire lire les *Aliscans* comme la *Chanson de Roland*, en vous forçant à réfléchir sur un *sujet particulier*.

on pourrait prendre certains ouvrages en triple ou quadruple exemplaire ; ceux, au moins, qui doivent être étudiés par tout le monde à la fois, dans un délai de quinze jours. La question des bibliothèques est capitale dans l'enseignement du français ; elles fonctionnent du reste, partout, à la satisfaction générale ; il n'y a plus guère que des améliorations de détail à réaliser.

1. ROCHE, *Les grands récits de l'Épopée française*, p. 47-79.

8

NARRATION

Souvenir des vieilles études. — Sujet pris dans un cahier d'autrefois.

Homère et Achille.

Le programme, qui vous recommande d'acquérir quelques notions sur la littérature latine, est muet sur la littérature grecque ; et, de fait, vos connaissances sur ce point sont plus que sommaires. Le programme a raison, en principe ; on ne peut pas tout apprendre, et d'autres lectures, plus modernes, compensent avec avantage cette lacune.

Il est pourtant deux sortes d'œuvres auxquelles je regretterais de vous voir définitivement étrangers. Les unes sont les *principales tragédies* d'Eschyle, de Sophocle et d'Euripide ; les autres, les *poèmes* d'Homère. Celles-là, en effet, n'ont pas d'équivalents dans les littératures modernes, et il est impossible de les remplacer. La *tra-*

gédie nous apparaît, chez les poètes qui l'ont créée, plus simple, plus élémentaire qu'elle n'a pu l'être depuis, et l'on ne comprend pas bien le genre dramatique si on ne l'a étudié dès sa naissance, dans ces œuvres naïves et simples. Quant à l'*épopée*, elle est, par définition, la poésie des races jeunes : elle nous peint les mœurs primitives, elle exprime les croyances enfantines de l'humanité, alors que le sentiment et l'imagination l'emportaient chez elle sur la réflexion. Les sociétés favorables à son éclosion n'existent plus depuis longtemps. Les nôtres sont trop vieilles, trop scientifiques, trop raisonnables. Nous ne reverrons plus d'Homères !

Aussi, les programmes allemands, même dans les établissements où les élèves ne font pas de latin, dans les « Realschulen », se préoccupent-ils de leur faire connaître au moins l'*Iliade* et l'*Odyssée*. Les élèves de la « Realschule » d'Altona lisent, en Seconde, une traduction d'Homère ; dans le semestre d'été, l'*Odyssée* ; dans le semestre d'hiver, ensuite, l'*Iliade* (l'année scolaire, vous le savez, commence à Pâques). Je vois, dans les sujets de dissertation proposés aux élèves de « Prima » : *Hector et Andromaque* à côté du *Caractère du pasteur et du pharmacien dans Hermann et Dorothée,* et d'un tableau de l'*Armée de Wallenstein*[1]... L'étude d'Homère est évidemment pour

---

[1]. *Jahresbericht des Realgymnasiums und der Realschule zu Altona, über das Schuljahr 1903-1904* ; p. 8 et 9. Cette lacune n'existe d'ailleurs, en France, que dans les lycées de garçons. Elle a été comblée depuis longtemps dans les lycées de jeunes filles, et l'on vient d'inscrire les principaux auteurs anciens (traductions) au programme des Écoles normales primaires.

eux accessoire, très accessoire, et la littérature nationale passe avec raison avant toutes les autres ; mais ils ne restent pas étrangers à ces beaux poèmes qui furent la première expression de la pensée aryenne et restent encore aujourd'hui le patrimoine commun de toutes les nations.

Encouragé par leur exemple, je reprends dans un vieux cahier français (on vieillit vite par le temps qui court !) un de ces sujets aujourd'hui démodés.

Vous y remarquerez deux des idées antiques les plus rapprochées des nôtres : l'*amour de la vie* et le besoin d'agir, dans le 2ᵉ paragraphe ; l'*amour de la gloire* et le désir d'exercer une influence sur les hommes, dans le 3ᵉ. Les *lieux communs* sur lesquels repose la morale européenne sont presque tous renouvelés des Grecs ; le génie de notre race a brillé de tout son éclat, jadis, « sous le ciel bleu d'Hellas »[1], et la plupart de nos idées générales ont été exprimées par les aèdes ioniens sous une forme simple et claire. Vous essaierez de développer deux de ces thèmes à l'aide des souvenirs homériques.

MATIÈRE

1. Homère descend dans le royaume des ombres ; les guerriers qu'il a chantés lui parlent et le remercient.

2. Achille seul reste à l'écart. Homère l'aborde. Le héros est triste ; il regrette la vie, même misérable. (Voyez *Odyssée*, chap. xi.)

[1]. F. Coppée.

3. **Reproches d'Homère.** Que le guerrier se rappelle ses grandes actions et préfère l'immortalité !

CORRIGÉ

D'UNE PARTIE DU SECOND PARAGRAPHE : « IL REGRETTE LA VIE ».

I. — La vie matérielle.

Le sentiment de la force.

1. La vie aux enfers et la faiblesse des ombres. — *Leur corps :* Insaisissable.

Leur nourriture : Elles doivent boire du sang pour retrouver des forces.

Leur domaine : La prairie d'asphodèles et le jour crépusculaire.

2. La vie terrestre et la joie des sens. — *L'exercice :* Course, lutte ; le jeu des muscles, etc.

La nourriture : Un festin ; les chairs rôties ; un mouton entier sur la braise.

La beauté de la nature : Respirer et voir la belle lumière du jour !

II. — La vie morale.

L'amour de l'action.

1. Double souffrance d'une ombre généreuse. — *L'inaction :* Pas de bonheur sans effort.

La monotonie : Pas de plaisir sans changement. Toute la morale de l'Occident.

2. Amer souvenir des joies de la vie. — *L'amour du danger :* Les combats.

L'ivresse des passions : La haine et l'amour ; la colère et la joie ; Briséis aux cheveux d'or ; Agamemnon au cœur de cerf.

L'enchantement du triomphe.

LECTURE MÉTHODIQUE D'UN AUTEUR

*Notes sur le sentiment de la nature
dans l'œuvre de J.-J. Rousseau.*

Vous supposerez que nous avons lu ensemble, la plume à la main, notre recueil de morceaux choisis.

Nous avons fait le *premier travail* nécessaire pour préparer une dissertation sur le sentiment de la nature dans l'œuvre de J.-J. Rousseau. Nous avons, au fur et à mesure que nous avancions dans notre lecture, porté sur une grande feuille de papier écolier nos différentes remarques.

Nous avons même commencé le *second travail* (composition), et rapproché nos notes les unes des autres par des barres, des signes et des numéros.

Seulement, contre notre habitude, et par une incroyable étourderie, nous avons oublié de prendre les références exactes.

La recherche est à recommencer !

Vous réparerez notre faute, notre grosse faute. Vous

recommencerez la lecture, facilitée par nos notes, et vous porterez en face de chaque point l'*indication des passages* qui prouvent ce que nous avançons. Vous les désignerez par les premiers mots ; vous y ajouterez le titre de l'ouvrage auquel ils appartiennent, et le numéro de la page dans votre édition.

PLAN A COMPLÉTER

PAR DES RÉFÉRENCES ET DES EXTRAITS, D'APRÈS LA MÉTHODE DÉJA SUIVIE DANS LE CHAPITRE 3.

1re Partie : Le sentiment.

La misanthropie : Exagération de ce sentiment.

L'amour de la solitude : La rêverie.

L'amour de la vie simple : La vie matérielle et la vie morale à la campagne ; la différence des mœurs et des gouvernements d'après l'aspect du pays.

2e Partie : L'imagination.

I. — LA PARTIE MÉCANIQUE DE L'IMAGINATION.

Vivacité des impressions : Les sens (la vue, l'ouïe, le toucher).

Exactitude des peintures : La précision des détails.

Éclat des images : La recherche de l'image grandiose, rare ou simplement pittoresque.

II. — L'art et la raison.

Étudier l'art de la composition : dans une période bien construite (fragment de paysage ou récit d'une scène champêtre); dans un paragraphe entier ; dans une narration ou une description de plusieurs pages.

3ᵉ Partie: La réflexion philosophique.

La science de la nature : La botanique ; pourquoi Jean-Jacques aime la botanique ; comment il la fait aimer ; les Girondins, ses disciples ; Bosc et Mᵐᵉ Roland.

L'histoire de l'humanité : La vie des hommes primitifs. — Noter, dans les morceaux choisis de Buffon, les passages analogues, avec les dates de publication. Rousseau a dû s'en inspirer.

La religion de la nature : Hymnes à la Divinité.

AUTRES LECTURES

PLUS ORIGINALES, QUE CERTAINS ÉLÈVES POURRAIENT FAIRE A CE SUJET. — UNE RECHERCHE A LA BIBLIOTHÈQUE MUNICIPALE.

Il y a deux manières de fréquenter les bibliothèques publiques. J'ai vu la première adoptée par quelques élèves, il y a longtemps déjà, dans une ville de province. Le bibliothécaire, qui les apercevait à jour fixe, régulièrement, chaque semaine, fut à la fois touché et inquiet de leur assiduité. Il fit part de ses sentiments à un professeur du lycée. Dangereuse confidence ! Amère désillusion ! Il se trouva que ces jeunes travailleurs accouraient, mus d'un beau zèle, le jour même où l'on venait de leur dicter une version latine... On jugea prudent dès lors de reléguer la collection Panckoucke dans une salle inaccessible aux recherches du public, et les visites de nos collégiens, par une curieuse coïncidence, cessèrent comme par enchantement.

Ce n'est pas, bien entendu, leur méthode que je vous recommande. Ceux d'entre vous qui se sentiront un peu curieux, qui voudront bien prendre pendant quelques heures l'âme d'un « rat de bibliothèque », se dirigeront cette semaine vers le grand bâtiment, orné de bas-reliefs guerriers, que Choiseul fit jadis construire[1] en contre-bas du château, pour les Archives de la Marine et des Affaires Etrangères. C'est là qu'aujourd'hui notre ville abrite ses riches collections. Ils demanderont l'un des trois ouvrages suivants, et s'ils prouvent, par quelques notes, qu'ils en ont lu cinquante pages avec profit, ils seront dispensés du devoir ordinaire.

---

[1]. En 1763. On voit encore, au-dessus des rayons aujourd'hui chargés de livres, au milieu des moulures dorées, les mots : *Naples, Londres, Madrid, Électeurs, Varsovie, Principautés de l'Empire* ; et le portrait de Choiseul, très vivant, presque parlant, d'une laideur si intelligente, achève d'évoquer le passé. Il semble, dans un pareil milieu, que cette époque soit d'hier.

1ᵉʳ Ouvrage : *Les lettres de J.-J. Rousseau sur la botanique.*

Chef-d'œuvre de méthode claire, simple, attrayante et déjà très scientifique. Voir surtout la lettre sur les *Crucifères* (Édition Musset-Pathay, 1822, t. VII). Des planches en couleurs, très fines, d'après les peintures de Redouté, ont été publiées, en 1805 et en 1822, sous ce titre : *La Botanique de J.-J. Rousseau.*

2ᵉ Ouvrage : *Notice de M. Aug. Rey sur le naturaliste Bosc : Un Girondin herborisant* (Paris, 1882).

Elle existe à la Bibliothèque. Vous la trouverez en outre, facilement, dans des bibliothèques particulières ; elle a été réimprimée et complétée dans la *Revue de l'histoire de Versailles* (année 1900, p. 241. Bernard, éditeur). A remarquer : Jean-Jacques au cours de Jussieu (1779) ; Mᵐᵉ Roland, botaniste ; Discours de Bosc en l'honneur de J.-J. Rousseau (1791) ; Les Girondins proscrits dans la forêt de Montmorency ; L'épisode des fleurs apportées à Mᵐᵉ Roland prisonnière ; Bosc et Larévellière-Lépeaux ; Un savant désintéressé.

3ᵉ Ouvrage : *Souvenirs d'un nonagénaire*[1]. — *Mémoires de François-Yves Besnard* (1752-1842, t. II).

Lire le récit de sa visite à Ermenonville, au tombeau

---

[1]. Publiés en 1880 par M. Célestin Port, archiviste de Maine-et-Loire, membre de l'Institut.

de Jean-Jacques, dans l'Ile des Peupliers, quelques jours après le 14 juillet 1789. Ce récit est d'une fraîcheur et d'une naïveté surprenantes. Vous remarquerez surtout les traits les plus familiers, comme cette inscription laissée par l'abbé Brizard sur les sabots de Rousseau que conservait le « bon Antoine » : « Gabriel Brizard a voulu honorer son nom en le consacrant à l'humble chaussure de l'homme qui ne marcha jamais que dans les sentiers de la vertu ! » Vous lirez aussi les hommages inscrits sur la tombe par des disciples enthousiastes : « A la Nature. » — « Ici repose l'homme de la Nature et de la Vérité. » ...auxquels Besnard crut devoir ajouter : « A quel autre offrir le premier hommage de sa liberté ? » Il a soin, d'ailleurs, de recueillir pour l'herbier de Mme Larévellière-Lépeaux des orchis, des épilobes et des mélilots en fleurs, avec les mousses qui végétaient sur la tombe... On croit revivre quelques années après la mort de Rousseau, dans les premiers mois de la Révolution française. L'effet est saisissant.

Je voudrais vous voir connaître, dès maintenant, ce genre de travail. Interrogez aussi, autour de vous, vos vieux parents, vos vieux amis. Plusieurs d'entre vous ont certainement, dans leurs connaissances, un de ces amateurs instruits qui se font une joie d'ouvrir leur bibliothèque à un jeune homme curieux. Profitez de ses livres ; profitez aussi de sa conversation. Le travail littéraire, aussi bien du reste que le travail scientifique, ne se fait pas toujours devant un pupitre ou un tableau noir. La recherche d'un texte original, sur un point particulier, laisse des souvenirs autrement durables que la lecture d'un ouvrage plus complet, mais plus banal. Ne négligez aucune occasion de vous instruire en dehors des programmes ; suivez Jean-Jacques botaniste dans les champs et dans les bois ; apprenez de lui à déchiffrer le « grand livre de la Nature », et faites, vous aussi, au moins par la pensée, votre pèlerinage à l'île des Peupliers.

DERNIER CONSEIL

Sur les Estampes et les Gravures.

(A propos de l'Ile des Peupliers.)

Les images sont de plus en plus à la mode ; vos éditions classiques commencent à reproduire beaucoup de vieilles estampes, et l'on peut prévoir le jour où l'étude des œuvres d'art occupera une certaine place dans le travail littéraire. Voici, par exemple, la photographie d'une estampe de Moreau-le-Jeune, prise tout récemment par un de mes amis, à la Bibliothèque Nationale. Regardez-la d'un peu près. En apparence, elle ressemble à toutes les autres, aux reproductions plus ou moins grossières qu'on trouve dans le commerce. En réalité, elle est doublement précieuse et rare. C'est une gravure *avant la lettre,* où la finesse des traits est extrême ; voyez comme la lumière y est douce et pure, comme les reflets, dans l'eau miroitante, sont bien ceux de la réalité... En même temps, elle nous donne une leçon d'histoire, elle nous renseigne sur Jean-Jacques et son époque, elle nous invite à réfléchir.

Dans le recueil de la Bibliothèque, cette épreuve est accompagnée d'une autre, tirée un peu plus tard, moins belle et privée d'un détail. Voyez, en effet, dans la nôtre, au premier plan, à gauche, cette femme en bonnet et en tablier, cette femme du peuple agenouillée. Pendant que des bourgeois causent et se montrent le mausolée, tandis que d'autres traversent le petit lac pour lire de près l'épitaphe, cette brave femme, simple et naïve, est prosternée au bord de l'eau. Elle n'a jamais lu la *Nouvelle Héloïse*, elle ne sait peut-être pas lire, et ignore la gloire de Jean-Jacques ; mais elle sait ce qu'on doit à la tombe des morts : cette chrétienne est, sans le connaître, aux pieds du *Vicaire Savoyard* !... Les théologiens de la Sorbonne virent, bien entendu, la malice de l'artiste ; ils demandèrent la suppression de la figure séditieuse, et la seconde épreuve nous montre qu'ils ont été obéis. Plus de femme en prières, plus rien dans le coin à gauche ! Le rivage nu, le désert, et pas la moindre voix dans le désert ! La bonne femme qui écoutait naïvement son cœur et priait mal à propos pour l'âme du philosophe de la Nature, a été supprimée par autorité de justice. Nous sommes bien en 1778. C'est la date de la gravure.

Il ne faut pas négliger une occasion de compléter ainsi vos lectures par l'étude des œuvres d'art. Point n'est besoin, pour s'y livrer, d'être un riche collectionneur. Il suffit d'ouvrir les yeux, dans la rue, chez vos amis, et surtout dans les Musées que les Villes, comme l'Etat, rendent de plus en plus accessibles au public. S'il

J.-M. Moreau del.

est un mérite que les étrangers s'accordent, en général, à nous reconnaître, c'est le goût :

> France, ô Mère des Arts !...

pourrait encore dire Joachim du Bellay. Nos ouvriers d'élite (du Bellay aurait dit « nos artisans » dans le sens d' « artistes ») restent à peu près sans égaux dans beaucoup d'arts industriels, et l'atmosphère qu'ils respirent dans certains milieux français entretient naturellement leurs qualités délicates. Elles sont tout aussi précieuses, et non moins importantes à développer chez vous, que les qualités littéraires ; ou plutôt les unes et les autres sont à peu près inséparables, et notre enseignement secondaire doit faire une place importante à l'*éducation du goût*.

RÉFLEXIONS SUR UN TABLEAU

Légèreté !... ou : *Les suites d'un bal masqué.*

---

1. Le tableau. Ce qu'il nous apprend au premier coup d'œil... Les costumes... Les deux adversaires... Le décor...

2. Un détail surtout me frappe : *la douleur des trois hommes* qui soutiennent le mourant. Ce qui a dû se passer... Qu'étaient ces masques ? Des amis, sans doute ; futile querelle... Torts réciproques... Précipitation... Légèreté des témoins.

3. Voilà donc pourquoi ils sont si désolés ! Ce regret les poursuivra longtemps. Un peu de courage et d'autorité de leur part, et une vie était conservée pour de meilleures causes.

N.-B. — Il est bien entendu que nous ne posons pas la question du duel, grosse question qui n'est ni de votre âge, ni de votre compétence. Mais il m'a semblé qu'on pouvait, sans l'aborder, exprimer une opinion sincère sur

J.-L. Gérôme pinx'.   Phot. Goup

SUITES D'UN BAL MASQUÉ
(Musée Condé, Chantilly).

ce cas très particulier. Les tableaux qui permettent de faire ce genre d'analyse ne sont pas très nombreux[1]. celui-là est un des plus frappants.

Lectures à faire. — DIDEROT, *Extraits* (éd. FALLEX, p. 81-144), ou *Morceaux choisis* de MARCOU (p. 393).
FROMENTIN, *Les Maîtres d'autrefois.*

CONSEILS

Les lectures que je vous recommande vous mettent en présence de deux méthodes très différentes, l'une littéraire, l'autre artistique. La meilleure est évidemment la seconde, celle de Fromentin. Ce n'est pourtant pas celle que vous pouvez suivre, et votre guide, pour le moment, doit être Diderot, l'auteur des premiers « Salons ».

Peut-être se trouve-t-il déjà parmi vous quelques artistes en herbe ; plusieurs, en tous cas, dessinent avec un certain goût... Mais aucun de vous ne pourrait nous montrer dans un tableau tout ce que sait y voir Fromentin. Il faut, pour parler ainsi des lignes et des couleurs, une expérience consommée, de peintre encore plus que de critique, et l'on dépasserait les limites de la plaisanterie permise en vous proposant comme modèle *Les Maîtres d'autrefois !* Lisez donc Fromentin, qu'il vous donne le

---

[1]. On trouvera quelques indications, sur ce point, dans un article de MM. WEIL et CHÉNIN, professeurs au lycée d'Orléans : « L'Enseignement par l'image et la Composition française. » (*Revue universitaire*, 15 janvier 1908.)

désir d'aller voir, au Louvre d'abord, puis plus tard à Bruxelles, à Anvers, à La Haye, les belles choses qu'il décrit. Mais ne cherchez pas à l'imiter.

Ce n'est pas que je me dissimule les défauts de l'autre méthode, de la *méthode littéraire*. Au lieu d'insister, comme la précédente, sur les qualités techniques de l'artiste, elle s'attache à décrire la scène, elle explique les attitudes, elle analyse les sentiments : bref, elle traduit dans le langage ordinaire ce que le peintre a exprimé par des moyens propres à son art, le dessin, les lignes, les couleurs. Vous sentez combien de tact exige une pareille traduction. Diderot en a quelquefois manqué, notamment dans les deux études sur Greuze qui vous sont proposées par les *Morceaux choisis*. Dans la *Malédiction paternelle* surtout, il admire sans mesure ce qu'il devrait blâmer, la complication du sujet, la violence des gestes, les attitudes théâtrales, bref l'effort malheureux du peintre qui renonce à parler aux yeux par la seule harmonie des formes, pour éveiller notre émotion par des artifices dramatiques. Mais vous trouverez, dans les *extraits* plus variés de l'édition Fallex, beaucoup de pages fines et discrètes, qui font oublier celles-là ; les études consacrées par Diderot à Boucher (p. 85), à Loutherbourg (p. 118), à Hubert Robert (p. 127), ou à Carle Vernet (p. 130) vous montreront dans quelle mesure un sens littéraire délicat aide à goûter les œuvres d'art.

Vous appliquerez cette méthode à l'étude du tableau de Gérôme. Tout en attribuant au *sujet*, comme tous les peintres de genre, une certaine importance, Gérôme n'a pas manqué de goût ni de mesure, et son œuvre n'a rien de commun avec le *Fils ingrat*, de Greuze, encore moins avec ces estampes qui s'appellent le *Convoi du pauvre* et le *Curé conciliateur*. L'aventure reste assez simple pour être comprise à première vue et traduite en quelques mots ; l'unité de la composition est telle que nous embrassons d'un regard la scène entière ; les attitudes sont naturelles, sans recherche, sans excès dans l'expression de la douleur sincère... Vous n'aurez pas de peine à dire l'émotion discrète qu'éveille ce tableau mélancolique.

CORRIGÉ

(Extraits de la meilleure copie.)

1. Nous sommes au petit jour, en hiver, à la fin d'une nuit froide et brumeuse ; triste lever de soleil dans ce coin de forêt où les troncs dénudés se profilent, noirs et sombres, sur la neige grisâtre. Que font, en cet endroit, à cette heure étrange, ces personnages aux habits pompeux ou grotesques? Au premier plan, un jeune homme costumé en Pierrot. Sa face est d'une pâleur livide, ses paupières sont déjà closes et ses genoux plient sous lui...

Trois hommes le soutiennent, le palpent, l'examinent d'un œil anxieux... Hélas, pauvres gens, à votre muette question, la réponse n'est que trop claire : avant que l'aube, l'aube funèbre de ce triste jour d'hiver, soit levée, le blanc Pierrot aura rendu l'âme dans vos bras...

Quelques minutes auparavant, sur le tapis de neige, naguère immaculé, le pauvre Pierrot s'est battu ; on aperçoit les pas pressés, nombreux à la place où se tenaient les témoins, plus rares au milieu... Le combat, en effet, n'a pas été long. A peine les épées croisées, Pierrot a reçu le coup mortel ; il tombe à la place même où il fut frappé. Il tient encore son épée ; elle pend au bout du long bras blanc, et celle de son adversaire gît sur le sol, à quelques pas de lui...

Cependant, un peu plus loin, Arlequin emmène le meurtrier désolé, chancelant, blessé peut-être lui-même ; il le soutient, le console, cherche à le détourner de l'horrible tableau. Le pauvre Sioux, en effet, n'a que l'habit du Peau-Rouge ; c'est un homme du monde, un Parisien qui n'a jamais scalpé personne ; on le sent prêt à défaillir.

Au fond, les landaus attendent ; leurs feux percent à peine le brouillard ; partout le froid, le silence, la solitude, tandis que les arbres dépouillés élèvent dans le ciel gris leurs bras fantastiques.

2. Un détail me frappe ; l'immense douleur, le remords évident des trois hommes qui soutiennent le mourant. L'un baisse la tête vers le blessé ; ses sourcils sont froncés, sa bouche pincée, un pli profond descend jusqu'à ses lèvres. L'autre, qui de la main soutient le bras de Pierrot, lève sa figure anxieuse, ses yeux épouvantés et comme suppliants vers le visage du moribond. Le troisième enfin regarde avec affolement : de sa main il comprime les battements de ses tempes, il semble refuser de croire à l'horrible réalité... Et pourtant elle ne devient que trop évidente : sous les plis de la blouse flottante, c'est à peine si l'on sent encore battre le cœur... Les secondes leur semblent des siècles, le sang bourdonne dans leurs oreilles et leurs fronts sont moites de sueur... Qui aurait cru que cette soirée pourrait se terminer ainsi ? Qui pouvait prévoir l'horrible dénouement, et penser que la mascarade finirait en tragédie ?

Toi, qui maintenant rends l'âme dans les bras de ces malheureux, Pierrot enfariné, quelques heures auparavant, dans la grande salle du bal baignée de lumière, tu voltigeais gaiement de l'un à l'autre, la plaisanterie sur les lèvres. Pierrettes, Colombines au masque de soie noire, pages aux habits chatoyants, astrologues à la robe étoilée, polichinelles aux nez vermeils, scapins à la face bouffonne, toréadors aux vestes de velours, Arlésiennes aux joues de rose, tous admiraient ta grâce et ton entrain ! Toi, beau seigneur tout cousu d'or, ne te souvient-il plus maintenant de ton air majestueux lorsque tu t'avançais à pas lents au milieu des lumières et que les couples de valseurs s'arrêtaient pour te contempler ?... Toi, seigneur à la collerette de dentelle, avec quelle nonchalance fis-tu ton entrée dans la foule, ton épée négligemment pendue à la ceinture et faisant résonner tes bottes sur les dalles... Une querelle, des injures, un soufflet... La musique s'arrête, on fait cercle... Et pendant que Colombine défaillante se laisse emmener par des femmes, Pierrot choisit pour témoins le beau seigneur à la mine arrogante et le gentilhomme Henri III.

La fête reprend, ils disparaissent ; ils courent, solennellement, venger l'honneur offensé !

3. Amère dérision ! Pour un mot, pour une étourderie au milieu d'une fête ! Ah ! comme ces témoins ont été légers ! Laisser se battre en pleine nuit deux jeunes gens qui n'avaient l'un contre l'autre aucune haine, dont la colère serait tombée avec la griserie de cette mascarade ! Quelle sottise ! Quelle impardonnable faiblesse ! Voilà donc pourquoi ils sont si désolés, pourquoi leurs yeux hagards épient sur les lèvres décolorées de Pierrot le dernier souffle de la vie... Et demain, lorsque l'irréparable sera définitivement consommé, quelles réflexions, quels remords !...

Y. K.
(Légèrement corrigé.)

La fin, trop lente et trop pâle, a été supprimée.

ANALYSE D'UNE TIRADE

Note sur le rôle des devoirs et des compositions.

Le Monologue de Micion[1].

CORRIGÉ

Préambule.

Les inquiétudes de Micion. Son fils n'est pas revenu.

Transition.

Pourtant, Eschine n'est que son fils adoptif. Les deux frères : Micion le citadin et Déméa le campagnard.

Éducations différentes qu'ils ont données aux jeunes gens.

I. — Le fait.

La tendresse de Micion. — Il donne de l'argent et laisse

---

1. Térence, *Adelphes*, I, 1.

une liberté complète. Il ne demande, en retour, que de la franchise.

La sévérité de Déméa. — Les reproches qu'il adresse à son frère sur la scandaleuse conduite d'Eschine.

II. — LE MOTIF.

L'indulgence est nécessaire.

Insuffisance de la crainte : elle n'est qu'un frein momentané.

L'amour du bien, au contraire, soutient et retient l'homme en toutes circonstances.

Le devoir était, on le voit, réduit cette semaine à très peu de chose. De tels repos sont nécessaires. Rien n'est plus fâcheux, dans l'enseignement du français, que le devoir hebdomadaire qui fut si longtemps en honneur ; rien ne dégoûte plus les élèves d'un exercice qui emprunte toute sa valeur, précisément, aux dispositions personnelles qu'y apportent les jeunes gens. Une narration tous les quinze jours suffit largement à les exercer.

La *semaine de repos* doit être consacrée à des lectures et à des analyses plus ou moins longues : depuis celle-ci, qui prend à peine une heure, jusqu'à l'étude sur Jean-Jacques Rousseau, qui pouvait occuper plusieurs après-midi. C'est là que les élèves acquièrent des idées et des connaissances, qu'ils prennent le goût de la lecture et de la recherche personnelle. Ces *plans* sont plus utiles encore par les réflexions qu'ils supposent, que par l'ordre et la clarté qu'ils nous forcent à mettre dans notre pensée.

Dans le même ordre d'idées, il serait dangereux de multiplier le nombre des *compositions*. Sur ce sujet, comme partout, les opinions sont partagées.

Les uns, croyant à tort que les compositions permettent aux élèves d'*apprendre* et de *faire des progrès*, voudraient les rendre fréquents ; ils n'hésiteraient pas à nous imposer le régime auquel ont recours, après des malheurs trop répétés, certaines victimes du baccalauréat.

Les autres, considérant au contraire que les compositions servent à contrôler le travail de plusieurs mois, désirent qu'elles restent relativement rares ; c'est par des lectures et des devoirs soigneusement préparés qu'on fait des progrès ; la composition permet simplement de les constater. Aussi, le nombre le plus naturel est-il de trois épreuves dans l'année, une dans la seconde moitié de chaque trimestre. Il est d'usage, dans certaines Académies, d'en ajouter une quatrième vers le milieu d'octobre. Elle produit presque toujours sur les classes un effet déprimant. Elle permet, il est vrai, de constater la faiblesse des élèves au retour des vacances ; mais (outre que les devoirs suffisent à nous édifier sur ce point) cette satisfaction personnelle du maître est trop compensée par le vague découragement que tout travail mal fait laisse chez les élèves. Il faut que la composition soit un exercice très sérieux, préparé pendant un trimestre, pour conserver son prestige et son efficacité. Les dates des 20 décembre, 20-30 mars,

30 juin, sont celles que nous souhaiterions[1] de pouvoir adopter invariablement.

1. Ce serait d'autant plus facile que la composition en français, loin d'augmenter le travail des élèves, les dispense d'un long devoir, la semaine où elle a lieu. Elle pourrait donc être placée deux jours après une composition en mathématiques, en histoire ou en allemand. Elle ne gêne en rien les enseignements voisins. Au contraire, elle laisse du temps libre en étude. On peut en choisir la date sans trop se préoccuper des autres matières.

12

ANALYSE FACULTATIVE

(Semaine de Noël.)

La « théorie de la mémoire », par LEGOUVÉ[1].

Nous avons commencé ce trimestre par une étude psychologique ; nous le terminerons de même. Vous analyserez le chapitre de Legouvé sur la mémoire.

Vous vous rappelez que Daudet nous a fait voir dans l'intelligence humaine deux fonctions fort différentes : l'une, purement mécanique, consiste à rattacher, au hasard des souvenirs, les *images* les unes aux autres, de manière qu'elles passent et repassent comme une chaîne sans fin dont chacune forme une maille ; l'autre, toute rationnelle, nous montre au contraire les parties les plus hautes de l'intelligence, le raisonnement, le jugement, c'est-à-dire l'esprit prenant conscience de lui-même, et arrêtant au passage telle ou telle image sur laquelle se fixe notre attention. Non pas qu'il y ait là des facultés

---

1. *La Lecture en action*, chap. XI, p. 123.

distinctes; l'esprit est un; mais tantôt il est assoupi, et ne vit, comme le corps lui-même, que par les parties inférieures de son être : les images sont simplement *associées par le rêve;* — tantôt il se réveille, il fait appel à toutes ses forces ; les yeux s'ouvrent, la tête se redresse ; la « raison décide en maîtresse » ; les images sont *liées,* et non plus *associées* ; nous ne rêvons plus : nous pensons.

Il en est de même de la mémoire. Elle repose évidemment sur un *élément mécanique,* indépendant de la conscience ; cette facilité à retenir spontanément, sans réflexion, des choses à peine entrevues, est même extraordinaire chez certaines natures... Mais il n'en est pas moins vrai que les hommes les moins bien doués arrivent à développer, par un travail méthodique, une faculté naturellement médiocre, et que la *raison* peut jouer dans les exercices de mémoire, comme dans les exercices de composition, un rôle considérable... C'est ce que vous montrera l'aimable Legouvé.

CORRIGÉ

Les deux éléments de la mémoire : un appareil photographique ; une faculté « vivante et capable d'éducation ».

Comment faire l'éducation de la mémoire ?

Comment la développer à l'aide de la raison et du sentiment ?

I. — L'ART D'APPRENDRE.

Mettons-nous en présence d'une *page à apprendre.* Triste situation de l'écolier qui apprend *ligne par ligne...* Double méthode que doit suivre un homme intelligent.

1. Faire le plan général du morceau. — L'*architecture de la page :* On peut même faire ce travail par écrit, comme pour les analyses ordinaires.

2. Remarquer la place et la valeur relative des détails. — Trois exemples :

Un concours : Vieillard et collégien, anecdote.

L'ordre géographique : dans une tirade de Beaumarchais.

L'ordre naturel : dans la description d'un costume (une tirade de Molière).

II. — L'ART DE RETENIR.

1. Part évidente de la mémoire mécanique. — Les *mémoires bien douées :* Cuvier, Patin. — Deux anecdotes.

2. Part plus grande de la méthode. — Comment on *retrouve* d'autant mieux qu'on a méthodiquement *appris.*

Rôle de l'attention. — Comment elle arrive à *ressusciter* les souvenirs en apparence effacés.

Méthode qu'elle emploie. — Les *liaisons rationnelles* sont alors retrouvées de la même manière que nous les avons établies : par le *raisonnement* et la *logique*.

III. — Services rendus par la mémoire ainsi développée.

Dans l'éducation. — Précieux indice fourni par la facilité plus ou moins grande à retenir certaines choses.

Dans la vie. — Distraction dans la solitude ; ressource mondaine. Anecdote.

DISSERTATION FAMILIÈRE [1]

Réflexions d'un élève.

Mon examen de conscience, après le premier trimestre.
Travail et Méthode.

On dit que de divers côtés des pédagogues trop bienveillants regrettent de nous voir faire tout seuls nos devoirs ; les plus tendres, assure-t-on, rêveraient de placer auprès de chacun de nous un répétiteur qui aplanirait toutes les difficultés et dirigerait nos efforts. Je crains que le remède ne soit pire que le mal, et qu'en voulant ainsi diriger mon effort, on n'arrive en quelques semaines à le supprimer complètement. Ma volonté est déjà si faible, et j'ai tant de penchant à réclamer l'aide d'autrui au lieu de travailler moi-même ! J'ai peur que ces maîtres si paternels ne cèdent à un mouvement de pitié mal entendue, et j'ai plus de confiance dans la devise anglaise du *self-help* que dans la plainte des paresseux, des im-

---

1. Donnée sur la demande de plusieurs pères de famille.

prévoyants et des incapables, dans leur éternel : « Aidez-moi ».

La vérité est ailleurs[1]. La vérité est que, seule, une *bonne méthode* bien comprise doit me guider dans mon travail. Mes professeurs me l'ont toujours indiquée ; mon seul tort fut de ne pas les écouter ; les premiers de ma classe n'ont jamais été aidés par personne, mais ils ont, dès le début, compris et appliqué de bons procédés. Il n'est pas trop tard, peut-être, pour les imiter. Essayons. Cherchons la cause de mes fautes et le moyen de les corriger !

Observations préliminaires.

L'EXACTITUDE ET LE SOIN.

1. Étude de mon écriture[2]. — Une ligne de mon écriture actuelle. Défauts et qualités. Analyse. Une ligne de mon écriture améliorée.

2. Mes principales fautes d'orthographe et de ponctua-

---

[1]. Nous faisons parler ici un élève déjà grand. Peut-être, avec des élèves plus jeunes, dans les classes élémentaires surtout, conviendrait-il d'être plus indulgent... Il semble bien, pourtant, qu'on ne puisse habituer trop tôt les enfants à *ne compter que sur eux-mêmes*. Là est le point capital.

[2]. On trouve dans le *Rapport annuel du gymnase allemand d'Altona* (année 1904) la phrase suivante : « Le cours d'écriture, institué pour les élèves dont l'écriture est insuffisante, a été suivi cette année par 28 élèves en Quatrième, 12 élèves en Troisième et 5 élèves en Seconde. » (*Jahresbericht*, p. 8). Que ne possédons-nous, au lycée Hoche, une institution semblable !

tion. — Imitation d'un chapitre de Legouvé : *Lecture en action*, p. 38 ; une règle qui saute aux yeux.

3. **Mes principales fautes de français.** — Incorrections, répétitions, négligences ; phrases trop longues ; phrases incohérentes.

4. **Contresens dus, dans mes versions latines, à la pure étourderie.** — Mots mal lus, omission de termes, d'expressions et même de phrases. Exemples à puiser dans mes copies du premier trimestre. Je n'aurai que l'embarras du choix !

La méthode et la réflexion dans l'étude du latin.

I. — L'ART DE COMPRENDRE.

L'étude des phrases. — 1. *Fautes commises contre l'analyse logique dans chaque phrase, ou contre la logique dans le texte entier.* — Deux exemples des choses extraordinaires que j'ai trouvées par ce procédé. Ce qu'il aurait fallu faire.

2. *Ignorance des formes et de la syntaxe.* — Cinq exemples. Une faute :

de déclinaison (héritage de ma Sixième oubliée) ;

sur les temps ou les modes (résultat de mon étourderie en Sixième) ;

sur l'étude de la proposition (résultat de la même méthode en Cinquième) ;

sur les propositions complétives (encore et toujours la même cause) ;

sur les propositions circonstancielles (juste récompense de ma Quatrième mal suivie).

L'étude des termes ou les ravages du dictionnaire mal consulté. — 1. *Exemple d'un ou plusieurs termes mal étudiés,* suivant mes procédés ordinaires.

2. *Exemple d'un ou plusieurs termes méthodiquement étudiés,* d'après le lexique de Baize. — Recherche du sens primitif. — Recherche des sens dérivés par la comparaison entre le terme étudié et le reste de la phrase.

II. — L'art d'exprimer.

1. *Un exemple de mon déplorable procédé mot à mot.*

2. *Corrigé de la même phrase,* fait suivant les deux principes rationnels : l'ordre du latin et le mouvement de la phrase; la traduction, expression par expression, et la recherche progressive des équivalents.

La méthode et la réflexion dans l'étude du français.

1. Lectures, analyses et préparations de textes. — J'ose à peine comparer celles qui m'ont été conseillées et celles que j'ai faites réellement. Essayons pourtant de voir en deux pages correspondantes : à gauche, ce que j'aurais dû faire, et comment j'aurais dû le faire ; à droite, ce que j'ai fait, et comment je l'ai fait.

2. Procédés de composition. — Je les ai assez bien

compris. Mais il m'est arrivé de trouver bien fastidieux :

le besoin de découvrir l'*idée essentielle* dans chaque paragraphe ;

le développement de cette idée par l'énumération raisonnée des preuves, appuyées elles-mêmes sur des exemples.

Trois paragraphes à l'appui, tirés de mes œuvres les plus représentatives.

3. L'expression. — Enfin, il est un examen devant lequel je recule : c'est celui des *termes impropres* et des *épithètes vagues*, des *expressions triviales*, des *métaphores ambitieuses* ou *vulgaires*, dont j'émaillai certains devoirs. « Ils sont trop ! »... Un peu d'attention dans mes lectures, un peu de goût dans mon travail... et j'en serai débarrassé.

Conclusion.

Ainsi, l'aide qui m'est nécessaire doit venir de moi, et non des autres.

1. Soyons *attentifs* et *soigneux*, soyons « fidèles dans les petites choses »[1], et nous ne lasserons plus nos parents par nos plaintes, nos maîtres par des corrections ridiculement compliquées.

2. Appliquons les *puissantes méthodes* que nous avons trop négligées, et nous nous dirigerons seuls sur la voie qui nous est tracée.

Non, le danger n'est pas pour moi dans la rareté des

---

1. Luc, 16, 10.

secours ! Jamais l'assistance publique et privée ne s'est exercée, vis-à-vis des élèves, d'une manière plus généreuse, et même plus intelligente. Ce qu'on doit craindre, avant tout, c'est d'affaiblir mon énergie et d'énerver mon effort par une pitié mal entendue. Je n'ai besoin que de sévérité.

N.-B. — Ce devoir serait dix fois trop long à traiter entièrement. Mais j'ai cru devoir répondre au désir de vos familles en vous rappelant l'*unité* de notre méthode, appliquée à toutes les matières de la classe.
Vous n'en traiterez qu'une partie, celle que chacun préférera. J'aime mieux l'*analyse détaillée d'une seule idée* qu'une énumération superficielle sur plusieurs points. L'*écriture*, par exemple, peut être à elle seule l'objet d'une étude très intéressante.

Quelques exemples de sujets, pris isolément[1].

Mes connaissances en grammaire latine. — Une promenade dans mes versions.

Ma logique. — Un raisonnement : dans une phrase de version, — dans un paragraphe de devoir français.

La ponctuation. — Suivant mon caprice, — suivant la logique.

Mon orthographe.

---

1. La plupart des élèves ont choisi l'*écriture*... Il faut bien commencer par le commencement.

Mes procédés d'analyse et de composition.

Mes phrases. — Quelques phrases bien compliquées (qui... que... dont... qui...).

Mon élégance. — La traduction d'une période oratoire. — Comment j'ai osé faire parler un moraliste. — Comment j'ai accommodé un poète.

ANALYSE ET JUGEMENT

Comment il faut lire Molière. — La première scène du « Misanthrope », du vers 88 au vers 180.

MATIÈRE DU DEVOIR

I. — L'analyse des idées : Plan.

1. *Les deux idées en présence* (v. 88-118). — Discussion d'abord assez calme.

2. *L'exagération dramatique des deux thèses* (v. 119-180). — Vivacité, émotion croissante d'Alceste et de Philinte.

Transition.

Tel est le premier travail que nécessite une bonne lecture. Mais il ne suffit pas, pour en tirer profit, de suivre exactement la marche des idées. Il faut ensuite en apprécier la valeur, se demander ce que nous apprend l'auteur, et ce que nous devons penser de sa philosophie. C'est le rôle du *jugement*.

II. — L'art de juger: Deux notes rédigées.

Pour l'analyse, vous vous contentiez d'un plan.
Votre jugement, au contraire, sera formulé, en deux petites notes rédigées, chacune d'une page ou d'une page et demie.

N.-B. — Dans tout jugement, en effet, vous avez deux choses à considérer : il n'y a presque pas d'idée qui ne soit en partie vraie, en partie fausse ; l'intelligence humaine est si faible que nous ne possédons jamais la vérité absolue. Il faut donc toujours examiner les deux côtés de la question, chercher, suivant le mot vulgaire, le *pour* et le *contre,* ce qu'il y a de *faux,* ce qu'il y a de *vrai,* les *défauts* ou les *qualités.*

1re Note : **Les qualités d'Alceste et de Philinte.** — La grande honnêteté d'Alceste ; les qualités moins essentielles, mais bien agréables, de Philinte. Brève conclusion : elles ne sont pas inconciliables.

2e Note : **Les défauts d'Alceste et de Philinte.** — *Alceste :* deux défauts (dureté, orgueil). *Philinte :* dangereux scepticisme. Pas de conclusion générale. Vous rappellerez simplement votre jugement sur Alceste en concluant sur Philinte.

CORRIGÉ

Premier travail : Le plan de la scène.

L'idée générale et le sujet de la scène : une discussion philosophique sur les vices de l'humanité.

1ʳᵉ Partie : L'incident vulgaire (v. 1-88).

Un incident futile est le prétexte de la discussion. Deux hommes, dans la vie ordinaire, en tireraient à peine la matière des quatre-vingts premiers vers ; leur discussion resterait probablement toute mondaine, légère et superficielle. Mais Alceste est à la fois un *esprit philosophique* et une *âme très sensible* : double raison pour qu'il ne soit pas un homme banal. Aussi l'intérêt de la scène commence-t-il là où finirait, dans le monde, la conversation.

2ᵉ Partie : La philosophie.

Jean qui pleure et Jean qui rit.

I. — **Discussion d'abord assez calme et arguments très justes (v. 88-108).** — 1. *Déclaration modérée d'Alceste* (v. 88-96) : Chagrin profond à la vue des vices de l'humanité. Rage croissante pendant qu'il les énumère.

2. *Réponse modérée de Philinte* : d'abord plaisante (v. 97-100), ensuite sérieuse.

La conduite d'Alceste offre un double inconvénient :

a. Sa protestation est inutile : le monde ne changera pas (v. 102-103) ;

b. Elle est nuisible à sa personne : on se moque de lui (v. 104-108).

II. — **L'ardeur de la discussion les entraine à exagérer leurs idées (v. 109-166).** — 1. *La misanthropie d'Alceste* : Haine pour tous les hommes. Double motif (v. 109-122).

Un exemple : le scélérat contre lequel il plaide. C'est un gredin (v. 123-136); cependant il reçoit partout le meilleur accueil et obtient les plus belles places (v. 138-140).

Conclusion : le désert sera son refuge (141-144).

2. *Le scepticisme de Philinte* : L'excès, même dans la vertu, est insupportable, aujourd'hui surtout (v. 145-152); et, de plus, inutile, une vraie folie (v. 153-158).

[Remarquer que le résumé de ces treize vers est fait en une phrase dont nous avons simplement séparé les différentes parties.]

L'indulgence dédaigneuse est la vraie sagesse (v. 159-166).

Dernière objection d'Alceste (v. 167-172).

Plaisante exagération de Philinte (v. 173-178).

3ᵉ PARTIE: LA CAUSE SENTIMENTALE DE CETTE MISANTHROPIE (V. 181-252).

A ce moment, la scène tourne et nous montre, dans

une troisième partie, la véritable cause de cette indignation philosophique. Elle est dans le tempérament d'Alceste et dans l'accident qui l'a contrarié. Nos *idées* peuvent être justes, générales, philosophiques ; mais nous les adoptons souvent pour des raisons de *sentiment*.

Alceste est misanthrope à ce point parce que sa passion est vivement contrariée par la coquetterie de Célimène : c'est un *amoureux atrabilaire* (premier titre de Molière).

Remarquer, du reste, qu'à la fin de la 2ᵉ partie la scène était au point culminant. Il fallait passer à un autre sujet, ou séparer les personnages. Elle tourne donc pour la deuxième fois.

Second travail : Les deux notes rédigées.

1ʳᵉ Note : Les qualités d'Alceste et de Philinte. — *Alceste* est un honnête homme, une âme droite, un cœur généreux. Son indignation contre les vices des uns et la lâche complaisance des autres montre chez lui de la conscience et du courage. C'est grâce à des « Don Quichotte » comme Alceste que les crimes des hommes sont dévoilés et flétris ; c'est par les Alcestes et les Jean-Jacques que sont préparées les révolutions.

Mais *Philinte* est bien spirituel, bien agréable à voir et à entendre ; les qualités qu'il recommande sont certainement moins essentielles ; elles ont encore leur prix : la politesse dans les manières, la douceur dans les propos, l'indulgence dans les jugements rendent les relations plus faciles et l'existence plus supportable. C'est grâce aux gens aimables comme Philinte que la vie publique et privée n'est pas bouleversée par des scandales continuels ; c'est par les disciples de Philinte et de Voltaire que nous recueillons en paix le fruit des révolutions.

En effet, les deux personnages de Molière ont également raison ; les qualités qu'ils recommandent ne sont nullement inconciliables, on peut être à la fois indulgent et honnête, franc et poli, fier et doux ; il suffit de ne se laisser aller à aucun excès, même dans l'amour de la vertu.

2ᵉ Note : Leurs défauts. — Malheureusement, ils tombent tous deux dans une fâcheuse exagération et plus d'un défaut se mêle à leurs excellentes qualités.

Alceste est dur et sans pitié ; il manque absolument de charité. Or, la perfection n'étant pas de ce monde, il faut, pour rester équitable, une certaine indulgence ; la bonté est nécessaire, non seulement pour se conduire d'une manière aimable et douce, mais pour observer la stricte justice. De plus, en accusant ainsi le monde entier, il paraît se considérer comme le seul sage, le seul homme vertueux que la terre ait jamais porté ; seul, il sait juger ; seul, il sait redresser les torts ; sa dureté est doublée d'un insupportable orgueil ; sa sévérité vient surtout de contrariétés personnelles. Ce misanthrope est avant tout un « amoureux atrabilaire ».

Philinte, plus souriant, n'est pas plus équitable. Son indulgence n'est que du scepticisme, et s'il renonce à exiger des hommes de la générosité, c'est qu'il les croit incapables d'éprouver un bon sentiment. Sa doctrine, en apparence inoffensive, est beaucoup plus dangereuse que celle du misanthrope : personnellement, Philinte reste un très honnête homme ; mais ceux qui l'écoutent sont portés à être moins exigeants que lui... Or, la vertu ne s'entretient que par un continuel effort ; il faut tendre à la perfection pour n'être pas trop imparfait ; et il vaut encore mieux, quand il s'agit du bien, pécher par une ardeur trop grande que par une froide indifférence.

NARRATION

Le sommeil de Pénélope.

Le sculpteur Cavelier a représenté Pénélope endormie, et il a bien rendu le charme de cette poétique figure. Vous décrirez, d'après une photographie[1], cette statue longtemps célèbre; vous retracerez le rêve de la fidèle épouse.

1. Le sommeil l'a surprise au moment où elle filait, *songeant à Ulysse éloigné*; elle était triste et lasse; l'inquiétude la dévorait.

2. Pourtant, sa physionomie est devenue calme dans le repos. Des rêves moins pénibles viennent traverser son sommeil. *Elle revoit Ulysse jeune*, tel qu'il était à son départ pour Troie.

---

1. Les élèves n'ont eu connaissance que de la carte postale, faite d'après la statue en marbre conservée au château de Dampierre par M. le duc de Luynes. La photographie ci-jointe est la reproduction du plâtre original de Jules Cavelier, demeuré dans la famille du sculpteur.

J. Avelier sculp¹.

PÉNÉLOPE ENDORMIE.

3. Quand on la regarde longtemps, on croit presque la voir sourire... *C'est qu'elle se représente en rêve le retour du héros...* Elle s'émeut, elle se réveille... Hélas, ce n'était qu'un songe !

CORRECTION

Voici une copie assez originale, composée l'an dernier, par un élève de la division B. Elle est un peu traînante, et je ne vous en conseillerais pas l'imitation : la division adoptée, en strophes de quelques lignes (analogues à celles de Lamennais), ne peut être admise que d'une manière exceptionnelle. Mais votre camarade, quoiqu'il n'eût jamais appris un mot de grec, avait bien compris Homère. Vous tirerez profit de cette lecture.

1. Le chanteur saisit sa lyre, qui résonna dans ses mains tremblantes ; sa voix s'éleva forte et grave, et les convives firent silence pour l'écouter :

« Quand l'aurore aux doigts de rose écarte les nues à l'Orient ; à l'heure où les troupeaux bêlants se répandent dans les pâturages, l'épouse infatigable fait bourdonner le fuseau, la laine court entre ses doigts ;

Quand le soleil ardent échauffe à midi l'Océan qui s'apaise ; à l'heure où les moissonneurs cherchent l'ombre des oliviers, l'épouse infatigable fait bourdonner le fuseau, la laine court entre ses doigts ;

Et le soir, quand la brise est plus douce, quand les pêcheurs chantent sur la vague en jetant leurs filets, le fuseau d'ivoire tourne et bourdonne toujours ; l'épouse infatigable tord et roule encore la laine blanche entre ses doigts.

Gloire à Zeus et aux décrets immuables de Zeus ! Le laboureur laboure le champ de ses pères ; le pêcheur s'élance sur les flots devant lesquels il grandit ; l'un a sa barque, l'autre, sa charrue ; l'épouse a son fuseau d'ivoire, elle file sans cesse en soupirant.

Elle file sans cesse, en attendant le retour de l'époux ; elle file jusqu'au moment où l'époux lui dira : « Cessez, ô femme ! car vos cheveux sont blancs et vos pas incertains ; la femme de notre fils prendra votre fuseau. »

Mais l'époux n'est pas revenu, le chien vigilant n'a point aboyé devant ses pas ; au foyer sa place est vide ; sa robe et son bâton sont suspendus à la muraille.

Le jour baisse ; les peupliers de la route s'inclinent sous la brise du soir ; le soleil enflammé projette de rouges lueurs sur les moissons des champs et les toits des hameaux ; au loin les bêlements des troupeaux s'appellent et se répondent. Des pas retentissent sur le chemin, un chien jappe. Mais ce n'est pas l'époux qui s'avance ; ce chien qui aboie, hélas ! n'est pas le chien de la maison.

Et l'épouse se sentit triste ; et laissant échapper le fuseau d'ivoire, elle songea longuement... Or, au milieu de sa rêverie elle entendit soudain les chansons des étrangers qui avaient envahi la maison, et s'asseyaient à la table du maître et de l'époux.

Elle entendit les coupes se heurter ; c'était le vin de l'absent qui coulait dans les coupes ! Elle entendit les bêlements des brebis égorgées pour le festin ; c'étaient les brebis de l'absent qu'ils égorgeaient !

Et l'épouse vertueuse et fidèle pleura beaucoup et, joignant les mains, s'écria : « Grand Zeus ! père des Dieux ! pourquoi donc existes-tu, puisque sur nos rivages on voit de tels impies profaner la maison d'un homme libre, méprisant ses dieux domestiques ! »

Étrangers, pillez les biens d'un homme juste et brave ; riez-vous de son fils, trop jeune pour vous chasser. Zeus a permis que Pénélope vous oublie, au moins pour un peu de temps et, avec vous, le souvenir de ses peines.

Pénélope s'est endormie ; quand le vent du soir bruissait dans les peupliers, à l'heure où les bêlements des troupeaux qui rentrent aux étables s'appellent et se répondent au loin, elle a penché sa belle tête calme et pâlie, elle a joint ses mains sur ses genoux, ses mains diligentes qui retiennent encore le fuseau.

2. Elle rêve au temps, où jeune fille modeste et timide, elle fut unie à Ulysse, le guerrier magnanime et fort. Alors on but sous l'olivier ; les bœufs et les boucs rôtirent pour les convives.

Elle vint avec ses compagnes, Ulysse vint avec trente guerriers, jeunes gens beaux et vigoureux, robustes comme le palmier qui résiste à la tempête. Ulysse avait son bouclier et son casque ; Pénélope et ses compagnes portaient la couronne de roses et le voile de lin. Au grand soleil, devant la terre, devant les cieux, devant leurs convives, ils s'unirent la main dans la main ; ce jour-là, les flûtes résonnèrent pour le chant d'hyménée ; le père d'Ulysse dit au père de Pénélope : « Qu'ils soient unis ! les dieux le veulent, unis comme le furent Thétis et Pélée, comme Pyrrha et Deucalion. »

Ulysse était jeune ; Ulysse était fort ; il avait une bonne épée. Tous deux moissonnaient les épis de leurs champs, les olives de leurs oliviers ; et le mendiant qui frappait à leur porte trouvait toujours place au foyer.

Quand Ulysse partit pour cette guerre lointaine qui ligua tant de rois et tant de chefs grecs contre une ville étrangère, Pénélope pleura sur le cou d'Ulysse, mais Ulysse dit : « Femme, c'est la gloire et le devoir qui m'appellent. » A la porte, Eumée, son fidèle serviteur, lui dit : « Restez, Roi, mes olives vont mûrir et je veux que vous attendiez le moment où nous compterons tous deux combien nous avons d'olives sous le pressoir, d'épis dans le grenier, de brebis dans l'étable. — Non, dit Ulysse, je dois partir, fidèle serviteur ; mais quand je serai de retour, apprête tes corbeilles et entasses-y les olives délicates ; que je voie mes moissonneurs porter sur leurs épaules de nombreuses gerbes de blé mûr ; que des brebis grasses et bien nourries, à la toison blanche et bien peignée, bêlent du fond de leurs étables, comme pour annoncer mon retour. »

Ainsi dit Ulysse, le sage guerrier ; il s'embarqua sur les flots bleus ; son vaisseau, fendant les ondes, s'éloigna vers l'horizon.

Aussi longtemps qu'elle put, Pénélope le suivit du rivage ; et quand il eut disparu, elle reprit bien triste et bien lasse le chemin du foyer désert.

3. Et depuis, jour et nuit, elle pense, elle dit encore dans son sommeil : « Quand reviendra-t-il ? Que fait-il loin de moi ? Hélas ! Puisse-t-il s'éteindre dans l'oubli, ce jour où ceignant l'épée et endossant la cuirasse, Ulysse partit pour des rivages que je ne connais pas ! »

Le soleil luit sur les vivants ; la lune lui succède et sa molle clarté blanchit la mousse sur les rochers ; les jours passent, les nuits passent ; les prés verdissent et les haies vertes fleurissent à la chaleur du printemps ; les moissons jaunissent ; faux et faucilles sont aiguisées ; garçons et filles s'éparpillent dans les blés ; le soleil est ardent, les champs n'ont point d'ombre ; puis les bois se dépouillent et l'automne entend siffler le vent dans les oliviers dénudés ; les saisons, les mois, les années se succèdent et Pénélope attend toujours le pas de l'absent.

Elle attend le jour où, joyeux, le chien de la maison bondira devant lui ; le jour où les esclaves qui l'aiment, non comme un maître mais comme leur père, viendront se jeter à ses pieds.

Mais celle qui lui fut fidèle et vertueuse, celle qui l'attend depuis si longtemps, lui fera le meilleur accueil.

Elle lui donnera au foyer la place d'honneur ; elle lui tendra la coupe où boivent les guerriers et les rois.

Elle délacera sa cuirasse ; elle suspendra son casque et son épée à la muraille.

Elle lui dira : « Salut, ô roi ! Zeus vous a-t-il donné une facile victoire ? Si vous êtes vainqueur, dites-le moi et suspendez vos trophées à la porte. Si vous êtes vaincu, votre silence me l'apprendra. »

Ainsi tu songes, ô Pénélope ! fidèle épouse, quand le vent du soir bruit dans les peupliers, à l'heure où les bêlements des troupeaux qui rentrent aux étables s'appellent et se répondent au loin.

Pénélope, Pénélope, la vie n'est qu'un rêve et Zeus créa les guerriers et les rois pour servir de chansons aux hommes qui viennent après eux ; sors des ténèbres, Pénélope, rentre dans la réalité.

Le soir tombe sur la route blanche, Ulysse ne paraît point encore, les pêcheurs ramènent leurs barques au rivage des baies.

Tes yeux se dessillent ; tu t'éveilles ; entends les rossignols qui chantent les approches de la nuit.

Les prétendants qui boivent devant la maison laissent mourir les feux des foyers ; les uns dorment, inertes comme des outres ; d'autres luttent à la course et au ceste, alourdis par le vin.

Reprends ton fuseau, Pénélope. Attends l'aurore de demain. Au matin, que ton fuseau bourdonne et tourne ; que la laine coure entre tes doigts ! »

Ainsi chantait le vieillard. Ses mains tremblantes laissèrent échapper la lyre ; il se baissa péniblement pour la ramasser et l'attacher à sa ceinture. Les convives d'Eudytion, émus et comme enchaînés par ses chants, le regardaient avec respect, et leur admiration même retenait leurs applaudissements.

A. B.
Élève de Seconde B (1905-1906).

Celui d'entre vous qui a fait aujourd'hui la meilleure copie nous propose un tout autre genre. Ses paragraphes sont méthodiquement composés. Il y a moins de fantaisie, mais plus de sagesse. Son procédé est de ceux qui peuvent être facilement imités.

Comparons, pour notre instruction, son premier développement avec le même paragraphe pris dans une copie moyenne, de celles qui ne s'élèvent pas au-dessus de 10.

1ᵉʳ **paragraphe, correct, mais sec, d'une copie moyenne.** — Il y a même une faute de composition dans la seconde moitié : Pénélope pense à des choses qu'elle ne pouvait pas connaître.

Pénélope est seule, ses femmes se sont toutes éloignées. La fidèle Euryclée elle-même, nourrice d'Ulysse, de son cher Ulysse, respecte son isolement.

La reine d'Ithaque est triste, triste car son époux ne revient pas. Les plus valeureux d'entre les chefs de la Grèce briguent sa main, lui répétant chaque jour qu'Ulysse est mort, qu'il est insensé d'espérer encore. Leurs instances sont de plus en plus pressantes, mais Pénélope veut rester fidèle à la foi qu'elle a jurée. De jour en jour elle recule le terme fatal, elle refuse de se décider. Seule elle espère encore, avec Télémaque, la vivante image d'Ulysse, et quelques fidèles serviteurs.

Ah ! son époux doit être bien malheureux ! Là-bas, sur la mer immense, la vague berce son vaisseau, et l'écume salée jaillit sous l'étrave rapide. Au hasard des flots, il erre d'un pays à l'autre. Et si parfois des princes le reçurent avec affection et bienveillance, combien de fois le fils de Laërte n'eut-il pas à lutter contre la ruse et le mensonge ? Combien d'embûches lui furent tendues ? Combien de fois dut-il son salut à sa finesse et à son courage ? De quels périls sa vie ne fut-elle pas menacée ?

Aussi Pénélope pleure, et depuis le départ de son époux ses larmes ne se sont pas arrêtées.

Dévorée de chagrin et d'anxiété, à bout d'expédients, elle ne sait plus comment écarter ce joug que les chefs veulent lui imposer. Son seul espoir de salut est dans le retour d'Ulysse. Ulysse seul peut la délivrer, mais Ulysse ne revient pas...

L'*analyse* est très insuffisante ; les traits sont à peine indiqués. Voyez, au contraire, comment, de chacun d'eux, étudié avec patience, l'auteur de la meilleure copie a tiré un tableau. Le *portrait de Pénélope*, négligé par le précédent, est ici décrit avec minutie.

Mais c'est surtout sa *douleur* qu'il a su retracer avec précision. Il a vu ce que cette douleur avait de particulier, d'intéressant, et pourquoi elle différait de beaucoup d'autres ; il y voit le chagrin d'attendre quelque chose qui ne vient jamais, l'angoisse de l'incertitude, l'émotion toujours renouvelée, l'espérance qui gonfle le cœur et la déception qui le brise.

Loti, dans l'admirable fin de *Pêcheur d'Islande*, nous tient, la gorge serrée, dans l'attente morne d'une voile que Gaud croit à chaque instant voir paraître, et qui ne paraîtra jamais... Telle la Pénélope d'Homère ! Elle arrive à envier le sort des malheureuses qui *savent*, elles, au moins, que ne torturent pas ces cruelles alternatives d'espérance et de désespoir...

Voilà le *point* original, celui qu'il faut mettre en lumière ; voilà la différence entre le *détail oiseux* et le *détail utile*, le détail qui ne convient qu'à une seule circonstance bien déterminée. Mais nous voilà loin de votre camarade. Ne l'écrasons pas plus longtemps sous ces grands souvenirs ! Revenons à son modeste paragraphe d'écolier :

Pénélope est endormie ; un bienfaisant sommeil, sans doute envoyé par une divinité propice, vient d'abaisser sa paupière. Ses traits, que les soucis et les larmes ont à la longue plissés, se sont détendus, et calme, un peu grave, mais belle comme aux jours où Ulysse était là, sa fine tête pâle repose sur son épaule ; ses cheveux, noués derrière sa tête, encadrent l'ovale pur de son visage ; son ample vêtement découvre un cou gracieux. Dans sa chaise couverte d'un tissu précieux, au pied de laquelle grimace une tête de tigre, la noble fille d'Icare, accablée de tristesse, s'est laissée aller au repos ; sa main droite, nonchalante, tient encore un fuseau ; quand le sommeil l'a vaincue, Pénélope tissait un ouvrage, sans fin comme son attente ; ses doigts vifs et agiles faisaient machinalement courir le fil, mais ses pensées ne les suivaient pas ; elles étaient bien loin ailleurs. Une larme s'échappait parfois de ses yeux fixes et maintenant encore, de ses lèvres entr'ouvertes, il semble que s'enfuit un douloureux soupir. L'infortunée songeait à Ulysse : quinze ans, quinze ans déjà s'étaient écoulés depuis le jour où, gaîment, quoique à contre-cœur, sur la mer azurée, à peine frangée d'écume, il avait mis à la voile. Les souvenirs, uniques

jouissances, se pressaient en foule dans l'esprit de Pénélope :
« Dix ans durant, sous les murs de cette Troie maudite, mon Ulysse est resté, loin de son fils, loin de moi. Pourtant, une consolation me restait, la Renommée m'apportait le récit de ses exploits, et la gloire, pour laquelle on doit tout délaisser, s'attachait à son nom. Je le suivais par la pensée ! J'appris la chute de Troie, le départ d'Ulysse... et ce fut tout ! Depuis cinq ans j'attends son retour et mon angoisse augmente avec les jours ; on sait le sort de tous les autres chefs : les uns sont revenus, comme le sage Nestor, Ménélas l'audacieux ; — d'autres ont péri comme l'imprudent Ajax, qui blasphéma les dieux. Seule la destinée d'Ulysse est inconnue ; personne ne peut dire s'il est encore vivant. Le trident de Neptune l'a-t-il précipité au fond des eaux glauques, dans l'impénétrable séjour de Pluton ? Seul sur une île déserte, misérable, erre-t-il, en proie à la faim qui le ronge ? S'il est vivant, lui aussi se désespère, tant il m'aimait, tant il aimait son fils. Après cinq ans, pourtant ! quel espoir reste-t-il ? »

Et cependant, de la salle du festin, des cris, des chants montaient jusqu'à l'épouse désolée. « Hélas, pensait-elle, si Ulysse était là, lui dont le seul aspect inspirait l'effroi aux lâches, aux fourbes, aux ennemis ; lui, si fertile en ruses avisées, comme il dissiperait cette nuée de corbeaux, qui mettent sa demeure au pillage. Mais il est loin ! En vain, chaque jour, le matin, je monte au haut de ce palais, en vain je regarde la mer, où se jouent des reflets ondoyants. Et pourtant, du fond du cœur, Minerve qui aimas tant Ulysse, je t'honore et t'offre de pompeux sacrifices ! »

C. C.

16

NARRATION[1]

La croix d'honneur.

Benoît est un vieux lieutenant qui ne connaît d'autre famille que le régiment, d'autre pays que la caserne. Ancien enfant de troupe, adopté et élevé par le régiment, il ne l'a jamais quitté, vieillissant avec les galons de sergent, jusqu'au moment où la guerre de 1870 l'a fait officier.

1. Son portrait physique et moral.

2. Son désir ardent de la croix d'honneur. Ses espérances et ses déceptions à l'époque des promotions. Ses colères.

3. Sa résolution, en 1878, lors de la distribution des drapeaux. Il veut aller à Paris, montrer ses états de services au ministère... Au moment de partir, il tombe malade. Son délire.

---

1. Donnée à la 2ᵉ composition.

4. Suprême pitié de ses camarades. Sachant qu'il est perdu, ils lui apportent une croix, lui faisant croire qu'il est décoré.

Se souvenir de certains contes de Daudet sur la guerre, en particulier : *Le porte-drapeau, Le siège de Berlin* et *Le décoré du 4 août.*

CORRECTION

Nous avons usé, une fois de plus, du procédé cher autrefois à quelques-uns de mes vieux maîtres. J'ai tiré de mes archives un devoir que m'avait remis, il y a treize ans, un bon élève, et nous avons comparé à cette copie, paragraphe par paragraphe, les meilleurs devoirs de la classe. Les élèves actuels supportaient assez bien la comparaison avec leur devancier, et l'on trouvait appliqués, à peu près de la même manière, par les deux générations, des procédés analogues. Il faut avouer, pourtant, qu'aucun d'eux n'avait développé tous les paragraphes d'une manière également heureuse, et il aurait fallu rapprocher les unes des autres les meilleures pages de nos dix premiers pour composer un devoir semblable à celui de mon ancien élève. Il suffit donc de le citer seul pour rappeler la méthode qui fut commune à tous.

Le 1ᵉʳ paragraphe devait nous faire connaître *le principal personnage :*

indirectement : par l'impression qu'il produit sur ceux qui l'entourent (toujours l'*effet* révélant la *cause*, comme dans *L'Agonie de la Sémillante*) ;

directement : à l'aide de quelques traits bien choisis empruntés à sa personne ; nous avons vu que l'art, ici, est tout entier dans le choix.

Mes élèves n'avaient guère usé que du second procédé. Seul, l'auteur de la copie-modèle avait fait précéder le portrait d'une scène populaire :

1. Triomphalement, au son de la musique militaire, le 146ᵉ régiment d'infanterie traversait les rues de X... Sur son passage, les promeneurs s'arrêtaient pour voir défiler les soldats ; et ceux-ci, sentant qu'on les regardait, se redressaient avec fierté sous leurs uniformes poudreux. Mais l'un d'entre eux, un vieux lieutenant, semblait attirer surtout l'attention des curieux. « Tiens, voici le lieutenant Benoît », disait-on dès qu'il apparaissait. Dans la ville, en effet, tout le monde connaissait l'histoire de ce vieux brave, qui avait commencé par être enfant de troupe, et qui, par sa bravoure, était parvenu au grade d'officier pendant la guerre de 1870. Bien serré dans son dolman à brandebourgs, le sabre au poing, le képi légèrement incliné sur l'oreille, le lieutenant Benoît, malgré ses cinquante ans, se tenait aussi droit et marchait aussi allègrement qu'un jeune Saint-Cyrien. Son épaisse moustache grisonnante, ses sourcils froncés, ses manières un peu brusques et sa grosse voix enrouée intimidaient les soldats lorsqu'ils arrivaient au régiment. Mais ils s'apercevaient bientôt que, malgré ses effrayantes menaces et ses terribles jurons, c'était le meilleur des hommes et le plus indulgent des officiers. Il considérait ses soldats comme ses enfants et savait se faire aimer d'eux comme un père.

Le 2ᵉ paragraphe était la *préparation de la crise*. Un bon récit, nous l'avons encore remarqué, suppose, comme un bon drame, l'*art des préparations*. Il fallait montrer la puissance de l'idée fixe dans l'imagination du lieutenant Benoît, à l'approche de la promotion annuelle, son anxiété, son impatience. Mon ancien élève l'avait fait d'une manière assez habile. Il avait divisé l'analyse en deux parties : la veille du grand jour ! — le jour même. Et, entre les deux, pour tenir en suspens l'attention du lecteur, il rappelait le passé de son humble héros, il expliquait sa manie, il la rendait vraisemblable, naturelle, sympathique :

2. Pourtant, à certains moments de l'année son indulgence habituelle faisait place à une extrême sévérité. Il paraissait inquiet, nerveux. Pour un rien il se mettait dans des colères épouvantables. Une ride profonde creusait toujours son front et lui, si soigneux d'ordinaire, il restait parfois huit jours sans se faire raser. Il devenait même distrait : on l'avait vu un jour venir à la caserne sans avoir pris son sabre. « Ah ! ah ! murmuraient les soldats de sa compagnie, voici l'époque de la promotion ! »

La promotion ! c'était en effet la cause de ses incroyables colères et de ses brusques distractions. Benoît, certes, était heureux ; pourtant il manquait quelque chose à son bonheur. Il n'espérait pas monter en grade : devenu lieutenant après vingt-cinq ans de service, il comptait bien mourir lieutenant. Mais il avait un autre désir, un désir passionné : il rêvait de voir la croix d'honneur attachée sur sa poitrine. Ne la méritait-il pas mieux qu'un autre, lui qui, pendant la guerre, avait si brillamment montré son courage ? Et chaque année il caressait l'espoir de recevoir cette digne récompense de sa bravoure. Un mois avant la promotion, il confiait à ses amis ses espérances, ses craintes. Il passait de la joie la plus vive à l'abattement le plus profond.

Le jour où devait paraître à l'*Officiel* la liste des nouveaux décorés, il ne se possédait plus ; et lorsque le journal arrivait enfin, il n'osait pas l'ouvrir. Il le gardait longtemps entre ses gros doigts, le tournait, le retournait ; puis, tout à coup, il l'ouvrait fébrilement, parcourait des yeux la liste et poussait un cri de colère et d'indignation. Pendant quelques jours, il était comme un fou ; il voulait provoquer en duel ses heureux rivaux et ses amis avaient grand'peine à le contenir.

§ 3. *La crise violente*. — La simple exaltation. Analyse, par énumération de souvenirs précis.

La maladie. Nouvelle analyse, par évocation d'images, puis de scènes entières, dans le délire :

Une année enfin, ne pouvant plus attendre, il résolut d'aller chercher lui-même sa croix, puisqu'on ne songeait pas à la lui envoyer. Il irait à Paris ; il parlerait au ministre, il lui montrerait ses états de services, ses campagnes. A chaque page, une blessure ; à chaque ligne, un nom glorieux... Alma, Traktir, Malakoff[1]... Gravement blessé à Magenta, laissé pour mort à Reischoffen ! Et l'Afrique ! la Syrie ! le Mexique ! Tous les climats, tous les pays où il avait suivi son glorieux drapeau... Comment lui dire « Non » devant de tels souvenirs ? Comment lui refuser la croix ? — Tous les préparatifs de son voyage étaient terminés, il allait partir, lorsqu'il tomba malade.

C'était environ un mois avant la promotion de l'année 1878. Les premiers jours de sa maladie furent assez calmes. Il espérait être bientôt rétabli et pouvoir enfin partir pour Paris. Il ne parlait que de son voyage, du ministre, de la croix,

---

1. Analyse ajoutée (7 lignes).

et un sourire entr'ouvrait ses lèvres pâlies, un éclair brillait dans ses yeux fatigués lorsqu'il prononçait ce mot magique. Mais, à mesure que la date de la promotion approchait, son état s'aggravait. Il s'inquiétait, il se tourmentait: « Il n'aurait pas le temps d'aller à Paris, il voulait se lever ; il se sentait assez fort pour faire le voyage. » Bientôt la fièvre le prit, puis le délire. Tantôt le pauvre lieutenant se croyait dans le cabinet du ministre ; il racontait ses exploits d'une voix sifflante, entrecoupée. Tantôt il se croyait à Metz, il se plaignait de la dureté des Prussiens pour les prisonniers, et il avait de violents mouvements de révolte : « Ma croix ! ma croix, s'écriait-il, ne m'enlevez pas ma croix ! » Tantôt enfin, il se croyait à la revue du 14 juillet : les tambours battaient ; les clairons sonnaient et le colonel lui disait d'une voix forte, en lui donnant l'accolade : « Lieutenant Benoît, au nom du Président de la République, je vous fais chevalier de la Légion d'Honneur ! » Et le pauvre malade serrait sur sa poitrine la croix qu'il croyait sentir sous ses mains amaigries. Pendant ses courts instants de lucidité, il demandait si l'on approchait du jour de la promotion. Ses amis lui répondaient toujours qu'on en était encore loin, qu'il pourrait aller à Paris ; mais ils n'avaient plus d'espoir. « Il est perdu » leur avait dit le major.

§ 4. *Le dénouement, en trois parties.*

Enfin, le fameux jour arriva et le lieutenant Benoît ne figura pas encore sur la liste des décorés. La veille, par une indiscrétion, il avait appris la date de la promotion. Lorsque ses amis arrivèrent chez lui, ils le trouvèrent plus calme que d'ordinaire : « Eh bien ! demanda-t-il, suis-je décoré cette fois ? » Les officiers se regardèrent en silence ; ils comprirent que, si on lui disait la vérité, Benoît pouvait mourir subitement. « C'est demain que nous le saurons », répondit l'un d'entre eux et ils persuadèrent au malade qu'on lui avait indiqué une fausse date.

Toute la nuit, le lieutenant eut le délire. Le lendemain, il voulut absolument se lever, mettre son plus bel uniforme. Le major, voyant son état, y consentit, et, lorsque les officiers vinrent lui faire leur visite quotidienne, ils le trouvèrent assis dans son fauteuil. Il était en grande tenue, et s'efforçait de se tenir droit; mais il était si faible, si faible que son dos se voûtait malgré lui. Sa figure était pâle, ses yeux agrandis par la fièvre, et une respiration sifflante sortait à grand'peine de ses lèvres décolorées. L'effort qu'il avait fait pour se lever l'avait épuisé. Ses amis, en le voyant, comprirent que son dernier jour était venu.

« Eh bien ! suis-je... » ; il n'eut pas la force d'achever sa phrase. Alors un vieux capitaine s'approcha de lui.

« Mon ami, lui dit-il, soyez heureux ; vous êtes décoré : voici votre croix » ; et l'officier attacha sur la poitrine de Benoît sa propre croix d'honneur

A ces mots le lieutenant eut un violent soubresaut ; un tremblement nerveux agita ses membres ; un éclair brilla dans ses yeux éteints ; ses joues se colorèrent d'une vive rougeur, et il réussit à se lever.

« Décoré ! » murmura-t-il, en embrassant la croix qu'il pensait être la sienne.

Puis il tomba entre les bras de ses amis : Il était mort !

G. B.

Élève de Seconde au lycée d'A. (1894).

17

LETTRES FAMILIÈRES

Un chapitre de la « civilité puérile et honnête ».

Deux élèves m'ont écrit la semaine dernière. Ils me priaient, se trouvant condamnés à la chambre sans être alités, de leur corriger un devoir qu'ils avaient fait. Les deux épîtres m'ont plu, parce qu'elles étaient naturelles et simples.

Pourtant, si l'une était correcte dans l'emploi des formules d'usage, l'autre laissait voir par endroit une naïve inexpérience. Le premier écrivait : « Monsieur et cher Professeur » ; le second : « Cher Monsieur Bezard ».

Cet incident m'a rappelé le mot d'un commerçant auquel je recommandais dernièrement un jeune homme de quinze ans. « Qu'il m'écrive, me répondit ce vieux routier ; qu'il me demande lui-même le rendez-vous que vous sollicitez. Je le jugerai déjà d'après son style et son écriture. » Mon vieil ami n'est pas un « mandarin de lettres ». C'est un homme pratique et rompu aux affaires. Le rapprochement n'en est que plus curieux entre sa pensée et la mienne.

Je voudrais donc, cette semaine, vous soumettre un exercice de ce genre :

Vous me donnerez *trois lettres* écrites :

1° *à l'un de vos professeurs,* dans le cas cité plus haut (une demi-page de copie) ;

2° *à un vieux parent* (par exemple une de celles que vous avez écrites au Jour de l'An) ;

3° *dans une circonstance quelconque* (condoléances, félicitations, affaires, commande de voiture à une gare, réclamation pour un colis égaré, commission faite à la place de M. votre père empêché, etc. ; n'importe quoi, pourvu que je vous voie dans la vie pratique. Là encore, je désire une reproduction exacte. Rien d'imaginaire).

N.-B. — Soignez l'*écriture,* l'*orthographe,* et que la lettre se présente bien, comme votre personne. Prenez même du véritable papier à lettres : format assez grand et très simple surtout ! Rappelez-vous le papier à fleurs et à dentelles de Dumanet écrivant à sa payse ; évitez avec le même soin les formats excentriques lancés par les grands magasins. Que votre papier soit comme votre style et votre cravate ! Pas de recherche ! Pas de couleurs voyantes ! Une parfaite simplicité, c'est la suprême élégance !

CORRECTION

I. — **Lettre au professeur** (*simple et courte*).

Vous avez, en général, observé ce double précepte.

Vos lettres sont plutôt un peu brèves ; mais ce défaut est préférable à la prolixité, parce que vous risquez fort, en pareil cas, de n'ajouter que des sottises.

1. **Les usages sont connus de tous,** sauf de X., qui estropie l'orthographe de mon nom ; la chose est assez importante, parce qu'elle blesse les gens susceptibles : vous avez l'air de ne pas les connaître.

Les *formules* sont convenables : « Monsieur et cher Professeur » au début ; « respectueux dévouement » à la fin » ; — sauf A. et B., qui mettent la formule allemande : « Cher et honoré Professeur », et C. qui, d'accord avec E., me gratifie simplement de ses « meilleures salutations ». En général, chaque fois que vous écrivez à une dame (quel que soit son âge !) ou à un homme de dix à quinze ans plus âgé que vous, n'hésitez pas à l'assurer de votre respect. L'âge est un excellent moyen de régler les préséances, parce qu'il n'est blessant pour personne, et qu'on ne s'humilie pas en reconnaissant plus d'expérience et de sagesse à ceux qui ont plus longtemps vécu. Peu importe que ce soit vrai ou non. Toutes les hiérarchies mondaines reposent sur une convention de cette nature : aucune ne résisterait à un examen trop sévère. Mais comme certaines règles sont indispensables pour contenir la grossièreté, il est utile de ne pas les examiner de trop près. Ne pas aller pourtant jusqu'à m'offrir vos humbles salutations : ceci est excessif. Il ne faut pas risquer de paraître plat.

2. **Quelques fautes de goût.** — *a. Sécheresse extraor-*

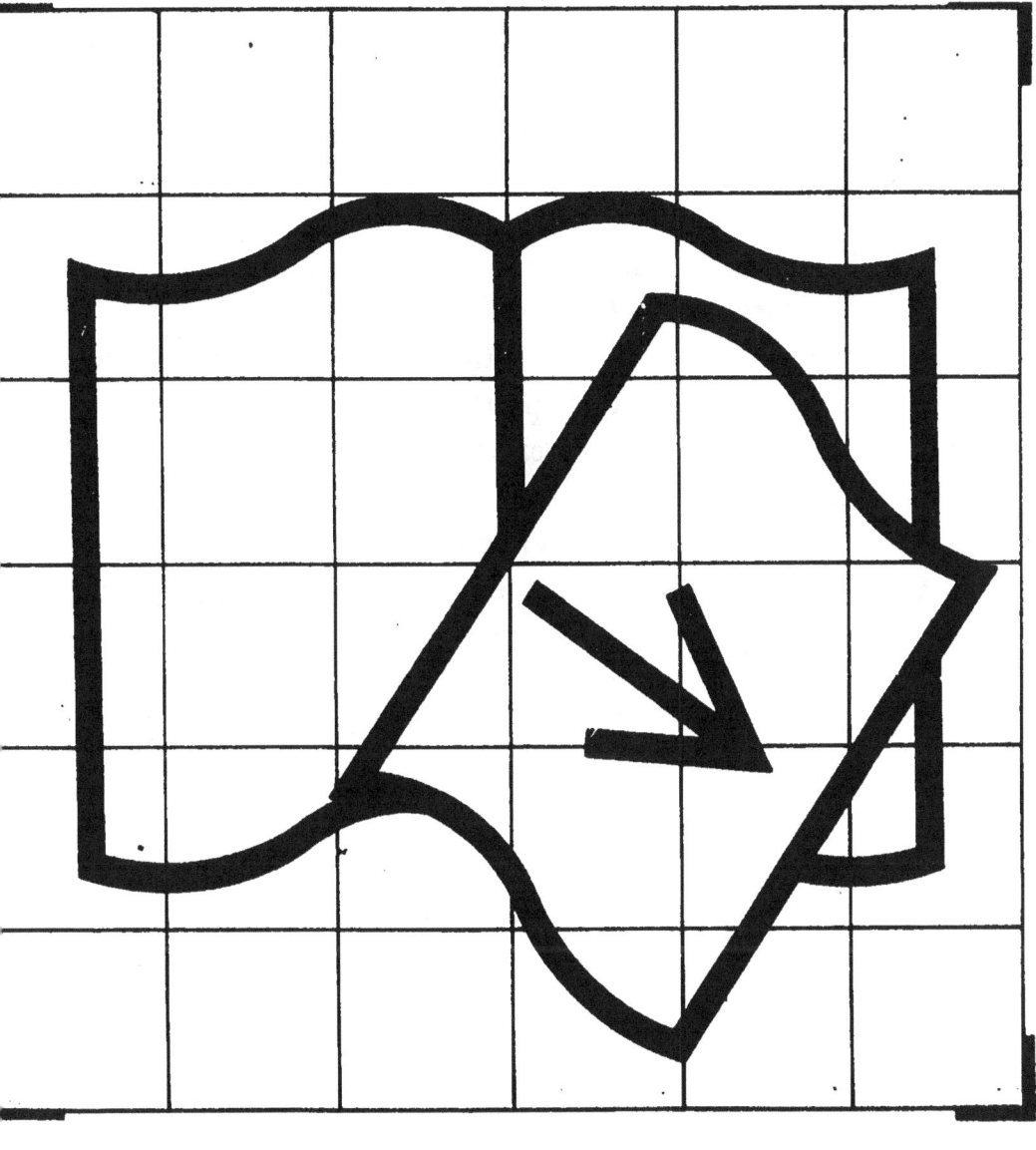

dinaire : V. — Il ne dit qu'une chose, et encore cette chose est de trop : il me donne son adresse en me priant de lui renvoyer le devoir, au lieu de me laisser, par un silence discret, l'initiative de cette gracieuseté. Il est vrai qu'il « était heureux, disait-il, de me communiquer son devoir », et cette joie délirante lui a fait perdre toute mesure.

b. En revanche, nous trouvons des gens *trop aimables;* trop de fleurs, *trop de compliments !* Il ne faut pas faire de compliments à ceux de qui on dépend. Ces compliments, d'ailleurs discrets, partent chez vous d'une bonne intention ; mais vous devez vous les interdire. L'un me parle de « mes classes si intéressantes » ; l'autre de « mon cours si instructif et de mon dévouement pour la classe » ; X. veut bien me féliciter de rendre mes classes « si attrayantes pour mes disciples », et Y. me décrit à l'avance « la joie avec laquelle il reviendra les suivre ». Seul, P. a trouvé la formule convenable : me demandant un léger service, il « me remercie de la peine que je prendrai pour le lui rendre », sans exalter le talent extraordinaire que je ne manquerai pas de déployer dans la correction de son chef-d'œuvre.

c. Les détails inutiles ou les demandes indiscrètes. — Demande analogue à celle de V., mais plus lourde encore dans la forme : « Je vous serais très reconnaissant de me le retourner après l'avoir corrigé ». Pourquoi pas un *timbre ?* C'est, du reste, une question parfois délicate que celle du timbre ; mais nous n'avons pas à l'aborder le respectent au village. Il est doux, indulgent, quelque peu sceptique. Il sourit du passé, sans médire du présent, car il sait que les hommes ne changent guère... C'est un sage.

Vous allez, d'ailleurs, le connaître déjà quelque peu par la lettre qu'il vient de m'écrire... Je lui avais demandé, dans le courant du mois dernier, de préciser certains points demeurés pour moi un peu vagues. Voici un passage de sa réponse :

« ..Je m'empresse de répondre à votre lettre du 21 courant (*ce nonagénaire est un homme exact et ponctuel !*), relative à l'épisode de l'instituteur de P... Après avoir bien réfléchi, je pense que c'est en 1853 ou 1854 que se passait la chose. L'instituteur de P... n'était pas plus à la merci du Maire que les autres : tous les instituteurs étaient à la merci du Maire... C'étaient les premiers moments de la loi Falloux ; on ne révoquait pas trop, mais on changeait très souvent pour de futiles raisons. Un jour de conseil de revision, à G..., où M. le Préfet nous avait appelés, il nous a pour ainsi dire admonestés, et nous a dit : « Les premiers qui bronchent, je les brise ! [1] » Jugez, Cher Monsieur Bezard (*celui-là peut me dire « Cher Monsieur Bezard » !*), du pouvoir du Maire sur l'instituteur, à cette époque dont il m'est pénible de remuer les cendres aujourd'hui... Je vous remercie de m'introduire ainsi dans votre classe, devant cette jeunesse si digne d'intérêt. Mon cœur de vieux maître d'école en est tout réjoui... »

[1]. V. des mots analogues dans TAINE, *Sa vie et sa correspondance*, t. I, p. 188.

CORRECTION

Quelques mots adressés à l'auteur de la meilleure copie.

J'avais reçu, de B., il y a huit jours, une visite qui vous concernait. On me priait d'être un peu plus sévère pour vos devoirs français et d'exiger de vous davantage. Comme je vous défendais, déclarant que vos devoirs étaient un peu secs, mais corrects... « Il ne cherche pas assez ; il n'applique pas, comme il le devrait, votre procédé analytique ; il doit arriver à faire un paragraphe complet, bien étudié dans les détails, et non un squelette, un fantôme de développement superficiel... » Et, de fait, le devoir de cette semaine, à la suite d'un avertissement affectueux, mais senti, marque un progrès très réel.

Comme je suppose, comme je sais même (car je dispose, vous le voyez, d'une admirable police !) que ce cas n'est pas isolé, j'attire l'attention de la classe sur cet exemple. Au point où vous en êtes, vous pouvez, d'une semaine à l'autre, *en cherchant un peu plus*, égaler vos camarades, jusqu'ici plus heureux. Faites surgir de votre mémoire, de votre imagination, des détails deux ou trois fois plus nombreux. Vous appliquez comme il faut notre procédé, mais vous ne réfléchissez pas assez longtemps ; vous manquez, non de méthode, mais de persévérance. Autrement dit, vous ne travaillez pas assez !

Aujourd'hui, de B. a bien compris ce qu'il fallait faire, et je n'ai eu qu'à compléter sur deux points ses développements pour vous présenter une copie assez agréable. Je la montrerai en août prochain à mon vieil ami. Ce vieux philosophe est très malin et sait apprécier les choses. Il nous donnera son avis.

1. « Oui, je le sais », dit M. Morel, l'instituteur, « on se plaint au village. Je devrais bien essayer de reprendre ma classe... je me crois « plus malade que je ne suis »...

Voilà deux mois que les enfants n'ont plus rien à faire... deux mois qu'ils flânent dans les rues...

— Ne te préoccupe donc pas, mon pauvre ami, de ce qu'ils peuvent dire sur toi », reprit la femme de l'instituteur. « N'as-tu pas tout cet hiver fait la classe malgré ta bronchite ? N'as-tu pas suivi leurs enterrements ? Tu t'es bien assez fatigué pour eux, soigne-toi sans arrière-pensée.

— Le Maire, non plus, n'est pas content ; des plaintes lui sont parvenues, paraît-il, et je ne serais pas étonné de le voir venir un de ces jours, afin de me laisser entendre que je devrais bien me remettre au travail.

— Et que peut-il bien te faire ? Je suis sûre que notre ami pense comme moi, et qu'il te conseillera, lui aussi, de te soigner avant tout.

— Certes oui ! Ta femme a raison », dit alors son collègue et ami, M. Moissey, instituteur du village voisin, venu pour prendre de ses nouvelles, « et je dirai comme elle : que peut te faire le père Bertrand ?

— Ce qu'il peut me faire ? Mais, s'il se fâche, je risque d'être déplacé, peut-être même devrai-je prendre un congé, et alors que deviendra ma famille ?

— Je crois bien que voici M. le Maire lui-même, » s'écria

la fille de l'instituteur, assise près de la fenêtre. « Il cause avec deux femmes, tout en marchant, et se dirige vers l'école. Les deux femmes sont agitées ; elles semblent presser M. le Maire qui hésite, elles lui montrent la maison...

— Que dis-tu, mon enfant ? » interrompit la mère, en s'avançant à son tour.

— « Mais oui, mère. Vois-les qui gesticulent avec animation !

— Oui... Ils se rapprochent... Les deux femmes quittent le Maire, qui vient par ici à grands pas. »

2. En effet, le père Bertrand, Maire de la commune de P..., se dirigeait vers l'école. Son front se creusait d'une ride, et, du bout de sa canne ferrée, il arrachait des étincelles aux pavés. Il était plus soucieux que d'habitude, car on venait de le charger d'une mission délicate, comme jamais on ne lui en avait confié pendant sa vie paisible. Fils de fermier, fermier lui-même, il avait amassé sou par sou une petite fortune qui lui permettait de vivre dans l'aisance. Peu à peu, il était devenu le plus riche paysan du village [1]. Mais s'il était dur au travail et avisé dans ses affaires, il manquait un peu de caractère et de fermeté dans la vie ; habitué à ménager les puissances et à éviter les tracas, il avait pris l'habitude de se guider plutôt d'après les circonstances que d'après les principes... Du reste, comme beaucoup d'hommes faibles, il arrivait à se persuader que sa lâcheté n'était que de la sagesse, et, tout en éprouvant une certaine gêne, il ne s'imaginait pas, ce jour-là, commettre une mauvaise action. « Après tout, un maître d'école ne devrait pas être malade. Son devoir est d'instruire et de garder les enfants, et il doit tout faire pour remplir ce devoir. Qu'il se force un peu et tout ira bien. »

Il sonna donc avec assurance. Mme Morel vint lui ouvrir, un

---

[1]. Analyse ajoutée jusqu'à : « Après tout... »

peu tremblante, et l'introduisit dans la chambre du malade.

« Bonjour, père Morel, bonjour la compagnie », dit-il en entrant. « Eh bien ? Comment cela va-t-il ?

— Pas trop bien, M. le Maire...

— Vous avez pourtant une mine superbe. Je crois bien qu'en faisant un petit effort vous pourriez reprendre votre classe. C'est qu'on se plaint, savez-vous ?... Ce que je vous en dis là, ce n'est pas pour vous contraindre ; non, ce n'est qu'un petit conseil d'ami, en passant... et pourtant...

— Pourtant, Monsieur », interrompit la femme de l'instituteur, « mon pauvre mari est encore très fatigué... il a toujours la fièvre. Cela pourrait occasionner une rechute, s'il recommençait la classe. Le monde, aussi, est bien méchant et bien impatient.

— Allons donc ! Madame, M. Morel va mieux, maintenant. Et puis... Il ne faut pas s'occuper que de soi... il faut tenir compte des autres, que diable ! N'est-ce pas, M. Moissey ? » Et il se tourna vers M. Moissey, espérant trouver chez cet homme aimable un appui complaisant.

Mais M. Moissey ne bougea pas ; un silence gênant s'établit, pendant lequel on n'entendait que le tic-tac de la grosse horloge, en bas, dans la classe vide, et au dehors, le murmure lointain des femmes qui jacassaient.

Debout, au pied du lit, la mère et la fille pleuraient...

3. M. Moissey, alors, prit bravement son parti. Il toussa, assujettit ses lunettes, et, les mains sur les genoux, un sourire légèrement narquois plissant ses petits yeux gris :

« Voyons, M. le Maire, dit-il, vous êtes un homme d'expérience, plein de jugement et de bon sens. Essayons de raisonner un peu[1].

---

1. Analyse complètement refaite en classe.

Quand un de nos laboureurs a une bête malade dans son étable, il se dépêche, n'est-ce pas, de vous faire appeler ? »

Le Maire, surpris, resta bouche béante.

« Oui », reprit l'autre sans attendre, « et il a même bien raison, car sans vous... Dieu sait ce que le village aurait perdu de pièces de vingt francs et de billets bleus ! Il faut le dire, vous avez rendu de grands services... »

Toujours perplexe, quoique flatté, M. Bertrand laissait voir plus de surprise que de plaisir.

« Et vous les avez rendus, non seulement parce que vous avez appris des choses dans les livres, et que vous êtes quasiment médecin pour les bêtes, mais parce que vous êtes bon et attentif, et qu'un animal, pour vous, n'est pas une machine... »

Le Maire sourit, un peu gêné, d'un air pourtant bonasse, commençant à comprendre.

« Hé oui », poursuivit le brave homme avec plus d'assurance, « je vous ai vu quelquefois ; comme vous les palpiez, comme vous aviez l'air de sentir ce qu'elles avaient dans le corps ! Ça, voyez-vous, c'est tout pour un vétérinaire... Aussi, combien de bœufs tiraient la charrue huit jours après, qui, sans vous...

— Allons, je vous vois venir », dit avec un bon gros rire M. Bertrand, « vous voulez dire que je traite moins bien, révérence parler, M. Morel...

— C'est vous qui l'avez dit, M. le Maire.

— Et, ma foi, quand vous l'auriez dit vous-même, où serait le mal ? Quand on a raison... »

Et se tournant vers le malade dont le teint s'était animé : « Votre collègue, mon cher Morel, a plus d'esprit dans son petit doigt que tous les hommes du village dans leurs sabots réunis, et je regrette que la mère Dufour et les autres commères n'aient pas pu l'entendre. Elles seront bien avancées si vous êtes plus malade! On leur enverra un remplaçant qu'elles ne connaîtront pas, qui ne connaîtra personne. Elles ne savent pas comment il sera, s'il leur plaira. Combien elles regretteront alors M. Morel! Je les entends d'ici... Et c'est moi qu'elles accuseront... Mon Dieu! que le monde est bête!

— Il suffit que ceux qui les dirigent ne le soient pas, M. le Maire; et, Dieu merci, je savais bien à qui je m'adressais... »

Et là-dessus, tout le monde de rire; les femmes essuient leurs larmes du coin de leur tablier, et le Maire, en s'en allant, goguenard, secouant sa grosse tête : « Allons, c'est bon, soyez tranquilles... Nous laisserons g... les gens! »

A. de B.

NOTE

Samedi 3 août 1907. — J'ai revu, ce matin, mon vieil ami. Un an de plus, lourd fardeau! pèse sur les épaules du bon et doux vieillard; il aura lundi quatre-vingt-onze ans! Sa vue s'est un peu affaiblie, son oreille est devenue plus dure, et j'ai dû élever la voix pour lui lire le devoir dont il m'avait fourni le sujet. Mais son esprit était toujours aussi vif, il comprenait les moindres nuances, souriait, m'interrompait parfois pour me demander l'âge exact de l'élève, ou souligner quelque trait qui lui paraissait « bien trouvé! » Nous étions dans la même pièce où, l'an dernier, à la fin de septembre, il m'avait conté, par hasard, pour ma classe, cette simple histoire. Pauvre logis! Une chaumière basse, sans étage, dans laquelle on descend par deux marches, dont le plancher est formé de larges dalles en pierre et les murs blanchis à la chaux; pour tout mobilier, dans la première pièce, le fauteuil du vieillard, deux ou trois chaises en paille, une table boiteuse et une vieille armoire en chêne (l'armoire de famille !) dont les antiquaires ont vainement tenté de le dépouiller... Mais qui songerait à le plaindre, quand il se trouve si heureux ? Et comme cette pauvreté[1] digne et fière convient mieux à ce philosophe qu'une médiocrité plus dorée ! Le soleil, qui commençait à entrer par l'étroite fenêtre entourée de vigne vierge, égayait la maison rustique ; et nous nous rappelions avec plaisir, au matin de cette belle journée d'août, le sombre jour de fin septembre où il m'avait raconté les malheurs de M. Morel. Le feu ronflait alors dans le poêle en fonte ; dehors, le vent soufflait ; la pluie fouettait contre les vitres ; mais nous n'y prenions pas garde... Deux professeurs occupés à préparer une matière entendent-ils le vent et la pluie ?

Aujourd'hui, je lui rapportais sa « matière », son « sujet », développé par mes élèves ; il s'amusait de constater qu'ils avaient reconstruit la scène « comme s'ils y avaient assisté », et retrouvé par l'analyse quelque chose du lointain passé... La lecture des devoirs terminée, nous avons tout naturellement reparlé de ses souvenirs ; il m'a cité des mots analogues à celui du Préfet de 1853, des fragments d'allocutions ou de circulaires bien jolis, bien naïfs dans leur solennelle dureté, et que Daudet eût avec joie consignés sur ses calepins. Les petits ridicules et les grosses sottises qu'il avait recueillis au cours de sa car-

---

[1]. La retraite des instituteurs, il y a 30 ans, était extrêmement modeste : environ la moitié de la retraite actuelle.

rière lui revenaient à la mémoire; j'en écoutais volontiers le récit pour la vingtième fois. Mais il faut se borner. Les confidences de mon vieil ami feraient presque le sujet d'un livre, et je n'ai voulu écrire qu'un court chapitre dans un recueil de devoirs. Qu'il nous suffise d'avoir évoqué un instant sa bonne et souriante figure. Elle a montré aux élèves que le bon sens, le jugement, l'esprit et la bonté n'ont pas besoin, pour se produire, d'occasions rares et compliquées. La vie nous en offre chaque jour : il faut les saisir à propos. Il faut être, comme le vieux Maître, « un philosophe sans le savoir » !

UNE COMPARAISON

Euclion et Harpagon.

CONSEILS

J'ai choisi, à dessein, un sujet très banal, parce qu'il représente, sous la forme la plus élémentaire, ce genre de dissertation.

Vous ferez le premier travail comme pour l'analyse d'un seul caractère ou d'une seule pièce. Mais vous aurez soin de prendre deux feuilles, l'une pour les *ressemblances*, et l'autre pour les *différences*.

Vous diviserez chacune d'elles en deux parties, de cette manière :

1re Feuille: Ressemblances.
      1re moitié : *Euclion,*
      2e moitié : *Harpagon.*

en établissant entre vos remarques une certaine correspondance.

2° **Feuille : Différences.**

1re moitié : *Euclion*,
2° moitié : *Harpagon*.

CORRIGÉ

I. — Ressemblances.

Elles sont très grandes, dans certains détails. Plaute avait noté les *caractères les plus simples* de l'avarice, et Molière les a naturellement reproduits. Nous aurons donc avantage, après avoir recueilli ces traits sur chacun des deux personnages, à les grouper de cette manière.

1. **Force de l'idée fixe.** — Au moindre bruit, l'avare court voir son trésor. Conduite d'Euclion. Conduite d'Harpagon.

2. **Mauvais sentiments qu'elle éveille.** — La brutalité ; la méfiance injuste. La scène de Staphyla et celle de La Flèche.

3. **Elle finit par envahir l'homme tout entier.** — Dans le désespoir, elle le rend fou de chagrin : l'hallucination, chez les deux auteurs.

II. — Différences.

Mais les différences l'emportent de beaucoup sur les ressemblances : Molière ne s'est pas contenté de noter les signes superficiels de l'avarice ; il en a montré le *principe* et les conséquences par une analyse infiniment plus profonde.

I. — LA NATURE DE L'AVARICE.

Elle est tout accidentelle chez Euclion. — Hier encore, lorsqu'il était dans la misère, son avarice n'était qu'une louable économie. Ses préceptes restent aujourd'hui pleins de sagesse, étant donnée sa condition (apologue du Bœuf et de l'Ane), et nous l'excusons sans peine de trembler pour un trésor miraculeusement découvert.

Elle est, au contraire, chez Harpagon, une profonde monomanie. — Harpagon n'a pas les mêmes excuses : il est riche (le prouver par une série de faits : sa vie, sa situation, ses placements).

Son vice n'a qu'une cause, la *monomanie,* c'est-à-dire le souci, agaçant chez les uns, odieux chez les autres, de satisfaire à tout prix un goût personnel :

exclusif (une seule exception chez l'avare : l'amour sénile) ;

inutile (les économies d'un richard !) ;

illogique (ce ne sont pas celles que ferait un homme clairvoyant et pratique).

II. — LES CONSÉQUENCES DE L'AVARICE.

Aussi, la comédie de Plaute, incomplète et superficielle, n'est-elle qu'une comédie d'intrigue. Celle de Molière, au contraire, va nous permettre de définir la comédie de caractère.

Plaute et la comédie d'intrigue. — L'avarice d'Euclion est tellement accidentelle qu'elle n'a aucune influence sur la marche de la pièce.

a. Elle n'est la cause d'aucune résolution. — L'intrigue serait la même, si Euclion n'avait pas trouvé sa marmite ; sa manie momentanée n'amène que des disputes avec les esclaves, et n'influe pas sur le mariage de Phédra.

b. Les incidents de la pièce ne réagissent pas sur elle. — Ils ne servent pas à découvrir toutes les nuances de l'avarice, et à montrer les ravages qu'exerce cette passion vile dans l'âme d'un homme médiocre.

Molière et la comédie de caractère. — L'avarice d'Harpagon est tellement essentielle au contraire, dans la pièce de Molière, que tous les incidents sont destinés à nous en montrer les différents aspects :

a. Les souffrances de ceux qui l'entourent. — Ses domestiques ; ses enfants.

b. Leur vengeance. — Harpagon est berné : Les moqueries de Frosine, les lazzis du quartier.

Il est bafoué. — Les deux grandes scènes, presque tragiques, entre l'Avare et son fils : « Je n'ai que faire de vos dons ! »

Il est trompé. — Les intrigues qui s'agitent autour de lui (Valère et Elise, Cléante et Marianne).

Enfin, il est volé. — Ce qu'il redoute le plus ! Ce qui

lui arrive, précisément parce qu'il le craint, et à cause des précautions maladroites qui trahissent sa monomanie.

Conclusion.

Le sujet avait été simplement indiqué par Plaute. Molière seul a vu dans cet incident le moyen de montrer une des formes les plus sordides de l'égoïsme humain : il l'a rendu philosophique.

NARRATION

Anatole, ou : *Le travail personnel.*

---

1. Anatole se plaint. Son professeur de français *ne s'occupe pas de lui.* « On » ne l'aide pas dans ses devoirs. Certain parent, qui eut jadis des malheurs au baccalauréat, l'approuve et l'encourage. Son père, seul, garde un silence inquiétant, et il avertit le professeur.

2. Celui-ci annonce, avec le plus grand sérieux, qu'à la suite de mûres réflexions il va changer de méthode. Il dicte un *règlement grotesque,* en vertu duquel une trentaine de Bobs seront désormais pendus aux basques du professeur débordé. On sourit...

3. Seul, Anatole ne rit pas ; il comprend qu'on se moque de lui, et crie vengeance à la maison. Son père lui répond, cette fois, et rudement : « *Il ne faut compter que sur soi-même.* Le professeur cherche la méthode et l'indique en dictant le devoir. Nul ne peut l'appliquer à la place de l'élève. Qu'il écoute en classe, et il réussira à travailler seul chez lui. »

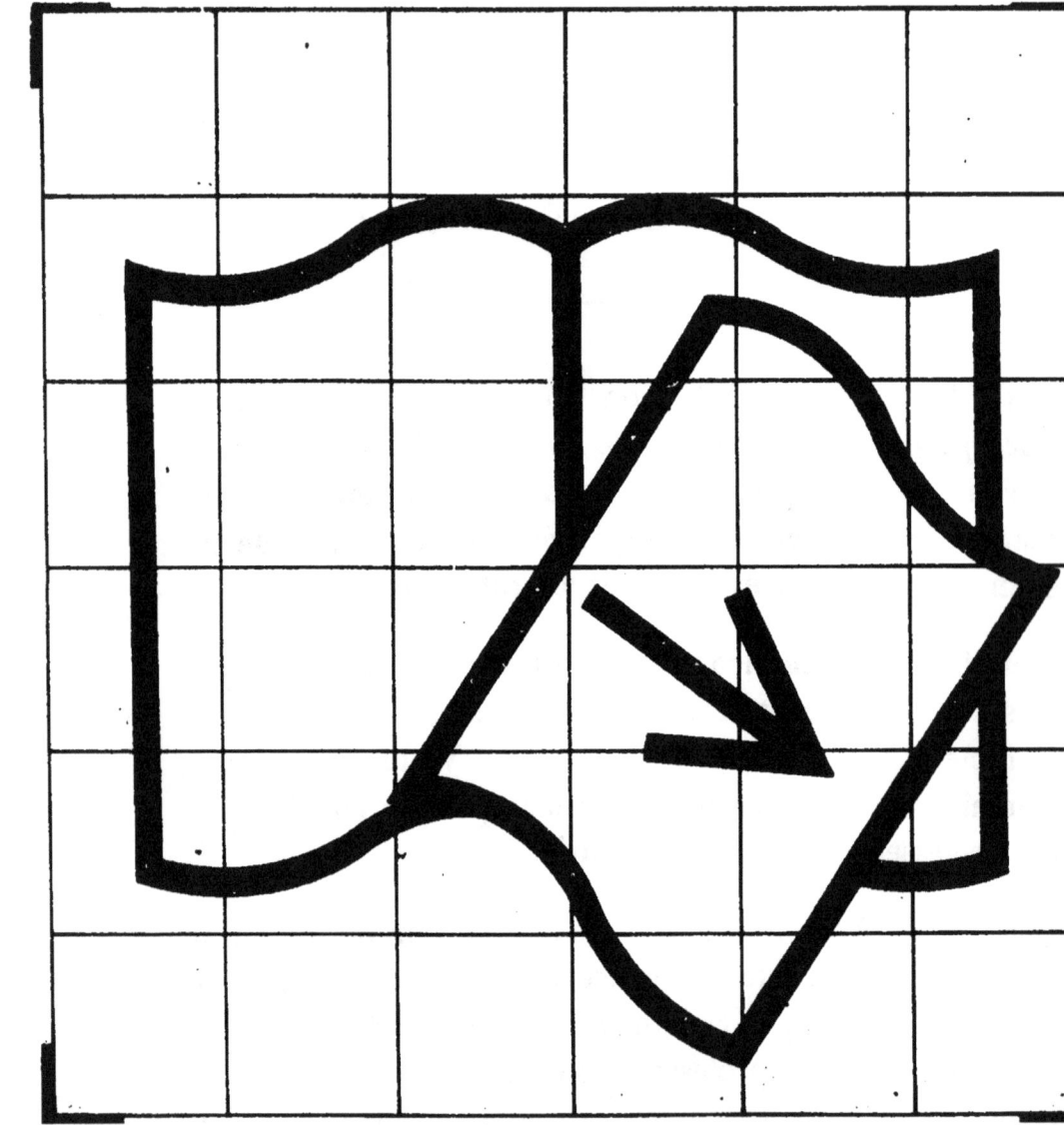

4. Puis, comme Anatole est plus léger que méchant, son père reprend d'un ton plus doux : « Qu'il se rappelle, le pauvre enfant, la vie de son grand-père, celle de son oncle X., partis de rien, arrivés seuls, par leur énergie, leur mérite... Juste le contraire du cousin Y., un paresseux, un incapable, qui s'est toujours reposé sur les autres. Qu'il juge, qu'il choisisse, et n'attende rien que de lui-même... Son professeur alors, mais alors seulement, l'aidera. »

CONSEILS

La matière est plus détaillée que d'ordinaire, parce que je tenais à vous faire bien comprendre toute ma pensée.

Vous vous attacherez donc particulièrement au *style*. Rappelez-vous que chaque phrase doit être composée, organisée, comme un paragraphe entier.

Dans les deux premiers paragraphes, il faut tracer des portraits bien vivants : Anatole, le cousin, le père (pas trop « père noble », simple et naturel), la classe... tout en mots, en saillies, en gestes, en mouvements de physionomie. Que cela soit « peint », comme dit Mme de Sévigné. Relisez, à ce propos, le *La Fontaine* de Taine, et voyez comment on décrit sans longueur ; deux ou trois détails bien choisis dispensent des autres, parce qu'ils les évoquent dans l'imagination.

Dans le 3ᵉ paragraphe, le procédé est un peu différent.

Un autre : « Serait-ce abuser de votre complaisance que de vous demander le texte du prochain devoir latin ? » *Oui*, certainement, puisqu'il vous est possible de le demander à un camarade. A plus forte raison Y., qui me prie de « lui faire communiquer les versions latines et devoirs français que je donnerai pendant son absence ». Rien que cela ! Imaginez que cinq ou six malades (épidémie de grippe) me fassent la même demande : c'est un bureau spécial qu'il me faudra constituer dans la classe pour copier les textes et mettre les adresses.

d. Exigence tout à fait excessive ou *formule* « *talon rouge* ». — X. a choisi une version dans le recueil de Crouzet et me « sera très reconnaissant de la corriger ». Ceci étant en dehors de la classe, puisque ce n'est pas le devoir commun à tous, exigerait une démarche un peu exceptionnelle, par exemple une visite ou une lettre de M. votre père.

Z., qui m'adresse la même demande, m'assure qu'ainsi « je lui ferai plaisir et lui rendrai service ». Très honoré, Monsieur le Marquis ! Mais il n'est pas nécessaire que vous me témoigniez votre haute satisfaction. Le simple remerciement de P. m'agrée mieux.

Voici la lettre simple et courte que j'avais reçue d'un de vos camarades de Première : elle nous servira de *corrigé*. Je n'y change rien : retenez-la, moins pour ce qu'il a dit que pour tout ce qu'il a évité de dire !

MONSIEUR ET CHER PROFESSEUR,

Retenu à la chambre par la grippe, j'ai dû, à mon grand

regret, manquer la composition en version latine. M'excuserez-vous, si j'ose vous demander de jeter un rapide coup d'œil sur la copie ci-jointe, et de me faire savoir par un camarade quelles auraient été ma note et ma place ? J'ai fait, bien entendu, la composition exactement dans les mêmes conditions qu'au Lycée, en 2 h. 40 (j'ai compté 20 minutes pour la dictée) et sans autre aide que le dictionnaire. J'espère que vous ne trouverez pas ma demande trop indiscrète et, avec mes remerciements, je vous prie, Monsieur et cher Professeur, d'agréer l'hommage de mon plus profond respect.

P. W.

II. — Lettre de Jour de l'An.

1. **La pure sécheresse : X. et Y.** — Trois phrases quelconques à un oncle ou à une cousine imaginaires. La nullité même, émaillée de fautes d'orthographe.

2. **La recherche : Lettres à la Thomas Diafoirus.** — L'un, écrivant à son oncle, lui parle d'un « fil invisible qui joint leurs âmes et les tient réunies par la pensée ». L'autre, après un début compliqué, daté du 22 Nivôse, décrit, dans un pastiche de Loti, ses adieux à un brave homme d'oncle, à la fin des dernières vacances ; on croirait Yann écrivant à Gaud, mais un Yann qui aurait des lettres, de mauvaises lettres ! Écoutez-le :

Après des adieux rapides, le bateau s'en allait doucement, et, triste, tu le regardais partir, tandis que l'astre (*il n'ose pas dire l'astre du jour*) se couchait, globe de pourpre ensanglanté. (*Tête de l'oncle !*) Et moi aussi, plus je m'éloignais, plus je

sentais les douceurs du séjour auprès de toi, et j'étais triste...
et tout cela s'était fait si vite, si vite que tout aujourd'hui me
paraît un rêve, une illusion que brise la réalité. (*Hé, hé!*)
Pourtant j'entends encore, ce me semble, dans le très loin, la
petite voix cassée et criante d'une grue que les matelots faisaient alors tourner sur la cale. A ces sons, qui me reviennent
en mémoire, je comprends bien qu'ils étaient la voix du départ, celle des derniers jours de soleil et du dernier clair de
lune sur la mer...

Il n'y manque même pas le soleil de Memnon, et c'est
bien le procédé de Diafoirus, le contraire du nôtre : il
excelle à dire les choses simples d'une manière compliquée. Le passage montre chez l'élève des qualités réelles ;
il a lu et goûté ses lectures ; mais, hélas !... *non erat hic
locus !*

3. **La banalité vague.** — Défaut plus vulgaire.... et
plus répandu. Le travers de notre faux Loti supposait
(mal dirigé, mal appliqué, mais réel) un certain goût
des choses littéraires et le désir de bien faire. N'est
pas qui veut Cyrano ou Roxane. Votre camarade, sur un
autre sujet, serait capable de trouver de très jolies expressions. Je n'en dirai pas autant des lettres ternes et
vagues, où l'on ne voit revivre, ni celui qui recevra la
lettre, ni même celui qui l'écrit.

Devoir de M., par exemple. — « Mon cher oncle, je
serai bien heureux de te voir... », et c'est à peu près tout.
Pourquoi serez-vous si heureux ? Apparemment parce
que cet oncle est, pour vous, autre chose que le premier venu.

Cherchez quel plaisir particulier vous avez à le rencontrer ; ce qui fait que vous l'aimez, non pas plus, mais *autrement* que d'autres parents. Il y a tant de façons d'être « un oncle ». Est-ce l'oncle vénérable, mais munificent, l'oncle à cadeaux, l'oncle à souvenirs, l'oncle à montre ou à bicyclette ? Est-ce plutôt l'oncle camarade, toujours prêt à rire avec vous ? Est-ce le vieillard aux longs récits, est-ce l'homme mûr, l'oncle vieux garçon, l'oncle à l'indulgente bedaine ? Est-ce l'oncle encore jeune, le compagnon de chasse ou de pêche ? Est-ce enfin l'oncle campagnard ? Laissez-nous voir son âge, ses goûts, ses habitudes ; rien que par la manière dont vous vous adressez à lui, rien que par l'inégal mélange de déférence et de familiarité dont est presque toujours faite la tendresse de tous les neveux, vous nous intéresserez à sa personne, et vous le toucherez lui-même ; il sentira qu'il n'est pas pour vous un X., un numéro quelconque, mais que vous appréciez son bon cœur, ses manières simples ou sa vive intelligence, dans la mesure précisément où vous le permettent votre âge et votre affection naïve.

Devoir de D. — Même réflexion sur la tante de D., « à laquelle il regrette de ne pouvoir rendre visite pour sa fête », qu'il regrette encore plus « de ne pas voir plus souvent ». Elle aime quelque chose, cette tante, fût-ce son chien ou son serin. Parlez-lui de Mirza ou de Fifi ! Vous avez bien avec elle des souvenirs communs, de ces mille incidents qui vous ont fait rire ou pleurer ensemble ! Rappelez-les à cette excellente femme. Les anniversaires ne sont pas faits pour autre chose, et des « riens », qu'on avait à peine remarqués un ou deux ans avant, prennent aujourd'hui de l'importance, parce qu'ils lui rappelleront avec précision le moment où vous viviez ensemble.

Règle générale : ne craignez pas de rappeler le passé aux vieillards : ils ne vivent que de souvenirs. Le vôtre, le passé que vous pouvez connaître, est bien récent ! Trois ans, quatre au plus ! C'est assez, si vous savez vous rappeler et noter *ce qui leur fera plaisir*.

Chercher *ce qui peut faire plaisir*, c'est toute la politesse ! C'est aussi tout l'art épistolaire en famille !

Hélas, ce qui tient le plus de place dans vos lettres, en ce mois de février glacial, c'est le *patin !* Moi aussi, je l'aime, le patin ; vous ne l'ignorez pas ! Mais enfin, il y a temps pour tout. Une ligne pour le patin, c'est assez.

Aussi bien, votre personne n'apparaît pas plus dans vos lettres que celles de l'oncle ou de la tante. Ces bons parents qui ne sont pas comme vous, qui pensent à autre chose qu'à eux-mêmes, à leurs distractions ou à leurs manies, vous aiment et vous aiment sincèrement. Il faut leur parler de ce qui les intéresse en vous : votre travail, vos petites joies (autres que celles du patinage), des joies morales, des satisfactions qui survivront au dégel ; vos chagrins aussi, vos déboires ; ils seront plus empressés encore, les braves gens, à vous consoler, à vous encourager, qu'à vous féliciter ; parlez-leur de vos maîtres, de vos amis ; les relations d'un jeune homme sont toujours très intéressantes pour ceux qui cherchent à le suivre et à le connaître. En un mot, avec le souci de *leur* faire plaisir, ayez celui de *vous* faire connaître d'eux ; parce que plus vous leur donnerez de détails précis sur vos succès ou même vos échecs, et plus, soyez-en sûrs, vous exciterez chez eux d'intérêt. Et ils se diront, en présence d'une telle sincérité, devinant la peine que vous avez prise à leur intention pour donner « beaucoup de détails », ils se diront en souriant, comme les bons vieux de Daudet : « N'est-ce pas que Jacques, ou Jean, ou Prosper, est un brave enfant ! » Rappelez-vous, puisque vous cultivez les « Extraits de Loti », la grand'mère Yvonne dictant une lettre pour son petit-fils, exilé dans les mers de Chine, et cherchant, et trouvant des « choses impayables » qui le feront rire... Cette illettrée vous donne l'exemple. Voilà ce qu'il faut chercher quand on écrit une lettre !

III. — Lettre d'affaires.

En revanche, vous vous rattrapez dans les algarades aux photographes, libraires, carrossiers, chefs de gare, chefs de gare surtout dont les services ne vous agréent pas. Peste ! quelle énergie ! et comme je ne voudrais pas être à la place de ces estimables fonctionnaires ! Il est vrai que, dans leur fureur mal dissimulée, la plupart d'entre vous oublient de donner les détails précis (numéros d'inscription, gare de départ, date de l'expédition) qui permettraient de faire suivre leur réclamation dans l'interminable dédale de la filière administrative.

« Il suffit, j'ai parlé ! »

Malheureusement, il ne suffit pas de parler fort. Et j'aime mieux le langage courtois, mais précis et complet, de B. et de de B., qui donnent les détails nécessaires en supprimant l'expression regrettable d'un mécontentement superflu.

Savez-vous que ce n'est pas toujours facile de *tout* dire sans en *trop* dire, et de « faire court » sans rien oublier ?

Essayez de commander la voiture qui vous conduira le 1ᵉʳ août (heure bénie) de la gare des Invalides à la gare de Lyon. Vous n'avez que quatre choses à dire : je parie que, la première fois, vous en oublierez au moins une, et votre famille, après avoir attendu une demi-heure sous les ormes de l'Esplanade, sera obligée de fréter deux fiacres, maudissant l'imprudence inouïe qu'elle a faite en comptant sur vous.

Ainsi du reste. Dire tout le nécessaire et ne rien dire d'inutile, d'une manière parfaitement claire : voilà toutes les qualités d'une *lettre d'affaires*.

ANALYSE D'UN CARACTÈRE TIRÉ D'UNE COMÉDIE

1ᵉʳ Sujet[1] : *Le caractère de* Chrysale *dans* « *Les Femmes savantes* ».

2ᵉ Sujet[1] : *Le caractère d'*Orgon *dans* « *Tartufe* ».

CONSEILS

La méthode est la même que pour *le Baron dans la Chanson de Roland* (5) ou *le sentiment de la nature dans J.-J. Rousseau* (9).

1. Vous avez, au cours d'un **premier travail**, à noter, au fur et à mesure qu'ils se présentent dans la pièce, les différents traits de caractère, en mettant d'un côté *les défauts* et de l'autre *les qualités*.

Vous distribuerez ces notes sur une grande feuille de papier écolier ; vous les séparerez bien les unes des au-

---

1. A choisir.

tres, afin d'y voir clair et de commencer à les disposer déjà dans un certain ordre, à les grouper peu à peu.

2. **Le deuxième travail**, de *classement* et de *composition*, peut ainsi se faire au cours de la lecture analytique, à l'aide de numéros, de barres reliant les idées semblables, ou de grandes ellipses, enveloppant sous un titre commun les exemples analogues.

Vous n'aurez plus qu'à porter sur votre copie définitive le plan détaillé, qui s'est fait ainsi peu à peu et sans effort au cours d'une lecture attentive.

Vous me remettrez votre feuille primitive en même temps que le plan sur copie.

CORRECTION

Il n'y a pas de devoirs tout à fait satisfaisants.

1. **Défauts graves.** — Nous trouvons encore trois copies rédigées. Je ne veux pas que ces plans soient développés sous forme de dissertation, car vous n'avez ni la force ni le temps d'écrire d'une manière correcte sur les sujets de critique littéraire.

D'autres se contentent de suivre l'ordre de la pièce, comme dans le premier travail. Ils n'ont pas vu l'*unité du caractère*, le défaut ou la qualité dominante qui devait être l'*idée maîtresse* du devoir.

2. **Défauts moins sensibles.** — La plupart ont aperçu

ce défaut principal qui était, chez Orgon comme chez Chrysale, la *faiblesse de caractère*. Mais ils n'ont pas su le définir dès le début, et y rattacher les défauts secondaires. Les uns sont très incomplets ; d'autres s'arrêtent, après avoir bien commencé ; l'un d'eux répète dans la 2º partie (défauts) ce qu'il a dit dans la 1ʳᵉ à propos des qualités : il fait un devoir en « télescope », dont les différents paragraphes rentrent les uns dans les autres. Les meilleurs énumèrent à peu près tous les exemples nécessaires, mais sautent un peu au hasard d'un détail au suivant, et n'établissent pas entre eux une progression naturelle.

Voici comment il fallait procéder :

Chrysale.

Premier travail. — Lecture de la pièce, ou tout au moins des scènes où figure le personnage. (Noter au fur et à mesure les différents traits du caractère. Mettre chaque remarque à la ligne, de manière que l'œil puisse les parcourir en un instant.)

Bonté de Chrysale pour sa fille Henriette.

Peu de persévérance. (Il met peu de poids aux choses qu'il résout.)

Faiblesse. (Soumission à sa femme. Il ne trouve pas un mot à dire lorsqu'elle lui impose Trissotin.)

Bonhomie. Gaieté.

Bon sens. (Il juge Clitandre et Trissotin à leur valeur.)

Générosité. (Il ne tient pas à ce que Clitandre soit riche.)

Bonté pour ses serviteurs. (Il essaie de défendre Martine, et ne la congédie qu'à regret.)

Justice.

Faiblesse. (Il cède point par point à Philaminte et se résout à commettre une injustice.)

Bon sens et simplicité :

a. Il exige de ses domestiques une bonne cuisine plutôt qu'un beau langage ;

b. Il exige d'une femme qu'elle sache tenir son ménage ;

c. Il fait une peinture très vivante du désordre de la maison.

Faiblesse. (C'est à vous que je parle, ma sœur.)

Étroitesse d'esprit. (La jeune fille selon Chrysale, insignifiante. Uniquement femme de ménage.)

Une certaine vulgarité d'expression.

Une certaine vulgarité de sentiments. (Quelque égoïsme. Désire avant tout le repos, la paix et la douceur.)

Ainsi de suite. Il faudrait prolonger l'énumération.

Second travail : le plan définitif. — Préambule : Portrait physique de Chrysale. (Laisser deviner, d'après sa physionomie, le défaut qui doit nous frapper : une certaine vulgarité.)

I. — Bonté de Chrysale.

1. *Bonhomie et cordialité.* (Son abord, ses manières, la scène d'Ariste.)

2. *Simplicité, bon sens dans les choses de la vie.* (La tirade du pot-au-feu.)

3. *Facilité, indulgence pour ses enfants et ses domestiques.*

Transition. — Malheureusement, ces qualités, faute de courage et de fermeté, deviennent autant de défauts.

II. — Faiblesse de Chrysale.

1. Sa bonhomie *n'est souvent que de l'insouciance.*

2. Son bon sens est *étroit et vulgaire.*

Autres arguments tirés de la même tirade du pot-au-feu. Les mêmes documents, décomposés par l'analyse, servent dans les deux parties.

3. Enfin, sa bonté *est aussi dangereuse pour son entourage que pourrait l'être la méchanceté d'un autre.* — Le sort de ses enfants.

Conclusion.

Chrysale est sans doute un *brave homme,* mais de ces braves gens qui laissent faire par faiblesse, par négligence, par lâcheté beaucoup de mal autour d'eux. Il tient à son repos, et ne voit pas assez que, dans la vie, on doit plus d'une fois le sacrifier au devoir, et à l'intérêt d'autrui. Ces *braves gens* ne commettent pas le mal, mais ils ne savent pas le prévenir et n'osent pas l'empêcher.

Orgon.

Début.

1re Phrase : idée très générale. — Un défaut souvent raillé par Molière : la faiblesse de caractère. — Citer quelques personnages.

2e Phrase : application au sujet. — Orgon est un des meilleurs exemples, pour deux raisons : faiblesse de son jugement; force irrésistible de la passion qui l'emporte (la passion religieuse).

I. — Les causes lointaines : la situation d'Orgon.

1. *Fils unique d'une mère autoritaire.* — L'éducation qu'a dû lui donner Madame Pernelle.

2. *Vieux mari d'une femme trop élégante.* — Elmire, suivant le mot de Tartufe, le mène un peu par le nez.

Une seule fois, pendant la Fronde, il a montré de l'énergie.

II. — L'occasion : la dévotion exagérée.

1. *Par la peur.* — Il sacrifie tout à la crainte égoïste de ne pas faire assez sûrement *son* salut.

2. *Par la rencontre d'un intrigant.* — Il cède dès le premier jour devant l'énergique volonté d'un gredin.

III. — Le développement et les progrès du mal.

1. *La sensibilité émoussée* pendant qu'elle se fixe sur un seul objet : Orgon oublie tout sentiment d'humanité (« Et je verrais mourir... ».) Il néglige la santé de sa femme. Le bonheur de sa fille ne compte pas à ses yeux.

2. *L'intelligence rétrécie.* — Orgon juge sur les apparences. (Comment Tartufe le séduit.)
Il résiste à l'évidence. (Inutiles avertissements.)
Il sacrifie les intérêts les plus graves. (La cassette.)

IV. — La cause profonde : une incurable médiocrité de caractère.

La crise qu'il traverse le secoue *sans le corriger*.
Puérile colère de la dernière scène.
Il reste un grand enfant, symbole de l'humanité médiocre, éternelle dupe des Tartufes, éternelle proie des intrigants.

UN RÉCIT

Braves gens d'autrefois. — Au village, en 1855.

M. Morel, instituteur, est malade depuis deux mois. Il souffre d'une bronchite contractée aux enterrements du pays, très nombreux l'hiver précédent. Les parents, cependant, se plaignent que leurs enfants flânent dans la rue. On trouve que « Monsieur le Maître » devrait bien essayer de faire la classe. « Il se croit sûrement plus malade qu'il n'est... », et les langues vont leur train.

1. Causerie mélancolique dans la chambre du malade. (Sa femme, sa fille, M. Moissey, instituteur du village voisin.) Justement, on aperçoit sur la place le Maire du village, en conversation animée avec deux femmes... Leurs gestes sont éloquents.

2. Le Maire (nommez-le), en effet, les quitte pour se diriger vers l'école. Sa physionomie, sa démarche. Brave homme, mais faible, il explique l'objet de sa visite. La femme et la fille du malade l'interrompent : objections

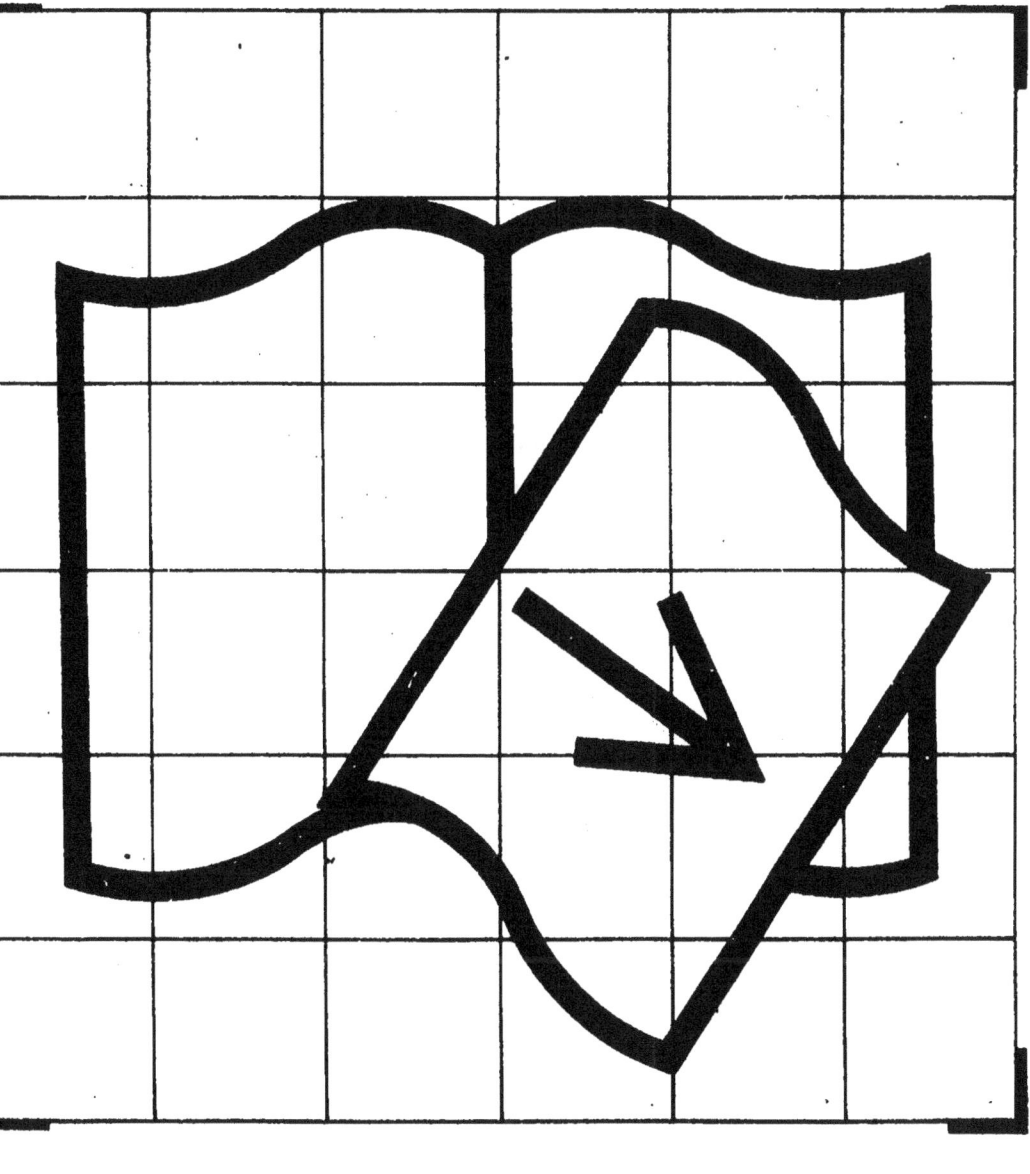

maladroites, attaques contre les gens du village... Le Maire perd patience. Le malade s'agite. On pleure.

3. C'est alors que M. Moissey, le collègue de l'instituteur malade, trouve les paroles simples et justes qui peuvent éveiller la réflexion chez le Maire. Il l'amène peu à peu, par des questions bien posées, puis par des paroles émues, à reconnaître franchement sa faiblesse.

Et l'on se quitte en riant.

CONSEILS

a. Imiter, toutes proportions gardées, le joli procédé de Walter Scott dans *Ivanhoé*, lorsqu'il fait raconter par Rébecca l'assaut du château ; la jeune fille restera près de la fenêtre et, au moins au commencement, décrira la scène à ses parents. La mère viendra voir elle-même.

b. On verra, par les renseignements ci-dessous, qu'en raison des circonstances, le mécontentement du Maire pouvait avoir pour l'instituteur les suites les plus désagréables.

c. Le Maire était un simple cultivateur. Mais il se piquait d'être un peu vétérinaire et de bien soigner les bestiaux. Vous tirerez parti de ce détail.

N.-B. — L'excellent M. Moissey, qui m'a raconté lui-même cette anecdote, vit toujours. Il a quatre-vingt-dix ans. Il fut pendant un demi-siècle le confident sûr des familles, l'ami, le conseiller de ses anciens élèves. Tous

Le père conduira Anatole à son pupitre. Il feuillettera avec lui ses cahiers et ses devoirs. Il lui rappellera tels et tels conseils de son maître, qu'il n'a pas su ni voulu suivre ; il lui mettra le nez sur ses négligences... Là encore, soyez précis, choisissez bien. Nous l'avons vu à propos de Daudet, dans notre première analyse : *l'art est un choix*.

Dans le 4ᵉ paragraphe, je désire, autant que possible, que l'exemple soit authentique. Il sera vivant, par cela seul que vous reproduirez des souvenirs vrais. Ceux dont le grand-père ou l'oncle aurait occupé, au contraire, une haute situation, s'attacheront à trouver chez lui les mêmes qualités, et ils y réussiront sans peine : il n'est pas une de vos familles qui ne doive ce qu'elle est à l'énergie, à l'intelligence, et quelquefois au talent d'un grand-père ou d'un arrière-grand-père, quand ce n'est pas le père lui-même qui lui a frayé la voie.

CORRECTION

§ 1.

Anatole a quatorze ans, il va au collège en qualité d'élève de Troisième ; il se présente d'ordinaire avec des cheveux en broussaille, une casquette de travers, des ongles sales et des mains tachées d'encre ; ses boutons sont dans l'impossibilité absolue de demeurer plus de trois ou quatre jours sur ses habits ; il met les mains dans ses poches, discute avec profondeur, et juge sévèrement les actes de ses semblables. Il déteste le latin et abhorre les mathématiques, mais il a une passion pour la bicyclette et il adore l'automobile. Il est le dernier de sa classe, mais il se rattrape en rossant ses camarades. Voilà son portrait fidèle.

C'est le soir ; Anatole dîne à la table de famille ; il y a là sa mère, son père, ses sœurs et le cousin Jules qui rient et causent gaiement. Mais Anatole ne rit pas, il est très inquiet ; dans quelques instants, son père lui demandera quelles notes il a eues, et il n'aura rien à répondre ; en effet, il a si bien pris l'habitude de négliger ses devoirs que son professeur, M. Richard, ne se donne plus la peine de les lui corriger. Ses parents s'en étonnent et ont déjà parlé de se plaindre de cette négligence ; cette visite à son professeur aurait pour Anatole des conséquences redoutables. Aussi est-il très troublé ; il avale sa soupe à toute vitesse comme pour noyer son inquiétude ; à le voir se trémousser sur sa chaise, on croirait qu'il se livre à des exercices de dislocation. Tout à coup, une idée lumineuse lui traverse la cervelle : pour écarter les soupçons, il accuse son professeur, et brandissant sa cuiller : « Tu sais, maman, s'écrie-t-il, M. Richard a encore rendu un devoir aujourd'hui et le mien n'était pas corrigé !

— C'est vraiment extraordinaire, répond sa mère, voilà un mois que tu n'as pas eu une seule note ! Je voudrais bien savoir pourquoi ?

— C'est que, maman, dit Anatole, M. Richard ne s'occupe pas de moi ; il dit que je suis faible, ce n'est pas étonnant ; il ne m'aide jamais à faire mes devoirs comme les autres.

— Tu as raison, mon vieux, dit alors le cousin Jules, tous ces professeurs sont des flemmards qui se moquent bien de ce que peuvent apprendre leurs élèves. Dieu merci ! je les ai assez connus ! »

Ce cousin Jules avait des raisons particulières pour en vouloir à tous les professeurs, en général ; il avait été refusé quatre fois au baccalauréat.

Le père écoutait sans rien dire ; puis il sortit et alla faire une visite mystérieuse. R. R.

§ 2.

Le lendemain, la leçon récitée, le professeur dit : « J'ai reçu hier soir une visite qui m'a en même temps désolé et ravi... » et, se tournant du côté d'Anatole : « celle d'un père de famille. Il m'a dit le chagrin de son fils, en présence de ses devoirs français, et le regret qu'il éprouve de ne recevoir aucune aide, pendant qu'il les confectionne... » Tout le monde souriait déjà, amusé, regardant le jeune Anatole qui ne savait trop quelle contenance prendre. « Vous avez raison, mon cher Anatole, dix fois raison ; et voici comment, grâce à vous, nous procéderons désormais. Écrivez notre règlement.

La classe de Troisième A, considérant :

Qu'il est véritablement regrettable de voir des élèves intelligents et animés de la plus grande bonne volonté, suer sang et eau devant leur papier sans trouver la trace d'une idée ;

Qu'il est encore plus scandaleux de penser que le professeur, pendant ce temps, lit des choses qui l'intéressent, qui l'amusent peut-être, dans un esprit d'incroyable égoïsme ;

Que ces pauvres enfants, d'autre part, ne sont pas coupables de l'état dans lequel ils se trouvent et que la faiblesse de leurs études antérieures tient tout au plus à un goût bien excusable de leur âme si tendre pour la rêverie poétique ;

Que les professeurs et les familles, en ne cherchant pas d'autres explications que les vieux mots, si injustes, si peu humains, de paresse et d'étourderie, ne songent qu'à justifier leur propre négligence ;

Décide :

a. Désormais, on trouvera un moyen quelconque de faire que le professeur ne quitte jamais ses élèves ;

b. S'il allègue que la correction des devoirs, la préparation des auteurs, les séances de bibliothèque l'empêchent de se consacrer à cette besogne, on l'invitera à sacrifier l'accessoire à l'essentiel. Il peut fort bien parler des choses sans les avoir lues ; cela se fait couramment dans le monde. Et quant aux devoirs, à quoi bon les corriger, dans les conditions nouvelles où ils auront été faits ?

c. Son rôle, en effet, à l'avenir, consistera avant tout à composer, paragraphe par paragraphe, presque phrase par phrase, un devoir que la classe répètera en chœur ;

d. Il lui sera interdit de favoriser l'un plutôt que l'autre, pendant les exercices communs ; dans ce système où personne, grâce à Dieu (sauf le professeur), ne travaillera par soi-même, il ne saurait plus y avoir de bons ni de mauvais élèves, et toute préférence serait une atteinte à l'égalité ;

e. Toutefois, après huit heures du soir, la journée finie, les élèves pourront, individuellement, aller prier le professeur de corriger leurs fautes d'orthographe. Une sonnette de nuit sera mise, dans ce but, à leur disposition...

M. R. et A. de B.
(Mélangés et corrigés.)

§ 3.

Qui est-ce qui ne riait pas à la sortie de la classe, qui méditait sa vengeance, en montant quatre à quatre l'escalier de la maison paternelle? C'était notre ami Anatole.

« Papa, dit-il d'un air indigné en entrant dans le cabinet de son père, papa, M. Richard a osé se moquer de toi en pleine classe, il a abusé de ce que tu lui avais dit... » Une gifle retentissante lui coupa la parole. « Méchant garnement ! faut-il qu'à la paresse tu joignes la calomnie ? Je sais ce qu'a dit M. Richard, nous l'avons écrit ensemble. Mais enfin, soit, M. Richard a tous les défauts, et toi toutes les qualités... Allons dans ta chambre, entrons dans ce temple du travail ! » Quel temple ! Quel taudis que la chambre de M. Anatole ! « Allons, ouvre ton pupitre. » Anatole tremble. Que va-t-il arriver ? C'est que ce pauvre pupitre est dans un désordre affreux. Tous les livres, tous les cahiers d'Anatole sont là pêle-mêle, entassés les uns sur les autres. Ce dictionnaire latin, ouvert au beau milieu, les écrase de sa masse. Il y a là toutes sortes de vieux papiers déchirés, en lambeaux, éventrés, couverts de taches d'encre ; quelques-uns se dressent en l'air comme pour protester contre leur position incommode. Il y a aussi des lambeaux de vieux livres, des pages arrachées, quelques cartes de géographie, restes d'un ancien atlas, un encrier cassé, un pot de colle, tout et rien : on a peur de fouiller dans les profondeurs de cet épouvantable désordre.

Le père contemple ce chaos d'un œil sévère et dit : « C'est comme cela que tu tiens ton pupitre ? Eh bien ! nous allons le visiter. » Et le voilà qui feuillette les cahiers de son fils, ou plutôt d'ignobles loques à peine retenues par un bout de fil. Il y trouve d'innombrables caricatures de M. Richard, d'énormes taches, un gribouillage illisible. En explorant encore le pupitre, il découvre quelques anciens devoirs qui, tous, portent la même note : « N'a pas écouté en classe, n'a rien fait en étude. » Anatole est atterré.

Mais voilà que son père se retourne vers lui et lui dit : « Ah ! C'est ainsi que tu travailles ? Eh bien ! c'est joli ! Et tu as encore le toupet de venir te plaindre de ton professeur, de crier qu'il ne s'occupe pas de toi! Il a bien raison ; il m'a déclaré que tu ne faisais absolument rien, que tu n'écoutais jamais un mot de ce qu'il disait ; ce n'est pas étonnant alors, si tes devoirs sont bourrés de fautes absurdes, et si tu es le dernier de ta classe. Tu prétends que M. Richard devrait t'aider ; mais c'est à toi de faire tes devoirs! Si tu empruntes le secours des autres, tu n'arriveras jamais à rien. Tout ce qui t'arrive est de ta faute ; on va se moquer de toi, ce sera bien fait, méchant enfant ! »

. . . .

R. R.

PLAN

Sur le style de Montaigne

I. — Composition.

Analyser, dans les *Morceaux choisis* de Marcou, p. 40, le passage intitulé : « De la pratique des hommes dans l'éducation de la jeunesse [1]. »

Vous tâcherez, par l'aspect seul de votre copie, de rendre sensible aux yeux ce qu'il y a de capricieux, de décousu, de fragmentaire dans un chapitre de Montaigne.

Sainte-Beuve, dans ses chapitres connus sur Montaigne (*Histoire de Port-Royal*, livre III, p. 443 et suivantes), avoue que la « composition » est faible dans les *Essais*, non seulement celle du livre entier (la table des matières nous le montre au premier coup d'œil, parcourez-la),

---

[1]. Ou plus exactement : « L'art d'apprendre à connaître les hommes : 1° par la lecture ; 2° par l'observation du monde. » (*Essais*, I, 25, de : « En cette pratique des hommes... » à : « si bonne compagnie en l'autre monde ».)

mais celle d'une simple page. C'est un art que connaîtra seulement le xviie siècle, lorsqu'il aura fait sa « rhétorique » avec Balzac. « Dans Shakespeare, dans Molière, en ces génies qui savent créer un ensemble, l'imagination aisément enfante des êtres complets, des personnages capables de vivre et d'agir. Chez Montaigne, cette création figurée ne se produit qu'à l'intérieur des phrases, mais elle se produit aussi vivante, aussi merveilleuse, aussi poétique que l'autre... » Pour l'ensemble, l'auteur des *Essais* reconnaît lui-même qu'il manque d'ordre et de rigueur : « Je n'ai pas d'autre sergent de bande à ranger mes pièces que la fortune. »

II. — Expression.

Vous collectionnerez, en revanche, sur chacun des points suivants, de dix à douze exemples, ceux qui vous paraîtront le mieux mériter cet honneur :

p. 40. — **L'érudition de Montaigne; citations et réminiscences.** — D'après le même passage dont vous avez fait l'analyse.

p. 38 et p. 36. — **La hardiesse des images. Exemples tirés des substantifs.** — D'après les deux morceaux suivants :

Res verba rapiunt. (*Essais*, I, 25 : « C'est aux paroles à servir... »). *Des braves formes de s'expliquer des Anciens.* (*Essais*, III, 5 : « A ces bonnes gens, il ne fallait... ».)

p. 43. — **La vivacité des images. Exemples tirés des adjectifs épithètes.** — *De quelques écrivains grecs et latins.* (*Essais*, II, 10, de : « Il m'a toujours semblé... » à : «... c'est mon homme que Plutarque ».) Le style est ici d'autant plus remarquable que le passage est un chapitre de critique littéraire ; or, il n'y a pas d'expression plus abstraite, plus décolorée que celle de la critique. Montaigne sait faire de ses remarques une série de petits tableaux. Se rappeler encore les observations de Sainte-Beuve : « Montaigne a eu, plus que personne peut-être, le don d'exprimer et de peindre ; son style est une figure perpétuelle, et à chaque pas renouvelée ; on n'y reçoit les idées qu'en *images.* »

Nous avons déjà remarqué cette qualité rare dans Rousseau et dans les contes de Daudet.

Plusieurs copies satisfaisantes ont été remises sur ce sujet. Mais comme elles ne présentent pas d'autre mérite que l'exactitude, je crois inutile d'allonger ce chapitre. Il est facile de se figurer ce que doit être un devoir de cette nature.

DISSERTATION PROPOSÉE PAR UN PÈRE DE FAMILLE

En songeant à l'avenir. — Conversation avec les élèves, suivie des réflexions d'un professeur allemand.

———

J'ai reçu d'un père de famille une lettre charmante. Il me parle de nos sujets. « Anatole » l'a ravi. Il nous encourage dans cette voie et demande que je vous interroge sur vos goûts et sur vos tendances, sur l'idée que vous devez vous faire de votre carrière future. « Bien qu'ils ne puissent avoir, à leur âge, écrit-il, sur telle ou telle spécialité, que des notions un peu vagues et confuses, ils ont pourtant déjà réfléchi aux occupations de leurs parents ou des amis de leur famille. Ils ont écouté des conversations de toute nature, même des conversations d'affaires ; ils ont saisi au passage l'expression de soucis ou d'inquiétudes, de joies, d'espérances ou de satisfactions ; ils ont lu des livres de voyage où il est question de navigation, de commerce, de colonisation, d'application pratique des sciences... Il semble donc que, dans une certaine mesure, leurs goûts pourraient parfois se manifester... »

Puis il ajoute, en post-scriptum : « Ces devoirs mèneraient sans doute à une conclusion uniforme : l'exaltation du travail, de l'ordre et de l'exactitude : *age quod agis*; cultivons notre jardin ; comme on fait son lit on se couche ; il n'y a pas de sot métier. »

M'inspirant de ce désir, je suis heureux de vous proposer, sous une double forme, un sujet de cette nature :

1. *Chance ou mérite ?*

Vous chercherez, dans votre entourage, un homme dont la carrière vous semble enviable, un de ceux dont le vulgaire dit qu'ils « ont de la chance ». Vous vous demanderez pourquoi il a réussi, et à quelles qualités il doit sa fortune.

2. *Les débuts d'un homme arrivé.*

Si vous le connaissez intimement, vous lui demanderez de vous raconter en détail *ses débuts,* et vous ne me parlerez que de ses premières années. Plus ces débuts ont été humbles et difficiles, plus ils ont dû mettre en lumière les qualités de votre vieil ami. Sollicitez ses confidences, et communiquez-les moi.

N.-B. — Je préférerais de beaucoup un exemple pris dans une carrière indépendante de l'État : les affaires, l'agriculture, le commerce ou l'industrie. Les efforts y sont plus apparents et les récompenses souvent plus tangibles, plus faciles à évaluer. Mais vous pourriez également choisir un fonctionnaire, si vous avez l'habitude de vivre dans ce milieu. Attachez-vous seulement à chercher quelles sont les *qualités personnelles* qui l'ont fait apprécier et lui ont assuré une carrière honorable ou brillante. Le jugement, la volonté, l'esprit d'initiative, ou, tout au moins, l'amour de l'ordre et du travail, sont des vertus nécessaires dans tous les métiers. Elles assurent partout, en dépit des faveurs et des injustices, l'estime des hommes et le succès. Vous le montrerez par un exemple *authentique*.

Dans la réponse où je remerciais mon correspondant de son idée, je lui demandais de songer encore à vous, s'il avait dans sa carrière quelque souvenir original qui pût nous être utile. Voici, dans sa seconde lettre, quelques lignes qui complètent bien le passage déjà cité de la première :

« Vous me demandez de vous signaler des cas concrets qui puissent servir d'armature, en quelque sorte, à des développements de proverbes, d'adages ou de sentences connues. J'avoue n'avoir à cette heure rien de bien frappant à vous raconter. »

Mais il dit plus loin (c'est un officier) :

« Dans le métier militaire, surtout en campagne, les hommes sont tout ce que les circonstances veulent qu'ils soient ; personne ne regarde au genre de travail que les nécessités quotidiennes imposent pour le bien général. Celui qui creuse ou comble les « feuillées » du camp est aussi bien considéré que le cuisinier, le porteur d'eau, le dresseur de tentes ou de gourbis. Il vient donc rarement à un militaire la pensée qu'un travail utile puisse être méprisable. »

Beaucoup d'idées sont contenues dans ces derniers mots et viennent heureusement confirmer ce que nous disons tous les jours. Ainsi, dans des milieux en apparence différents, les mêmes nécessités se présentent et les mêmes jugements s'imposent. Tant il est vrai qu'il faut peu de chose pour établir entre les hommes cette « unité de pensée » dont on parle tant ! Un peu de philosophie, de la bonne humeur, et beaucoup de franchise. C'est la simplicité même.

UN INCIDENT

Deux jours après la dictée du devoir...

(Conseils oraux.)

Après la demande d'un père de famille, j'ai reçu les confidences inquiètes de quelques élèves ! Le sujet les embarrasse un peu, et ils me posent deux objections :

a. Les *internes* déclarent que, vivant claquemurés, emprisonnés, en dehors de la vie réelle (vous connaissez l'antienne), ils n'ont aucun moyen, absolument aucun, de se procurer les renseignements nécessaires. La plus innocente *interview* leur est refusée. Pauvres garçons !

b. Les *externes* reconnaissent bien qu'ils pourraient peut-être découvrir autour d'eux le personnage désiré ;

mais c'est, en général, un homme arrivé, qui occupe une situation importante dans des affaires dont un jeune blanc-bec ne connaît pas le premier mot. « Il faudrait, dit l'un d'eux, pour nous les faire comprendre, qu'il consentît à nous donner des explications. Il serait bien indiscret de les lui demander... »

Ces scrupules partent assurément d'une belle âme. Allons ! les internes étaient à plaindre ; les externes sont à couvrir de fleurs ! Je prendrai pourtant la liberté de trouver que les uns comme les autres se laissent arrêter au premier obstacle avec trop de complaisance !

1. Le devoir est très facile pour les *internes*... Oui, précisément pour ceux qui crient le plus fort ! Réfléchissez. Vous appartenez généralement à des familles *rurales* ; vous avez passé votre enfance à la campagne ; vous y retournez pendant les vacances, et je parie que B. ou P. sont les coqs de leur village !... Eh bien ! Il n'y a pas d'endroit où l'on trouve des exemples plus frappants, plus « concrets » de ce que peut l'intelligence unie à la volonté et soutenue par un travail acharné. Sous cette forme et dans ce milieu, c'est un sujet d'école primaire. Moi, qui suis Parisien, j'en aurais dix à vous citer... Par exemple, l'histoire d'un brave homme que j'ai connu quand j'avais votre âge, en Bourgogne, pendant les vacances. Il était né vers 1820, d'une famille pauvre ; il fut d'abord domestique de ferme, puis fermier, puis propriétaire de la ferme ; lorsque je l'ai fréquenté, de 1885 à 1890, il avait vendu son domaine et faisait le commerce des machines agricoles (4ᵉ transformation). Il mettait aussi son expé-

rience au service de ses amis, de la commune, du département ; il était *expert* ; on l'appelait dans toutes les ventes importantes, et, quoiqu'il eût toujours refusé le moindre mandat politique pour rester plus indépendant, il exerçait autour de lui une grande influence. Tout garçon de votre âge qui, ayant vécu deux mois par an à la campagne, se déclarerait incapable de remarquer les vertus d'un homme de ce genre, se décernerait un fameux brevet d'indifférence et d'étourderie. Un bon petit paysan de l'école primaire lui serait en cela de beaucoup supérieur.

2. Je reconnais que l'objection des *externes* est plus fondée. Dans notre milieu habituel, le sujet devient beaucoup plus difficile à traiter. Le jeune villageois qui développe ce genre de matières au certificat d'études sait fort bien pourquoi Jean-Pierre, qui ne sort pas du cabaret, a mis sa famille sur la paille, tandis que Jean-Louis, qui n'est ni un « feignant », ni un « soiffard », a déjà beaucoup de pièces de cent sous dans son bas de laine. Les affaires qui se traitent autour de nous sont autrement compliquées, et la partie n'est pas égale, sur ce point, entre l'élève de l'école primaire et celui du lycée.

Les qualités d'un banquier, d'un grand agriculteur, d'un directeur d'usine, d'un administrateur ou d'un général ne se distinguent pas aussi facilement que celles d'un petit propriétaire laboureur, et vous n'avez encore qu'une idée bien vague des entreprises où il déploie sa vaste intelligence, son imagination[1] toujours en éveil, son

[1]. L'*imagination*, appuyée sur les données d'une observation attentive, est, dit-on, la qualité maîtresse de l'homme d'affaires comme du

indomptable énergie... Je vois pourtant plus d'un exemple ici même, autour de nous. Sans aller bien loin, quelle est la ville un peu importante où plusieurs grandes maisons de commerce n'aient pris, depuis vingt ans, un essor marqué ? Vous passez tous les jours devant, quand vous n'y entrez pas acheter votre chapeau de paille — ou votre sac de caramels. Vous avez entendu parler des heureux patrons. Les sots glapissent : « Ils ont de la chance ! » Mais vous, qui n'êtes pas des sots, demandez-vous donc simplement : « A quelle heure se lève M. X. ? Combien de visites fait... ou plutôt ne fait pas Mme X. dans sa journée ? » Vous apprendrez que M. X. est toujours debout avant ses cinquante employés, et que Mme X. est constamment à la caisse... et ainsi de suite.

Quant aux confidences à solliciter de vos vieux amis, je puis vous rassurer tout de suite ! Croyez-moi, insistez sans crainte. Vous ne serez jamais indiscrets. D'abord, ils seront ravis de vous être utiles ; et puis ces souvenirs ne leur sont pas désagréables... Vous souriez ? Vous voyez bien que vous n'avez pas besoin de conseils. Interrogez, interviewez, soyez audacieux comme des reporters. Ils vous « diront tout » sans difficulté !

Nous reviendrons sur ce sujet, à propos de La Bruyère. Le chapitre du *mérite personnel* nous fournira sans doute le sujet de bonnes réflexions. Mais ce sera de la « science livresque ». Combien il serait nécessaire qu'elle fût pré-

savant. Il s'agit toujours d'être d'une heure en avance sur la montre des autres : songer à faire aujourd'hui ce que tout le monde fera demain.

parée et complétée par l'observation familière des choses et des hommes qui vous entourent ! L'un n'empêche pas l'autre, au contraire. Ceux qui maudissent les pauvres *lettres,* sous prétexte qu'elles détournent les jeunes gens de la vie pratique, sont des « mandarins » dans leur genre ; ils tombent exactement dans la même erreur que les « fins lettrés » d'autrefois, qui considéraient le commerce comme une forme inférieure de l'activité, et n'avaient pas assez de sarcasmes pour les « fabricants de sommiers élastiques ». Quand donc reconnaîtrons-nous qu'un homme pratique a tout avantage à recevoir une éducation libérale, et qu'il n'y a pas, en revanche, d'enseignement littéraire et d'enseignement philosophique qui ne reposent sur l'observation de la vie, qui ne doivent développer en vous, de très bonne heure, le souci de vous y faire votre place par le travail ! Lisons La Bruyère, mais ne négligeons pas de regarder, en passant, l'actif M. X. à la tête de son personnel : l'un complète l'autre admirablement.

Lire : Vicomte d'Avenel, *Le mécanisme de la vie moderne : Félix Potin.*

UN CURIEUX RAPPROCHEMENT

J'avais déjà dicté ce devoir et recueilli vos doléances, quand l'idée m'est venue de demander à mes collègues, les professeurs d'allemand, si des sujets analogues n'étaient pas proposés aux élèves dans les gymnases d'Outre-Rhin. « Vous ne pouviez mieux tomber, me dit l'un d'eux[1]. Un professeur qui fait autorité dans l'enseignement secondaire allemand, M. Cauer, a fait paraître, l'an dernier, un ouvrage analogue à celui que vous composez vous-même, et vous trouverez précisément dans cet ordre d'idées plusieurs pages intéressantes. Vous l'aurez demain. »

Intéressantes, elles l'étaient ! Jugez-en plutôt. On aurait cru que M. le Professeur Cauer vous avait entendus l'autre jour. Il avait posé à ses élèves une question analogue à la nôtre ; c'était le même sujet, mais sous une forme plus simple et en somme plus facile[2]. Ce qui n'empêche pas que son idée, comme la mienne, avait soulevé des objections ! « Contre ce dernier sujet, dit-il, j'ai entendu faire bien des réflexions : C'est un devoir bon pour intimider les élèves (*der Schüler scheue sich !*). Autre voix : L'élève n'est vraiment pas obligé de vous découvrir les affaires intimes de sa famille, qui ont souvent des rapports étroits avec le choix d'une carrière... » (Idée originale et juste, du reste ; le choix d'une carrière étant affaire de famille, plus encore que de préférence individuelle.) Mais M. Cauer avait, comme moi, confiance dans son idée ; il s'obstina. « Et précisément, ajoute-t-il, sur ce sujet, il m'est arrivé de recevoir des travaux parfois originaux, souvent très réussis, et, même quand il s'agissait d'une carrière tout à fait modeste, des devoirs fort agréables. »

Il en cite d'autres du même genre : « Quel peuple

---

[1]. M. ROUSTAN, professeur d'allemand au lycée Hoche.
[2]. Que voulez-vous être, et pourquoi ? (*Was wollen Sie werden, und warum?*)

préférez-vous, des Anglais ou des Français ? — Quel est le poète ancien que vous préférez ? — Quelle science ? — Ma vie... »

Il les appelle les *sujets personnels (die ganz persönlichen)*. « Ils sont en petit nombre, ajoute-t-il, le cercle en est restreint *(ein kleiner Kreis)*; mais quand on les rencontre, on en tire toujours quelque chose de positif et de tangible *(greifbar)*. Ce sont les plus propres à *montrer le jugement original de l'homme futur.* » Et il en donne la raison : « Ils le prennent, pour ainsi dire, corps à corps, et le *forcent à sortir de lui-même.* »

On ne saurait mieux dire.

Ce rapprochement tout à fait fortuit entre sa pensée et la nôtre ne manque pas de saveur. Apprenez donc à *sortir de vous-mêmes*; laissez là les enfantillages, les préoccupations vaines ou puériles relatives à votre petite personne ; regardez autour de vous, observez la réalité, demandez-vous ce qu'il y a de vraiment utile, ce qu'il faut désirer, aimer et admirer en ce bas monde ; et vous aurez tous, si modeste qu'elle soit, votre valeur, votre agrément, votre utilité ; bref, suivant le mot très juste de M. Cauer, votre indispensable « originalité » [*ein selbständiges Urteil* (p. 237)[1]].

Sans obtenir d'aussi bons devoirs que je l'aurais désiré, j'ai reçu un certain nombre de copies honorables qui prouvent qu'en se méfiant de ses forces, la classe avait été

---

1. P. CAUER, *Von deutscher Spracherziehung* (Berlin, 1906. Weidmannsche Buchhandlung).

trop modeste. Aucun élève, cependant, ne tire de l'exemple bien choisi et des qualités exactement signalées de son « héros », un développement assez complet, assez ample pour mériter l'attention du lecteur. Il aurait fallu que cet exercice fût précédé d'enquêtes et de réflexions moins sommaires; nous aurions eu besoin de plusieurs semaines, peut-être de plusieurs mois, pour attendre les occasions et recueillir les témoignages. Rien ne s'improvise! L'idée n'en garde pas moins sa valeur... et son avenir.

23 bis[1].

ANALYSE SUR UN SUJET SCIENTIFIQUE

(Faite le samedi 23 mars 1907, après la mort de M. Berthelot.)

Fragment du discours de M. Jules Lemaître recevant Berthelot à l'Académie française.

Il n'est peut-être pas prématuré, dans la seconde moitié de l'année, d'attirer votre attention sur les méthodes scientifiques. Il ne suffit pas, pour aimer les sciences, de retenir les faits et de comprendre les lois ; il est bon de réfléchir sur la philosophie qui s'en dégage et de s'exprimer, sur ces sujets, avec autant de facilité que sur les choses littéraires.

---

[1]. Les exercices désignés par un numéro *bis* sont ceux que j'ai proposés, quelquefois, en dehors des devoirs ordinaires : ils ont fait l'objet de classes exceptionnelles (remplaçant une explication d'auteur) et n'exigeaient des élèves aucun travail préliminaire. L'expérience semble prouver, en effet, qu'une *trentaine* de devoirs soit le maximum de ce que nous pouvons utilement obtenir au cours d'une année ; tel est à peu près le chiffre auquel nous sommes parvenus en 1906-1907. J'ai tenu à éviter toute confusion sur ce point, puisque le seul mérite d'un pareil recueil est d'être un document *vrai*, une image fidèle de la réalité.

La mort du grand Berthelot me donne l'occasion de vous faire lire[1] un véritable modèle de dissertation littéraire, à la fois très précise, très profonde et parfaitement simple, sur un point de cette nature. C'est une partie du discours que prononça M. Jules Lemaître le jour où il reçut l'illustre savant à l'Académie française (2 mai 1901).

La dissertation pourrait être intitulée : *Quels sont les progrès qu'ont fait faire à la chimie, dans le cours du* XIX*e siècle, les découvertes de Berthelot ?*

Vous n'étudierez la chimie organique que l'an prochain, mais vous possédez dès maintenant toutes les notions nécessaires pour comprendre ces développements généraux.

Début.

Semblable à tous nos débuts.

1re *Phrase*. — Idée générale : « Vos travaux, Monsieur, sont innombrables. » 600 mémoires.

2e *Phrase*. — Restriction : « Je ne signale que deux points essentiels. »

1re Partie : La synthèse chimique.

I. — LES DEUX PARTIES DE LA CHIMIE.

1. Les principes de Lavoisier. — Les quatre-vingts corps dont se composent les minéraux.

---

[1]. L'analyse a été faite au tableau, comme pour le conte de Daudet, étudié à la première classe. Un élève lisait : nous l'arrêtions après chaque paragraphe pour résumer le développement, et nous adoptions ensemble la formule convenable.

Les quatre principaux d'entre eux, qui entrent dans les corps vivants (carbone, hydrogène, oxygène, azote).

2. **Hardiesse de cette vue au xviii° siècle.** — Le rêve du poète et l'explication du chimiste.

II. — Les deux méthodes.

L'analyse (ἀνα-λύειν, délier) et la synthèse (σύν, avec ; τίθημι, je place). Autrement dit : décomposition et recomposition. Exemple : l'eau.

1. **Découragement des chimistes avant Berthelot.** — L'*analyse* paraissait seule possible dans l'étude des corps vivants. Mot de Lavoisier : « La Chimie, dit-il, marche vers son but et vers sa perfection en divisant, subdivisant et resubdivisant encore... La Chimie est la science de l'analyse. »

La *synthèse* était déclarée impossible par les moyens artificiels. Berzélius n'espérait plus trouver la « clef » du problème. On attribuait les combinaisons, dans la nature, à une force cachée, produite par les corps vivants (sucre, albumine, etc.), la *force vitale*. C'était simplement, comme la *virtus dormitiva* de l'opium, une abstraction réalisée (explication du mot). C'est un fantôme hérité de la scolastique.

2. **Hardiesse de Berthelot.** — Sa confiance dans l'unité des lois de la nature. Il arrive à combiner les quatre éléments dans les corps vivants comme dans les corps inorganiques.

Ses découvertes. Le premier pas : le carbone et l'hydrogène ; la série des carbures d'hydrogène.

Autres conséquences : Acides des fruits ; parfums ; matières colorantes ; remèdes à la mode.

Le pur savant : Il ne prend pas de brevets.

2ᵉ Partie : La thermo-chimie.

Après avoir montré l'identité des forces chimiques dans la matière inorganique et dans la matière organisée, restait à en *mesurer l'action*.

Pourquoi certains éléments s'unissent-ils ? Pourquoi d'autres demeurent-ils séparés ? — L'hypothèse scolastique des affinités électives.

La loi : on peut prendre pour mesure de l'affinité la quantité de chaleur développée dans la combinaison chimique ; le système de corps qui tend à se former est celui qui dégage le plus de chaleur.

Conséquence sur la *fabrication des explosifs* : rôle patriotique de Berthelot depuis 1873.

3ᵉ Partie : La philosophie du chimiste.

Son portrait. — Le *savant* populaire ; non pas le mathématicien, mais l'alchimiste, le sorcier, le docteur Faust, l'homme qui fabrique de l'or.

Ses deux qualités. — *a. Il sait les secrets de la nature.*
— L'unité de la matière. Simples différences d'organisation dans les corps. Tout ramené à la mécanique.

b. Il agit sur la nature. — Il refait par la synthèse ce qu'avait défait l'analyse. Il peut fabriquer plus de corps qu'il n'en existe dans la nature actuelle.

Un rêve. — L'humanité à venir. Le problème de l'alimentation. Plaisanterie ou prophétie ?
Le roi de la chimie.

RÉFLEXIONS

SUR LES RAPPORTS DES LETTRES ET DES SCIENCES, DANS LES CLASSES DE SECONDE ET DE PREMIÈRE.

On lit dans le plan d'études des lycées (Arrêtés du 31 mai 1902), à la fin du programme de Physique dans la classe de Mathématiques A, préparant à la seconde partie du baccalauréat :

Conseils généraux. — La recommandation faite au professeur de ne pas se préoccuper de l'ordre historique dans l'exposé d'une question n'implique pas, tant s'en faut, l'oubli des grands noms qui ont illustré la science. A l'occasion et sous forme de digression, il fera connaître la vie de quelques grands hommes (Galilée, Descartes, Pascal, Newton, Lavoisier, Ampère, Fresnel, etc.), en faisant ressortir non seulement l'importance de leurs travaux, mais surtout la grandeur morale de leur dévouement à la science; on l'engage à donner aux élèves lecture de quelques pages caractéristiques de leurs œuvres.

N'est-il pas bien tard, à ce moment, pour aborder ces importantes questions ? Et croit-on que ce soit l'office du professeur de Physique ? Il semble plutôt que ces questions d'histoire et de méthode reviennent de droit, dès la Seconde, au professeur de Lettres. Les jurys de baccalauréat l'entendent si bien ainsi qu'ils proposent en dissertation française des sujets de cette nature. Il y aurait là un élément de vie et d'intérêt bien puissant pour l'enseignement littéraire, devenu sur ce point la partie *philosophique* et *historique* de l'enseignement des sciences.

On ne voit pas très bien, également, pourquoi le *Recueil des écrivains scientifiques,* recommandé avec tant de raison pour la 2ᵉ et la 1ʳᵉ D, est proscrit du programme de la 2ᵉ et de la 1ʳᵉ C. Il est vrai que ce livre (dont il existe au moins une bonne édition) n'est pas encore suffisant. On voudrait voir un professeur de sciences composer un livre classique sur l'*histoire des méthodes scientifiques,* où l'histoire serait subordonnée à la philosophie... Inscrit ou non au programme, ce livre, s'il était bien vivant, serait assuré du succès.

24

NARRATION[1] SUR LE « BON VIEUX TEMPS »

A Versailles : Retraités.

---

1. Je regarde avec complaisance, dans les « petits jardins » du Parc, un banc où quelques bons vieillards se réchauffent au soleil. *Leur portrait.*

2. Ils s'entretiennent quelques instants des *bavardages* de la ville. Ils se rappellent surtout le temps de leur jeunesse, où tout était *plus beau et meilleur* qu'aujourd'hui.

3. Et pourtant, le « bon vieux temps » fut-il toujours si bon qu'on le dit ? Que de *peine* ils ont eue parfois ! Que de *choses tristes* ils ont vues ! Seulement, ils étaient jeunes... (tout en dialogue et conversation).

4. Leur vieillesse, du moins, est calme. Ils parlent de leur *existence actuelle*, des *joies* qu'ils peuvent goûter encore... J'aime leur sagesse aimable et douce, et je les

---

1. Donnée en composition.

suis avec sympathie, quand ils s'éloignent lentement dans le grand parc silencieux.

SOUVENIR DE LA CORRECTION

Aimable classe, heure charmante, et dont nous avons, une fois de plus, maudit l'insuffisante durée ! J'hésitais entre trois élèves pour la place de premier. L'un, notre meilleur élève, avait fait un devoir sage, régulièrement développé, écrit avec une rare correction, qui valait 16. Devais-je donner la même note à deux autres, un peu moins complets peut-être, mais beaucoup plus animés et pleins de détails pris « sur le vif » ? — J'ai confié, comme on le faisait parfois dans les vieilles Rhétoriques, le jugement à la classe. Naturellement, la lecture à haute voix a donné l'avantage aux deux devoirs plus alertes et j'ai eu quelque peine à faire rendre justice aux qualités solides, mais trop discrètes, et au style correct, mais pâle, de leur concurrent. Et la classe n'avait pas tort. Le sentiment du style, le mouvement, l'harmonie, le goût, en un mot, ne peuvent être estimés trop haut.

Une fois de plus, la voix du peuple était pour nous la voix de Dieu.

Mais comme notre horaire est peu démocratique ! Nous avons consacré l'heure qu'il nous mesure à l'« aristocratie » de la classe ! Songez que 12 copies venaient ensuite entre 15 et 10, et qu'il y avait dans chacune une page, une demi-page, une phrase, dont la lecture publique eût enchanté son auteur et serait restée dans sa mémoire comme le souvenir de ce qu'il faut faire ! Je les avais marqués, tous ces passages... J'ai dû me contenter d'en envoyer les copies aux familles ou aux répétiteurs pour qu'un affectueux éloge encourageât, tout au moins, les bonnes volontés ! Voilà le résultat du régime actuel : les élèves moyens sont sacrifiés. Est-ce là ce qu'a voulu la réforme de 1902 ? Non, sans doute. Alors, qu'on nous accorde un peu plus de temps.

Copie composée avec des passages empruntés à cinq devoirs différents.

1. C'était pendant la semaine de Pâques. Pour la première fois de l'année, le soleil réchauffait la terre des froids d'un long hiver. Le ciel était bleu et pur, et les grands marronniers du parc de Versailles opposaient le vert tendre de leurs feuilles naissantes à la triste verdure des ifs qui montent au parterre d'eau.

Dans les jardins ensoleillés, abrités contre le vent du Nord, quatre vieillards étaient assis, quatre bons vieillards placides, au visage ridé comme leurs mains. Autour d'eux, les enfants faisaient des pâtés, jouaient à cache-cache, poussaient mille cris, joyeux de se sentir vivre et de courir en liberté...

Mais les bons « retraités » ne les entendaient pas ; ils étaient tout entiers à leur conversation ! L'un d'eux se tenait bien droit encore : sa décoration (un large ruban rouge à l'ancienne mode), sa rude moustache, sa voix forte et sa canne à tête d'aigle qu'il levait parfois en parlant annonçaient un vieux militaire. Son voisin petit, maigre, voûté, portait des lunettes d'or ; quand il ôta son chapeau pour essuyer la sueur qui perlait sur son front, il laissa voir un crâne absolument chauve. C'était Mᵉ Tabellion, l'ancien notaire de D..., un gros village des environs.

Quant aux deux autres, tout le monde les connaît; toujours ensemble au bras l'un de l'autre, se soutenant mutuellement et ne se quittant jamais; quand on aperçoit au loin le pardessus vert de M. Durand, le vieux chef de bureau de la Préfecture, on est sûr de voir M. Lionet, l'ancien secrétaire de la Mairie à la moustache jaunie par l'antique « bouffarde ».

2. « Vous savez, dit le capitaine, qu'un clerc de Mᵉ X. vient de se sauver avec la caisse.

— Hélas! soupira Mᵉ Tabellion, à présent on ne peut avoir confiance en personne. Ah! quand j'étais notaire, nos clercs étaient honnêtes. Si le mien avait voulu me voler, il aurait pu le faire facilement, car j'avais toute confiance en lui. Je ne veux pas dire qu'à présent tout le monde soit voleur; non, mais, voyez-vous, quand on est vieux on trouve toujours meilleur le temps de sa jeunesse.

— A qui se fier, maintenant? ajouta M. Lionet. On voit les caissiers partir avec l'argent de leur patron; les spéculateurs qui n'ont pas réussi, tuer leur banquier; des hôteliers égorger leurs hôtes; le fils tuer son père. La rue n'est plus sûre, on ne sait jamais si un Apache ne vous logera pas quelques balles dans le corps... histoire de plaisanter..., ou si un brancard ne vous ramènera pas écrasé, réduit en bouillie par une automobile...

— Assurément, reprit comme un écho M. Durand, de notre temps les choses étaient mieux; les assassinats étaient rares; on ne vivait pas à la vapeur; la vie était calme, tranquille et simple, les denrées de première qualité et pas chères. Aujourd'hui, tout est frelaté; on fait jusqu'à des œufs artificiels. Quelle bêtise! ajouta-t-il en haussant les épaules... » Puis, pour se consoler, il tira de sa poche une tabatière en écaille, offrit une prise à M. Lionet, huma fortement une pincée de tabac, et fit tomber d'une chiquenaude les petits grains noirs qui avaient roulé sur le devant de son habit.

3. Après un moment de silence où chacun, hochant la tête et fermant à demi les yeux, semblait revoir ce beau passé, M⁵ Tabellion reprit : « Savez-vous que nous sommes bien indulgents pour le « bon vieux temps » si vanté... A vrai dire, il avait aussi ses mauvais côtés, et tout n'a pas été, dans notre vie, toujours calme et rose. Encore, pour notre compte, nous sommes-nous trouvés, dans notre modeste existence, à l'abri des gros soucis, contents de peu, sans ambition; si nous n'avons pas connu les satisfactions les plus vives, nous avons échappé aux pires catastrophes... Mais, autour de nous, que de peine toujours, que de douleurs et de déceptions bien souvent, autrefois comme aujourd'hui! Demandez plutôt au capitaine, lui qui a vu tant de choses, s'il regrette le bon vieux temps.

— Certes oui, je le regrette, cher Monsieur, comme le temps de la jeunesse, comme le temps des longs espoirs, de la force et de la santé; mais je sens bien que c'est à moi-même, c'est à mes vingt ans disparus que je souris en y songeant, et si je le regarde de près, il me rappelle plus de chagrins, plus de misères que de joies. Le bon vieux temps, pour moi, c'est sans doute la guerre d'Italie, Magenta, Solférino, l'entrée à Milan sous les roses, le retour à Paris, place Vendôme, au milieu des acclamations; mais c'est aussi la mort de mon cher colonel, ce sont mes meilleurs amis tués ou mutilés, ma sœur laissée veuve avec trois enfants... Le bon vieux temps, c'est la campagne de France, la dure campagne sans espérance, dans la neige, sous le ciel gris, le corps épuisé par les privations, le cœur serré par le chagrin... Ah ! puissent les jeunes gens d'aujourd'hui qui souffrent, dans une paix précaire, des folies de ce temps funeste, ne pas connaître les mêmes peines ; ils n'en connaîtront pas de pires.

4. Tout cela est passé pour nous, Dieu merci, reprit le doux M. Lionet ; et nous pouvons maintenant, du moins, nous reposer de nos fatigues. Pour moi, quand je vois mes petits-enfants grimper sur mes genoux, quand je vois ma fille et mon gendre m'entourer de soins affectueux, je remercie Dieu de m'avoir conservé jusqu'à ce jour et je le prie de ne pas m'enlever encore à l'affection des miens.

— Vous avez encore le temps d'y songer, dit en riant Me Tabellion ! Vous êtes des jeunes gens, vous autres, qui n'avez que soixante-dix ans, ou guère plus. Moi, je vais dépasser bientôt les quatre-vingts, et ce ne sont plus mes petits-enfants que je fais sauter sur mes genoux... Voyez cette jeune femme, là-bas, près des ifs, avec une Bretonne et trois mioches ; c'est une de mes petites-filles ; me voilà comme un patriarche... »

Et le capitaine, qui se taisait, dit après un léger soupir : « Moi aussi, je vois autour de moi de jeunes têtes blondes et souriantes qui me font oublier la vieillesse ; mais je ne suis pour eux qu'un grand-père d'emprunt. Je n'ai pas connu, comme vous, les joies de la famille ; je n'en eus longtemps que les charges, et Dieu sait si ma maigre solde eut peine à suffire à mes neveux, aux trois orphelins de Magenta ! Enfin, les voici élevés, maintenant, mariés et pères de famille ; l'un est ingénieur civil, un autre sur le point de passer colonel... »

A ce moment, une petite fille de sept à huit ans accourut vers le banc : « Bon papa, crie-t-elle de sa voix pointue, maman a peur que tu ne t'enrhumes ; elle dit qu'il commence à faire frais...

— C'est bon, c'est bon, répondit le vieux notaire, dis-lui qu'elle se rassure. Nous partons ! » Et tous les quatre, jetant un dernier regard sur les jardins, les grands arbres, le château magnifique, teinté de rose par le soleil couchant, s'éloignèrent sous les voûtes de verdure naissante. Eux aussi me rappelaient les vers du poète, et je les regardais s'en aller, doux, paisibles, indulgents, dans l'air attiédi du soir ; leur vieillesse était bien

« le soir d'un beau jour ».

RÉFLEXIONS PERSONNELLES

Mes souvenirs sur Corneille, ou : *Ce que je connais de Corneille.*

Sainte-Beuve dit de *La Fontaine* qu'il convient à tous les âges, et que nous y retrouvons toujours un sujet de réflexions nouvelles. Il en est de même de tous les classiques. Ces grands hommes ont si bien connu le cœur, ils en ont si délicatement analysé toutes les nuances, que notre expérience n'est jamais assez complète pour égaler la leur ; nous croyons les avoir compris, et nous n'avons entendu qu'une partie de leur pensée ; nous sommes surpris et charmés, plusieurs années après, lorsque nous avons un peu plus « vécu », de les relire avec d'autres yeux, et d'en tirer un nouveau profit.

Je crois que, même à votre âge, vous pouvez déjà noter ce curieux phénomène.

Vous dresserez une liste exacte des connaissances que vous possédez sur *Corneille.* Vous direz :

1. A *quel âge,* dans *quelles conditions* vous avez étudié

Corneille ; — ce que vous en avez lu, appris par cœur ;
— les devoirs ou analyses écrites (indications aussi précises que possible).

2. *Ce qu'on vous en a dit*, les *jugements* que vous avez portés vous-mêmes. — Tâchez de vous rappeler... Sollicitez vos souvenirs... Efforcez-vous d'entendre de nouveau la voix de vos parents ou de vos anciens maîtres ; un geste, une plaisanterie, une intonation, une gronderie, tout peut vous servir. Ces détails ne manqueront pas de réveiller d'autres souvenirs ; vous les croyez disparus ; ils ne sont qu'assoupis.

La prochaine fois, d'après ces renseignements, nous verrons ce que nous devons faire pour trouver dans Corneille le sujet d'observations différentes.

CORRECTION

Vos copies ont assez bien répondu à ma question. J'ai constaté, en effet, que l'étude de nos auteurs classiques se faisait comme les formations géologiques, par *couches* de souvenirs différents, successivement déposées, et que, par trois fois déjà, votre famille, vos goûts personnels et vos maîtres vous avaient donné une idée de Corneille. Ces trois impressions se sont complétées sans se nuire. Il en sera de même, je l'espère, de la quatrième, que je vous ménage pour la semaine prochaine, et qui sera très différente encore des trois précédentes. Aujourd'hui, contentons-nous de revenir sur le passé.

1. Nous trouvons d'abord les souvenirs de l'enfance, de six à dix ans... Six ans? Oui, six ans. C'est l'âge où T. R. apprit pour un Jour de l'An la scène de la provocation, ce qui lui permettait de se cambrer dans sa petite taille et de lancer à tout venant, du matin au soir : « A moi, comte, deux mots ! » — J. et P., de même, à sept ans, transformèrent en clairon leur jeune voix de crécelle pour provoquer le comte altier ou célébrer la victoire de Rodrigue ; et B., à huit ans, fit Don Diègue sur un théâtre de famille où un Don Gormas, du même âge, lui appliqua de main de maître le classique soufflet.

Corneille, ici, n'était qu'un prétexte à exercer la mémoire, à former la voix et le geste de ces jeunes gentilshommes ; je m'abstiens, pour ménager leur modestie, de tout jugement sur le résultat ; mais le fait est que ce ne sont pas les plus « empêtrés » d'entre nous.

2. Plus tard, vers douze ans, n'ayant rien de mieux à faire, en étude ou chez eux,

<blockquote>la faim, l'occasion...</blockquote>

et le besoin de lire quelque chose, quoi que ce soit, ils avalèrent ce qu'ils avaient sous la main : entre autres, les chefs-d'œuvre de Corneille. Ils nous assurent que cela ne les ennuya pas plus qu'autre chose, parce que l'*histoire* était dramatique et qu'ils la comprenaient très bien. L'un déclare qu'en somme, Jules Verne ne l'amusait pas beaucoup plus, et l'autre, que ces aventures romanesques le retenaient à peu près pour la même raison que les romans de Fenimore Cooper ; l'avantage, bien entendu, restant au *Tour du monde en quatre-vingts jours* et aux exploits de Bas-de-Cuir ou de Renard-Subtil. — Une lecture plus originale est celle que fit C., à 9 800 kilomètres de la France, où l'*histoire* l'intéressa doublement, en lui rappelant, au milieu d'un pays sauvage, les plus nobles émotions des civilisés !

La première œuvre de Corneille que j'aie lue, expliquée et apprise, nous dit-il, fut *Horace*. J'avais alors douze ans et j'étais à Madagascar, dans le village d'Antsirano ; tous les matins, après ma promenade à cheval, je gravissais, mon Corneille sous le bras, la petite côte qui menait à l'Évêché. Là, dans la compagnie d'un bon Père du Saint-Esprit, sous les bananiers qui penchaient vers nous leurs larges feuilles et leurs régimes de fruits excellents, j'expliquais les amours de Camille et de Curiace ; je suivais les transes de l'infortunée pendant la funeste bataille où la suprématie d'un peuple était en jeu ; je récitais les imprécations qui devaient causer sa mort. Le Père m'expliquait pourquoi le fait, tel qu'il est rapporté par Tite-Live, avait semblé trop barbare à l'humanité de Corneille et comment, pour rendre admissible l'action de son héros, il avait placé dans la bouche de Camille les célèbres malédictions.

. . . .

Sur le paquebot qui me ramenait en France, les distractions n'étaient pas inépuisables. Après m'être amusé aux palets, après avoir promené ma turbulence des soutes à la passerelle, lorsque la vue des requins avalant de vieilles boîtes de conserve ne me procurait plus aucun plaisir, je m'étendais sur une chaise-longue. Là, bercé par le roulis, je lisais tout haut des passages du *Cid*. Les vers me charmaient. J'aimais leur rythme musical ; et, ravi, je répétais plusieurs fois, comme Démosthène au bruit des flots, les tirades qui m'avaient plu.

Vous le voyez, ce qui vous a frappés les uns et les autres, à cet âge, ce n'est naturellement pas la force de la composition ni la profondeur de l'analyse ; c'est encore moins, sans doute, la philosophie morale qui s'en dégage ; c'est, comme Villehardouin, comme Joinville, comme tous les naïfs, la sonorité de la musique et la curiosité de l' « aventure ». Un des mérites de Corneille est, en effet, d'avoir su laisser à ses tragédies le genre d'intérêt qui se dégage d'un simple mélodrame ou d'un conte fantastique. La poésie romanesque plaît à l'enfant comme à la foule, et par là, peut-être, Corneille restera longtemps populaire. Sainte-Beuve avait fait la même remarque : « Il faut plus d'éducation et de culture pour goûter Racine que Corneille. La force n'y est pas tout en dehors, comme chez son devancier ; elle y est vêtue et voilée. »

3. Il vous fallait vieillir de deux ou trois ans (une éternité à votre âge !) pour voir dans Corneille autre chose que cette poésie colorée, mais naïve, et comprendre la *beauté raisonnable* de l'art classique sous son enveloppe alors toute romantique. Je vois que vos professeurs se sont appliqués à vous le faire comprendre, et qu'ils y ont bien réussi. — Qu'est-ce qu'un drame ? Qu'est-ce qu'une scène ? Qu'est-ce qu'un caractère ? Autant de choses faciles à traiter en Troisième, sous forme de plans ou d'analyses, et qui ne sont pas trop élevées pour cet âge.

Vous êtes incapables, alors, de faire une dissertation, ou même d'écrire une lettre sur un sujet de critique littéraire ; mais il vous est assez facile de résumer, avec des numéros, des accolades, et tout l'appareil que vous connaissez, le développement d'un auteur. C'est l'enfance de l'art ! Corneille était encore, en raison de sa vigueur et de ses qualités qui « sautent aux yeux d'abord », l'auteur le plus indiqué pour ce genre d'exercice ; et vos comptes rendus, surtout ceux de A. R. et C. C., prouvent que vous en avez bien vu la portée. Nous y reviendrons, du reste ; on ne peut trop insister sur ces éléments de l'art d'écrire, qui est surtout l'art de « conduire par ordre ses pensées » (DESCARTES).

4. Mais, en même temps, nous allons faire un pas de plus, et passer, s'il y a moyen, de la pure rhétorique à la philosophie ! Le mot est gros. Qu'il ne vous effraie pas. Nous nous en tiendrons à la philosophie du sens commun, et, si vous devenez philosophes, ce sera, soyez tranquilles, sans vous en apercevoir !

Écrivez le devoir suivant (n° 26).

DISSERTATION FAMILIÈRE

Quel profit dois-je retirer de Corneille[1] *?*

I. — Réserves et objections.

Il ne m'est pas très facile, tout d'abord, de le découvrir : les *situations* sont étranges (en citer quatre : deux lignes chacune) et je ne puis m'expliquer que par l'histoire la dureté de certains sentiments (en citer trois).

II. — La thèse à soutenir.

Et pourtant...

1. « Circonstances cornéliennes » !... dans ma petite existence. Cas où j'ai dû sacrifier un désir personnel à une volonté respectable (Rodrigue), dompter un mauvais sentiment (Auguste), sacrifier un plaisir vulgaire à une idée (Cinna, Polyeucte). Lutte, défaite ou victoire ! (Sou-

---

1. Matière très étendue, sur laquelle vous n'aurez qu'à trouver des *exemples* tirés de vos souvenirs.

venirs authentiques et personnels. Tout « cornéliens » qu'ils soient, il n'est pas défendu de les présenter d'une manière plaisante.)

2. **L'explication de ma conduite dans les deux cas.** Pourquoi je fus un lâche ou un brave garçon.

a. La *faiblesse de caractère* et l'habitude résignée de la défaite. Portrait d'un cancre.

b. La *confiance dans notre énergie* et l'habitude de la force. C'est un fait d'expérience. Il suffit, pour être maître de soi et le devenir des autres, de le vouloir avec suite. Portrait du collégien qui sait ce qu'il veut.

CORRECTION

La partie la mieux traitée a été la première. Les meilleurs élèves savent déjà construire un *paragraphe très simple de dissertation* littéraire. Les exemples sont rangés dans un ordre convenable et clairement expliqués, et vous partagez mon horreur pour le jargon de la critique. Voici, par exemple, le plus complet, celui de G. :

Quel profit puis-je retirer de Corneille ? A vrai dire, il ne m'est pas facile de le découvrir tout d'abord. Quel intérêt pourrais-je trouver à la lecture d'un auteur qui ne nous montre que des sujets « hors nature » et met ses personnages dans des situations si exceptionnelles qu'elles en paraissent presque invraisemblables ? Leurs positions sont, pour la moins, étranges, et il semble fort improbable que je puisse jamais me trouver dans de semblables conditions ! Que dire, par exemple, de l'aventure de Rodrigue qui, pour venger l'honneur de son père, doit tuer le père de celle qu'il aime, de Chimène ! Pour tout autre que lui, le mariage se trouverait rompu ; ici, il n'en est rien ; après force cris et menaces, une réconciliation survient entre les deux amants, et bientôt Rodrigue épousera Chimène. — N'est-il pas tout aussi étrange de voir Cinna comploter la mort d'Auguste, son ami, son bienfaiteur, par amour pour Émilie ? — Il n'est pas donné à tout le monde, non plus, de soutenir ses opinions et de faire montre de ses sentiments avec la fougue de Polyeucte, et l'aventure de Camille, pour être historique, n'en est pas moins exceptionnelle : voir ses deux frères et son amant tués; insulter le meurtrier et périr par sa main, tout cela en vingt-quatre heures, pourrait, à notre époque, constituer un tragique « record » ! Voilà, je pense, assez d'exemples ; cependant, je vois encore de nombreux sentiments dont la dureté s'explique seulement par l'histoire. Comment comprendre le caractère du vieil Horace, la fermeté qu'il montre devant la mort de ses deux fils, de sa fille, si l'on ne connaît un peu la vie de ces âges barbares et les conséquences terribles d'une défaite pour la cité, les hommes massacrés, les femmes et les enfants emmenés en esclavage, la nécessité pressante d'un patriotisme intransigeant ? — La haine froide, aveugle, implacable qu'Émilie a vouée à son protecteur, à son second père, nous révolte, si nous ne savons la force du fanatisme républicain qu'elle a hérité de ses aïeux, le caractère sacré du culte qu'un ancien avait voué à la liberté publique. La cruauté de l'honneur chevaleresque dans le Cid ne trouve également son excuse que dans l'histoire : un homme était perdu, s'il souffrait la plus légère atteinte à sa personne, à une époque où un gouvernement fort n'imposait pas le respect de la loi, où le baron ne pouvait invoquer qu'un secours, celui de son épée : « Dieu et mon droit ! » — Et ce sont de pareils exemples, si peu louables, si difficiles à comprendre que vous proposez à mon admiration ? Vous voulez que je me rapproche de ces hommes étranges, que je retrouve dans mon cœur, ou que j'y fasse naître des sentiments pareils aux leurs? C'est une plaisanterie !

Et pourtant, qui sait? Peut-être qu'en cherchant avec soin je pourrais trouver, dans ma petite existence, des « circonstances cornéliennes ». Mais, parfaitement ! Que faut-il, en effet, pour être un petit Rodrigue, tout au moins « en principe », comme disent les physiciens ? Tout simplement ce qui fait le caractère de ce héros : avoir dû sacrifier un désir personnel à une volonté respectable...

C. C.

[Analyse complétée en classe sur chaque exemple (Horace, Émilie, le Cid).]

La seconde partie est moins heureuse. Voici pourtant quelques exemples assez bien choisis :

La clémence d'Auguste.

... Oui, j'eus un jour l'occasion de me montrer ni plus ni moins qu'un petit Auguste ! J'avais en classe un camarade auquel je m'étais attaché. Il était plus faible que moi : j'avais pris l'habitude de l'aider pour ses devoirs; en classe je lui soufflais consciencieusement ses leçons. A la longue, il avait fini par croire que tout cela lui était dû, si bien qu'un jour où je n'avais pas pu l'aider et où il avait eu une mauvaise note, il me dénonça ; il dit au professeur que je l'avais dérangé dans son travail. Je fus puni. Alors je crois avoir ressenti contre lui toute l'indignation qu'Auguste put éprouver contre Cinna. Quoi ! ce garçon pour qui je m'étais donné tant de peine venait m'accuser faussement ! Il ne gardait aucun souvenir de ce que j'avais fait pour lui ! Il me prit d'abord une envie irrésistible de le dénoncer à mon tour, de raconter à qui il devait ses bonnes notes, ou tout au moins de lui administrer une de ces corrections dont on se souvient longtemps. Mais alors (toujours comme Auguste !) je réfléchissais, je me faisais intérieurement la morale. « Charles ! mon petit Charles, me disais-je, ce n'est pas bien ce que tu médites d'accomplir ! Tu sais bien à qui tu as affaire. Tu connais ce garçon, tu sais la faiblesse de son caractère. Rappelle-toi ce qu'on t'a dit souvent, qu'à force de nous laisser aller nous finissons par ne plus pouvoir réagir. Ce malheureux est depuis longtemps victime de sa lâcheté ; ce n'est pas aujourd'hui qu'il a commis la faute, c'est le jour où, pour la première fois, il s'est résigné au mal, à la paresse, à la négligence... et ce jour se perd dans la nuit des temps. Il est devenu un pauvre être sans volonté, irresponsable ; c'est une chose et non un homme ! Il ne compte pas ! Allons, calme-toi, pardonne à ce pauvre cancre. Après tout, une retenue n'est pas si grave ! »

Ce qui est vrai pour le héros cornélien est vrai dans la vie pour tout le monde. Lorsqu'on est arrivé à fixer sa volonté, dès lors plus d'hésitations, plus de combats intérieurs, plus d'inquiétude pour les choses extérieures. Quoi qu'il arrive, l'âme sait ce qu'elle veut et ce qu'elle fera.

C. M.

Vengeance et remords ! Les soldats de plomb.

Je me souviens d'avoir éprouvé (toute proportion gardée !) les sentiments qui bouleversèrent l'âme du vieux Don Diègue lorsqu'il fut offensé par le comte de Gormas. La gifle avait dû être aussi forte, l'affront « senti », aussi cruel. — J'avais neuf ans. Dans ma jeune tête, excitée par la colère, je roulais une terrible vengeance ; vengeance telle que ne l'avait certes jamais conçue Don Diègue lui-même, vengeance sans précédents qui allait joliment punir mon offenseur : mon frère. Sans perdre de temps à des lamentations superflues qui, elles, n'étaient pas en vers, je courus à la vengeance. Je n'avais pas, moi, un fils pour me défendre, une bonne épée pour attaquer ; il me fallut donc user de ruse. Vite, je me glissai dans la chambre de mon frère ; sans bruit, j'ouvris le grand placard où tous ses jouets se trouvaient rangés. La première chose que j'y aperçus, ce fut la boîte de soldats. — Ah ! la belle boîte ! les petits fantassins, avec leurs pantalons rouges et leurs dolmans bleu sombre, s'entassaient, rigides, dans leurs niches en carton. Les cavaliers aux chevaux fringants, aux gestes provocateurs, n'attendaient sans doute qu'un signe pour fondre l'un sur l'autre. Eh bien ! ce signe, je le donnai : les fiers cavaliers, en un choc impétueux, tombèrent pêle-mêle l'un sur l'autre, broyant les cuirasses, coupant les têtes, tranchant les queues. Les fantassins, eux aussi, écrasés dans une commune défaite, se transformèrent bientôt en une bouillie de plomb d'où émergeaient des centaines de baïonnettes tordues, des milliers de membres mutilés. Et ce carnage était mon œuvre ; je le regardai, un sourire aux lèvres : le pâle sourire de la vengeance ! — Soudain, je m'enfuis ; car il me sembla entendre du bruit. Sans doute, c'était mon frère qui montait ; qu'allait-il dire alors, à la vue de son armée anéantie ? Il allait regretter amèrement son injure de tout à l'heure qui lui attirait un si exemplaire châtiment ; il allait pleurer peut-être, car il les aimait beaucoup, ses petits soldats. Oui, j'avais été trop sévère, je le sentais bien maintenant. Lui, en pareille occasion, ne l'eût jamais fait. Puis, après le regret, le remords se glissait dans mon âme et, avec le remords, le désir de réparer ma faute. Mais que faire? Il allait venir, me surprendre devant mon forfait. Vite, je les rangeai dans leur boîte, je les emportai pêle-mêle dans ma chambre et, prenant ma belle boîte de soldats, absolument pareille à celle de mon frère et qu'on m'avait donnée pour mes étrennes au Jour de l'An, je la mis à la place de celle que j'avais si méchamment détériorée. — Le sacrifice était gros : mais il pouvait seul racheter ma faute. Mon frère n'en a jamais rien su.

G. de J.
(La 1re phrase, seule, a été modifiée.)

Une tentation vaincue.

Deux analyses assez fines ont été faites sur ce point. Mais il faut se borner, et je me contente de les signaler. L'un de vos camarades, T. R., raconte la peine qu'il eut à renoncer, sur l'ordre de son père, à une partie de chasse avec un camarade maladroit ; l'autre (notre jeune colon de Madagascar) nous dit combien lui coûta la défense paternelle, pendant qu'il voyait se baigner, à quelque distance, sur la plage d'Antsirano, ses heureux camarades : « Sous le soleil des tropiques, dans ces pays où poussent des arbres gigantesques, où la terre, sans aucune culture, donne à ses heureux habitants des fruits d'une saveur incomparable, tout vous invite à la désobéissance ! On veut être libre, comme le baobab gigantesque, comme le sanglier dans la forêt, comme le zèbre dans la prairie ! Le combat est terrible, et la petite voix de la conscience est bien vite réprimée... ». Il analyse ensuite les phases de la crise, il se voit encore à la lisière du jardin, prêt à s'élancer, puis retenu par un dernier scrupule... Il nous dit la satisfaction du petit devoir accompli, qui le grandit à ses propres yeux d'enfant... Et il finit par une histoire de requin à nous donner la chair de poule : ce requin moralisateur, pour lui faire apprécier davantage la sagesse paternelle, était venu, peu d'instants après, couper la jambe d'un des baigneurs.

Décidément, l'exotisme ne manque pas de charme... à distance. Ce qui me frappe plus, pourtant, que l'exotisme, c'est le procédé de ces deux pères qui, sans mise en scène compliquée, comme dans Rousseau, n'en ont pas moins mis l'enfant en mesure d'agir lui-même, de réfléchir et de résister. Tous deux vous ont donné le motif de l'ordre et vous ont ensuite laissé libres d'y obéir ou d'abuser de leur confiance. Leur confiance ne fut pas trompée.

La mode fut naguère (elle est déjà passée) d'appeler ces choses « anglo-saxonnes » ; la vérité est qu'elles ne relèvent que du bon sens, et qu'elles sont françaises, très françaises, comme notre vieux Corneille !

Tel est le « fait cornélien ». Il est toujours d'actualité.

DISSERTATION DE MORALE PRATIQUE

*Apprécier cette réflexion[1] d'un homme d'État anglais :
« Celui qui est capable de diriger une ferme serait capable de gouverner l'empire des Indes. »*

CONSEILS PRATIQUES

Il est bien certain que ce mot n'est qu'une boutade, une énorme exagération. Les « galéjades » ne sont pas le monopole de Tarascon ; Gulliver est plus vieux que Tartarin ; et l'humour britannique ne le cède en rien à la verve de nos Gascons.

Il faut donc, plus que jamais, appliquer notre méthode et tenir compte des objections que soulève l'idée proposée. Nous avons, comme toujours, deux parties à distinguer : l'objection et la thèse.

I. — L'objection.

Nous l'entendons tout de suite. Nous voyons le hausse-

---

[1]. Citée par M. le Dr Le Bon (*Psychologie de l'Éducation*, p. 54).

ment d'épaules qui l'accompagne. « Le vice-roi des Indes, le lord vice-roi des Indes ! assimilé à un fermier, fût-ce à un gentleman-farmer ! Vraiment, le paradoxe est fort ! »

Vous exposerez cette objection. Vous chercherez les différences entre les connaissances nécessaires à ce potentat et celles qui suffisent à la direction d'une ferme. Ces différences ne sont pas extrêmement difficiles à découvrir.

Vous les énumérerez. Et votre premier paragraphe sera construit.

Passons à la seconde partie :

II. — La thèse.

Ici, nous devons répondre en formulant dès les premières lignes l'*idée générale* de la dissertation, la thèse sur laquelle reposeront tous les arguments secondaires. Si vous la découvrez, votre devoir est fait. Si vous passez à côté, vous verrez bien, par-ci par-là, quelques bonnes idées accessoires ; mais vous ne les apercevrez pas toutes, et le devoir manquera d'unité.

Heureusement, l'objection posée, en éveillant votre esprit critique, vous aide à trouver la réponse. Examinons-la de plus près. — Elle ne porte que sur les connaissances nécessaires pour exercer soit l'humble métier de laboureur, soit (puisque le mot est historique) le noble métier de roi ! Mais il y a autre chose, dans l'exercice d'un métier, que les connaissances positives... Quoi ? — Une voix : « La méthode ! — Oui, mais je voudrais un mot plus général. » Une autre : « L'intelligence... » — Une autre : « L'esprit. — Va pour l'*esprit*. Mais précisez : ici, quel genre d'esprit, dans la conduite d'une entreprise (quelle qu'elle soit, petite ou grande) où il faut diriger, prévoir, combiner... » — Une voix : « organiser. — Très bien. »

Donc : l'*esprit d'organisation*.

Nous y sommes ! Voilà notre idée générale.

Je le répète. C'est de sa fécondité que tout va dépendre.

Le reste est facile. Il n'y a plus qu'à diviser en deux, puis en deux, toujours en deux, suivant le procédé indiqué p. 53.

Organiser... C'est très bien. Mais qu'est-ce qu'organise un fermier ?

Ici apparaît, à un élève exercé, une de ces antithèses générales auxquelles on peut tout réduire. Le fermier commande à la *terre*, ... première série d'exemples. Mais il se sert aussi des *hommes*,... seconde série d'observations.

1. *L'art de gouverner les choses.*

2. *L'art de gouverner les hommes.*

Le vice-roi également.

1. — Le gouvernement des choses.

Quelle est la qualité maîtresse de l'homme qui vit « près de la nature » et cherche à s'en servir ? C'est le *sentiment de la réalité*. En cela le paysan diffère essentiellement de l'homme des villes... Les forces naturelles l'entourent, et limitent les siennes.

Or, là également réside la grande qualité des hommes d'État : savoir ce qu'il est possible de faire dans telles circonstances données, et proportionner son ambition aux possibilités.

Ces forces, l'homme doit (voyez comment on divise et subdivise) :

Les connaître. — Quelles sont-elles :

pour le fermier ?
pour le gouverneur ?

Les diriger. — Comment s'en rend maître :

le fermier ?
le gouverneur ?

2. — LE GOUVERNEMENT DES HOMMES.

Je vous laisse le soin d'appliquer le même procédé à cette dernière partie, d'ailleurs plus facile.

CORRECTION DU DEVOIR

Plusieurs élèves ont traité convenablement certains points. Un seul a tout également développé. Certaines copies sont assez colorées, mais incomplètes ; d'autres plus complètes, mais un peu ternes.

Début.

Les débuts sont tous pleins d'inexpérience. Vous inscrivez le titre, puis vous commencez, comme C. : « C'est

une plaisanterie, ou tout au moins une exagération... »
Un début, comme la première scène d'une comédie, doit
se suffire; il fait connaître à lui tout seul le sujet, sans
que nous ayons besoin de lire le titre. Si vous citez ce
titre, c'est à la dernière phrase du préambule qu'il doit
trouver place, et non à la première. Par exemple :

En dépit du mot fameux de Sully sur le labourage, le cultivateur français a toujours été traité d'une manière un peu dédaigneuse; ses qualités semblaient à nos pères très modestes, et il n'y a pas longtemps que l'agriculture apparaît enfin au public comme la plus belle, la plus saine, la plus féconde des industries. Les Anglais, au contraire, se sont toujours fait une haute idée des vertus et des talents nécessaires à l'homme des champs; il est peu de professions, à leur avis, qui développent d'une manière plus naturelle et plus complète l'intelligence et le caractère; et un de leurs hommes d'État n'a pas craint de lancer ce paradoxe : « Celui qui est capable... etc. »

Vous le voyez; le procédé est simple. Tout début peut être fait en trois phrases : une objection à la thèse, la thèse elle-même, et enfin la citation qui la résume. Il nous fournit, en même temps, notre première division :

1re partie : examen de l'objection.
2e partie : examen de la thèse.

I. — L'objection.

Cette partie a été assez convenablement traitée. Vous avez fait d'abord un portrait du fermier moyen, et catalogué rapidement les *connaissances* qui lui suffisent : une bonne instruction primaire, une instruction spéciale relative à la nature des terrains, à l'utilisation des eaux et des engrais, à la qualité des semences ou des espèces animales... Vous l'avez montré dans son milieu ordinaire, qui n'est pas précisément un milieu « intellectuel » ni raffiné... Vous avez rappelé que les *foires* voisines suffisaient à compléter « commercialement » son instruction technique, et que ses ambitions devaient être modestes, comme sa fortune. — Le lord vice-roi des Indes, au contraire... Quel contraste ! Écoutez ce qu'en dit R. :

Mais qu'est-ce que le gouverneur des Indes ? Un très grand personnage. Issu le plus souvent d'une vieille famille aristocratique, il a été soigneusement élevé dans les universités par des maîtres de choix. Lorsqu'il a conquis ses grades universitaires, il doit, pour entrer au Civil Service, passer un examen fort difficile, portant sur des questions de droit et d'économie politique. S'il est reçu, il est envoyé comme administrateur dans une petite colonie, et une fois là, ses aptitudes et son zèle le font nommer, s'il en est jugé digne, au poste important de gouverneur des Indes.

Voyons maintenant quelles sont ses attributions. On peut dire, d'une manière générale, qu'il est maître absolu.. . .

.   .   .   .

Enfin, et c'est peut-être le plus difficile, il doit maintenir l'ordre, ménager les susceptibilités des princes indiens, se créer des amitiés, faire des traités de paix avec les États voisins pour parer aux événements politiques. Mais aussi quel pouvoir ! Il règne sur un empire de trois cents millions de sujets. Au-dessus de lui il n'a personne, si ce n'est le roi, et Dieu.

Qu'est l'Angleterre, cette blanche Albion, si déchiquetée

par les flots, à côté de ces territoires, de ces plaines immenses, où roulent les eaux du Gange entre des rives que couvre la forêt vierge, et où, parmi les lianes et les arbres géants retentissent, à la fois, le barrissement de l'éléphant, le miaulement du tigre, et le chant mélodieux d'oiseaux dont le plumage reflète toutes les couleurs de l'arc-en-ciel ? L'Angleterre n'est qu'un royaume, l'Inde est un empire. — L'entrée en fonctions du gouverneur est marquée par des fêtes d'une magnificence inouïe. Deux cents coups de canon ébranlent les murs de Calcutta. Sous le ciel bleu sombre des Indes, sous les rayons d'un soleil ardent qui fait miroiter les broderies d'or et les diadèmes, s'avancent les rajahs hindous, montés sur des éléphants où s'étalent toutes les gemmes, toutes les étoffes précieuses de leurs trésors princiers. Trois millions d'indigènes, deux cent mille soldats les accompagnent. Le gouverneur, porté par l'éléphant le plus énorme, le plus paré de tous, n'est plus un homme, c'est presque un dieu.

II. — La thèse.

Transition.

Et pourtant, ces deux hommes, le gouverneur au prestigieux cortège, le gentleman-farmer au modeste cottage, se ressemblent étroitement. Ils sont de la même race, ils possèdent la même qualité ; ils l'appliquent simplement à une besogne différente ; mais ils savent qu'ils méritent tous deux également bien de la vieille Angleterre. Cette qualité, aussi nécessaire dans la direction d'un domaine que dans le gouvernement d'un empire, s'appelle d'un mot l'*esprit d'organisation*.

Leur tournure, d'abord, leur physionomie, leur démarche,

laissent voir les deux traits essentiels d'un caractère ainsi trempé. Taille élevée, démarche raide, menton carré, regard droit, un peu fixe... Ces hommes sont de grands *volontaires,* pleins de vigueur physique et de force morale, qui ne craignent pas de pousser parfois l'énergie jusqu'à la rudesse et la fierté jusqu'à l'orgueil, souvent durs dans leur fermeté... Mais voyez en même temps ce flegme, ces gestes mesurés, cette lueur claire, quoique sans flamme, du regard : ces pionniers énergiques sont en même temps pleins de patience, de sagesse et de réflexion ; s'ils connaissent leurs propres forces, ils estiment à leur valeur les forces qui les entourent ; s'ils ont une confiance invincible en eux-mêmes, ils savent également observer, calculer ; ils tiennent toujours compte des faits, et ne laissent rien au hasard : ce sont de grands *réalistes.* Dans le gouvernement des choses, dans le gouvernement des hommes, ils n'ignorent pas au prix de quels ménagements, de quel tact et de quelle prudence leur énergie persévérante atteindra le but fixé. Ils sont patients, parce qu'ils savent que, malgré la brièveté de la vie, une volonté ferme arrive presque toujours à triompher des obstacles par une bonne méthode appliquée avec suite.

R. R.

(Corrigé et complété depuis : « Et pourtant... ».)

I. — LA MÉTHODE ET L'ÉNERGIE DANS LE GOUVERNEMENT DES CHOSES.

L'observation. — La terre : sol et climat. Les productions naturelles du petit domaine et du grand empire. La sagesse de l'homme des champs est la sagesse par excellence : il a le sentiment des réalités ; il est soumis à la nature.

L'action. — *a. L'industrie :* La ferme. — Enrichissement du sol : drainage et engrais. La théorie et la pratique. — La multiplication des forces par les machines[1] : part décroissante de la force musculaire ; part croissante de l'intelligence et de l'habileté.

L'empire. — Les travaux publics et la mise en valeur d'un vaste territoire par une méthode semblable.

b. Le commerce. — Le laboureur devient un commerçant, en même temps qu'un industriel. — Il varie les cultures suivant les exigences économiques. — La période actuelle et le triomphe momentané de l'élevage. — Les achats et les ventes, les débouchés, les voies de communication. Rôle du syndicat.

Le vice-roi représente une puissante maison de commerce. — La politique anglaise et l'exploitation du monde.

2. — LA MÉTHODE ET L'ÉNERGIE DANS LE GOUVERNEMENT DES HOMMES.

a. La vigilance et la fermeté. — L'œil du maître.

b. Le jugement. — L'art d'apprécier la valeur de chaque homme, de le mettre à sa place et d'achever son éducation, *the right man in the right place.* Comment un chef dirige tout sans se perdre dans les détails.

---

1. Voir sur le développement du machinisme agricole et ses conséquences morales : DEMOLINS, *Supériorité des Anglo-Saxons,* p. 342.

c. La justice et l'humanité. — C'est, en dépit des préjugés, l'art suprême de l'homme d'État, comme du chef d'industrie ; traiter les hommes « en hommes », et non en machines ; les intéresser au succès de l'œuvre, dans la mesure de leurs moyens, de leur science et de leur énergie.

Conclusion.

Cette boutade contient donc une bonne part de vérité. Il est même arrivé, dans certaines circonstances, qu'elle fût la pure vérité.

Fragment d'une autre copie :

Celui que nous appelons le général Botha était, il y a dix ans, tout simplement Hendrick Botha, propriétaire d'une ferme dans la république du Transvaal. Il ne croyait jamais quitter le toit de ses pères, la grande maison de briques rouges ; il pensait mourir comme il avait vécu, sur le veldt ensoleillé ; tout jeune, il y avait conduit son troupeau brouter les touffes de mimosa, après avoir joué dans les rochers du kopje, après avoir gravi cent fois cette montagne en miniature... Et voilà que soudain la guerre est déclarée. Il décroche son fusil, saisit sa poire à poudre, faite d'une corne de bœuf creusée, il va prendre sa place dans les rangs des Burghers... Cette place ne reste pas longtemps la dernière ; on remarque vite ses qualités solides, sa connaissance du terrain, son choix judicieux des bons postes d'où les Boërs entretiennent un feu nourri en subissant très peu de pertes. Bientôt, il est nommé général.

Eh bien ! Hendrick Botha, le paysan, le fermier, mène ses troupes aux grandes victoires de Colenso, de Maggersfontein.

Il faut, pour le vaincre, lui et l'héroïque Dewet, que l'Angleterre fasse appel à des troupes dix fois plus nombreuses, au talent de son meilleur général... Puis, dernière transformation, il s'improvise homme d'État; réaliste, positif, pratique, comme ses ennemis de la veille, il se rend compte exactement de ce qu'il est possible de faire pour la race afrikander; et le voilà premier ministre de S. M. Édouard VII, pour assurer le bonheur et la prospérité, après en avoir sauvé l'honneur, de son ancienne patrie.

Non, l'intelligence, l'énergie, la méthode ne s'apprennent pas spécialement dans les Universités; la vie des champs, l'habitude des travaux de la campagne sont l'école de la nature; et, toute proportion gardée, celui qui sait diriger une ferme pourrait facilement devenir, si les circonstances l'exigeaient, le meilleur, le plus pratique, le plus juste des hommes d'État.

M. R.

(Complété depuis: « Il faut, pour le vaincre... ».)

QUELQUES RÉFLEXIONS A CE SUJET

Le passage de M. Demolins auquel renvoie la note de la page 216 mérite d'être cité: «... Ce type social, dit-il (le type anglo-saxon), a l'avantage, non seulement d'assister les incapables, mais de les élever progressivement. Par là, il achemine résolument l'humanité vers la solution du problème social... Il tend à résoudre la question ouvrière, tout simplement par la disparition graduelle de l'ouvrier. *C'est à cela que le Monde marche...* Aux États-Unis, le phénomène est déjà très sensible. Dès aujourd'hui, les métiers inférieurs ne se recrutent plus que parmi les individus étrangers, qui ne sont pas encore assimilés. Quant aux métiers supérieurs, *ils sont de plus en plus exécutés par la machine*: l'homme tend à s'élever du type de l'ouvrier à celui de l'employé et du surveillant. Le paysan, l'ouvrier agricole, tel que nous le voyons dans nos vieux pays, est aussi en train de disparaître ; sur bien des points des États-Unis, il est déjà un spécimen archéologique. Pour exécuter les labours, les sarclages, la moisson, le fauchage, l'homme est commodément assis sur un siège d'où il conduit tranquillement ses attelages ; *c'est presque une occupation de gentleman*; il en a parfois le costume, en attendant qu'il en ait les manières et les idées. Son esprit est ouvert à tous les progrès de la culture et il n'hésite pas à les adopter... Il faut nous déshabituer des vieilles formes sociales, comme nous commençons à nous déshabituer des vieilles machines mues à la main. Tout cela, c'est un passé qui s'éloigne de jour en jour pour ne plus revenir. »

Que de fois, pendant les vacances, dans le pays de petite culture où je les passe généralement, j'ai pensé à cette page prophétique du regretté Demolins ! Tantôt, revenant le soir au village, je causais avec les hommes actuellement âgés de 35 à 40 ans, de tous les changements survenus ; tantôt, arrêté près du champ d'avoine qu'ils moissonnaient à la machine, j'attendais qu'ils eussent fini un voyage pour échanger quelques mots ; et toujours les mêmes refrains revenaient, réveillant dans ma mémoire les termes mêmes de Demolins : « Les machines, disaient ces braves gens, les machines nous ont sauvés... Les ouvriers, sans doute, sont plus rares, plusieurs d'entre eux ont dû quitter le

village; mais ceux qui restent imposent plus facilement leurs conditions, et leur salaire s'est élevé... Quant à nous, fermiers, petits propriétaires, nous faisons presque tout nous-mêmes, avec notre famille; le travail est dix fois plus rapide; et comme il est moins pénible !... »
— « J'ai vu encore, dans mon enfance, me disait une femme, la moisson faite à la faucille ! Les faucheurs allaient déjà plus vite, mais c'était un rude métier, sous le soleil ! Quel changement, aujourd'hui, avec les mécaniques ! » — Et il n'est pas rare qu'ils invitent le Parisien intéressé à monter près d'eux, sur le second siège, l'assurant qu'il « calera » mieux la machine ! La conversation s'interrompt alors, parce que ce travail (travail *intelligent*) exige toute l'attention du conducteur; mais on se sent, dans le silence, rapprochés les uns des autres par une pensée commune. Certes, l'idée que des villageois se font de la science est plus simple, plus rudimentaire que celle d'un professeur; mais elle est exacte; ces hommes savent fort bien rattacher l'effet à la cause... Parlez-leur des semences, des labours, du cours des céréales, des conditions favorables actuellement faites à l'élevage, des débouchés commerciaux... Ils sont « au courant »; ils s'expriment avec précision et simplicité; ils sont de plain-pied avec vous. Ils le sentent, et prennent plus de hardiesse en acquérant plus de connaissances... Occupation, condition, sentiment et langage de gentlemen, vous dis-je ! Et nous ne sommes qu'au début de cette transformation si visible ! « Le progrès social, ajoutait Demolins, est intimement lié au progrès mécanique; le second phénomène est la conséquence du premier, et à son tour réagit sur lui. Qui peut

calculer les transformations sociales qu'amènera la combinaison de ces deux forces ? » — L'homme des champs le sait et le dit. Il nous réserve d'heureuses et réconfortantes surprises.

27 bis.

AUTRE SUJET « MODERN-STYLE »

Mon aimable correspondant du mois de mars (v. n° 23) a pensé à nous, comme je l'en avais prié. Il nous communique un nouveau sujet « modern-style ». Il se trouve justement que j'avais proposé ce même sujet, l'an dernier, à vos camarades, à peu près sous la même forme.

Il est malheureusement trop tard, cette année, pour qu'il trouve place dans la série de nos devoirs. Je me contente de vous le signaler. Le voici, tel que je l'avais dicté en mai 1906.

En 1898, un jeune Américain fit et gagna le pari de quitter Boston sans ressources, et d'y revenir avec cinq mille dollars, après avoir accompli en un an le tour du monde. Il soutenait qu'un homme instruit, connaissant plusieurs langues, sachant les productions des différents pays, capable de se présenter en parfait gentleman dans tous les salons, sans reculer au besoin devant les plus humbles besognes, devait pouvoir se suffire et même s'enrichir dans toutes les circonstances [1].

[1]. Cité par M. Demolins (*A quoi tient la supériorité des Anglo Saxons*, p. 36). — Extrait du journal *Le Temps*.

Vous imaginerez un voyage semblable fait par un jeune Français, bachelier, sorti de la division A, B, C ou D. Vous verrez comment il peut utiliser ses connaissances. Vous lui donnerez deux ans, et ne lui demanderez au retour que dix mille francs.

Je vois, dans une note prise alors sur la correction du devoir, que plusieurs copies étaient assez satisfaisantes. Mais aucun n'avait insisté sur l'idée essentielle, qui était le gain du premier dollar. La grosse difficulté, dans toute entreprise, est le début. Le jeune Américain l'avait compliquée à plaisir, puisqu'il s'était engagé à partir de l'intérieur d'un établissement de bains, avec un maillot pour tout costume... Il en avait d'ailleurs triomphé aisément, grâce au double principe qu'indique le bon sens :

1° Accepter n'importe quelle besogne, fût-ce la plus humble ; pourvu qu'elle ne soit pas malhonnête, bien entendu !

2° La faire de tout cœur ; montrer un zèle sans limites, et obtenir, dans la plus modeste situation, l'estime complète de ceux qui vous emploient.

Ici, il s'agissait de cirer les bottes des baigneurs. Eh bien, ce garçon (diplômé d'Université) frotta, brossa, fit reluire avec une telle maëstria qu'il eut bientôt réuni la somme nécessaire à l'achat... d'un « inexpressible », d'une jaquette et d'un melon. Il était sauvé...

Imitez-le. Acceptez avec bonheur le plus humble poste. Mais, une fois qu'il vous est confié, montrez-vous heureux de le remplir, brossez, vous aussi, avec joie, « faites reluire ».

Tôt ou tard, quelqu'un vous remarquera, dont l'intérêt sera de vous mettre un échelon plus haut. Les hommes qui montrent de l'intelligence et du zèle dans une besogne inférieure ne sont pas les plus nombreux, et le défaut le plus ordinaire est de croire *qu'on en fait toujours trop !* Si vous possédez cette qualité rare, soyez n'importe quoi : petit employé de banque comme Laffitte, petit mercier comme Boucicaut, petit épicier comme Félix Potin, petit sous-officier comme Hoche, votre patron... Vous ne resterez pas longtemps au dernier rang. Le meilleur moyen d'être un jour le premier est d'avoir su être d'abord, avec bonne humeur, avec dignité, avec honneur, le dernier.

28

LE CENTENAIRE DU LYCÉE HOCHE
(1807-1907)

Compte rendu sommaire de la « Revue »[1] jouée à cette occasion sur le théâtre du lycée.

La difficulté du sujet n'est pas de trouver les idées ! Elles sont, au contraire, beaucoup trop abondantes... Mais il faut savoir choisir les traits intéressants et distinguer les caractères essentiels.

L'*idée générale* est double. Toute revue est d'abord une *satire*, et même, le plus souvent, elle n'est qu'une satire. La nôtre (et là, peut-être, est sa plus grande originalité) est en même temps un recueil de *touchants souvenirs*. Elle était destinée à nous faire sourire ; mais elle devait aussi rappeler aux anciens élèves un passé qui leur est cher. Si vous notez, en même temps, qu'elle emprunte

---

[1]. Composée par M. ZIDLER, professeur de Troisième ; précédée d'un prologue par M. BERRET, professeur de Première ; représentée le jeudi 16 mai 1907. — 14 scènes, 1 300 vers et 8 chansons. — Imprimée par les soins de l'*Association des Anciens Élèves du lycée*.

beaucoup de sa valeur à la couleur locale, aux traits de mœurs, de langage, pris à notre existence scolaire, vous voyez déjà de quel côté vous devez diriger vos réflexions.

Vous grouperez les détails autour de trois époques :

I. — Le lycée militaire (1807).

1. La satire. — Mœurs batailleuses. Brimades. Émeute. Les programmes. L'infortuné professeur d'Humanités.

2. La poésie. — Le capitaine Mirandart et la lecture du 79ᵉ Bulletin dans les couloirs. Le sentiment de l'honneur.

TRANSITION.

Une chanson. Cloche et Tambour (1815).

II. — Le collège bourgeois.

Les menus et touchants défauts de nos grands-pères. — 1840. *Le genre poncif* : M. le Proviseur félicite Hippolyte Rigault, prix d'honneur de Rhétorique au Concours général.

1851. *Les manies de deux Labadens* : Isidore Loupin et Achille Focardeau, au premier banquet de l'Association des anciens élèves.

1864. *La naïveté* : Madame Girofle amène son jeune fils *Bouton d'Or* pour l'inauguration du petit lycée.

TRANSITION.

Au cachot. L'horrible séquestre.

III. — Le lycée moderne.

1. Nos qualités. — Nous sommes :

plus humains : L'Hygiène. Son dialogue avec le Surmenage. Le chœur des Footballistes.

plus aimables : Le chœur des petits et l'inauguration du petit lycée.

2. Nos défauts. — Nous sommes peut-être moins sérieux.

La réclame superficielle : Dialogue et duo entre la vieille Rhétorique et la jeune Première. Le Charlatan et la méthode supra-directe dans l'enseignement des langues vivantes.

CONCLUSION.

L'apothéose du potache. La revue passée par le Général Hoche.

Il est impossible, naturellement, de tout raconter dans le devoir. Vous insisterez sur les deux ou trois épisodes qui vous auront le plus frappés. Vous résumerez rapidement les autres.

CORRIGÉ

(Inspiré de diverses copies.)

Nous avons passé jeudi une bien bonne soirée. On célébrait le centenaire du lycée et nous avons vu défiler pendant deux heures les gloires de la maison. A vrai dire, tout n'était pas pour moi une surprise dans cette « Revue »; depuis quinze jours que tant de monde, acteurs, chanteurs, peintres, musiciens, metteurs en scène, s'occupaient de la préparer, bien des indiscrétions avaient été commises... J'avais jeté plus d'un coup d'œil sur la salle où MM. L. et D.[1] brossaient les décors et je tendais souvent l'oreille, à la récréation de quatre heures, pour entendre les refrains joyeux... Je ne me figurais pas, pourtant, que ce serait aussi réussi ; j'étais loin de penser, surtout, que je serais séduit, plus encore que par la partie comique, par la partie poétique.

Je reconnais qu'une « Revue » ne serait pas une Revue si des plaisanteries plus ou moins faciles n'y étaient pas prodiguées ; le gros sel même y est de mise et l'auteur se serait bien gardé de manquer à son premier devoir. Dans les dernières scènes notamment, celles où il faisait la satire des ridicules du temps présent, il était indispensable de pousser jusqu'à la charge des traits qui, plus adoucis, n'auraient pas passé la rampe. Nous avons donc largement ri de ces peintures très réalistes : l'Hygiène, portant dans le dos une énorme cuvette en zinc, nous est apparue, saluée par un chœur de footballistes, comme le symbole d'une époque résolument anglo-saxonne... Un charlatan, le Dr Pangloss, vient

---

1. MM. Larrue et Didier, professeurs de dessin.

nous déclarer que sa méthode, la méthode *supra-directe*, enfonce Sanderson et Berlitz, et que, par elle, nous saurons toutes les langues sans avoir besoin de les apprendre... Enfin, une jeune Première en habits bariolés,

Vert, violet, rouge et jonquille,

signifie à la vieille Rhétorique qu'elle n'a plus qu'à disparaître, le ministre ayant décidé :

au temps des automobiles,
de r'miser le char d'Achille...

Et nous ne savons ce qui doit le plus nous scandaliser, ou l'étrangeté de son costume, ou la liberté vraiment excessive de son langage... La scène des deux Labadens nous a fait rire, après Labiche, et l'excellente Madame Girofle amenant au lycée son petit « Bouton d'Or » pendant que de jeunes potaches lui attachent dans le dos des animaux en papier, a obtenu un franc succès... Oui, tout cela était très drôle, souvent même fort spirituel... Et pourtant, j'ai préféré deux épisodes plus sérieux, l'un touchant comme une élégie, l'autre vivant et coloré comme une scène d'épopée. Je me rappelais que l'auteur de la Revue, avant que les circonstances en eussent fait un Aristophane malgré lui, cultivait des genres plus graves : et j'ai reconnu mon ancien maître.

L'élégie, naturellement, était soupirée en l'honneur des anciens élèves du lycée ; leur Association, sous les auspices de laquelle la fête était donnée, et dont le Président[1] nous honorait de sa présence, avait désiré qu'elle fût la partie importante, le centre de la Revue. Nous vîmes donc, entre deux actes, entre la peinture plaisante du vieux collège et la satire comique du lycée moderne, un intermède poétique, qui, pour avoir fait appel à des sentiments plus discrets, n'en a

---

1. M. COMBETTE, Inspecteur général de l'Instruction publique.

pas moins été goûté. Plus de brillants décors, plus de lumière éclatante, plus de chants ni de rires : un grand mur nu, un morceau de pain sec sur une table, une cruche d'eau, un jour sombre : nous sommes au cachot, du temps où l'horrible séquestre faisait le tourment des écoliers. Un pauvre enfant, Testefol, y est brutalement jeté avec 3000 vers à copier ; il s'endort sur son pupitre, entre le pain sec et la cruche, sur son Virgile entr'ouvert. Cependant, le jour baisse encore, la nuit se fait complètement, la nuit propre aux apparitions... Et la Muse du lycée se dresse devant lui. Elle le rassure, l'encourage, trouve les mots qui vont au cœur ; puis pour lui rendre la confiance dans l'avenir qui s'ouvre à lui, elle lui propose l'exemple de ses plus heureux devanciers. Et pendant qu'elle cite les noms, pendant qu'elle évoque la personne de nos anciens lauréats, ils apparaissent sur le mur, projetés en pleine lumière ; nous reconnaissons au passage beaucoup de visages connus. Quelques-uns sont presque célèbres : nous commençons, en effet, par le Vice-Recteur Gréard pour finir par le général Borgnis-Desbordes, l'amiral Touchard et le sculpteur Bartholomé. La plupart, dont la renommée n'a guère dépassé les murs de Versailles, n'en sont pas moins salués avec enthousiasme par leurs familles présentes. — Ne nous rappellent-ils pas, à défaut d'une destinée brillante, ce qu'il peut tenir, dans une vie modeste, de bonté, d'intelligence et de véritable honneur ?

Mais si l'élégie m'a touché, je lui préfère peut-être encore le fragment d'épopée qui avait ouvert le spectacle. C'était une résurrection du passé, une résurrection poétique à combler de joie Michelet. 1807 ! La fondation ! Il fallait voir les fiers Boursiers de l'Empereur avec leurs uniformes à parements bleu-de-ciel, leurs grands bicornes et leurs manières batailleuses, qu'excusait un culte exalté de la bravoure et de l'honneur ! Il fallait entendre avec quel enthousiasme ils acclamaient leur instructeur militaire, le capitaine estropié Mirandart lisant dans les couloirs le Bulletin de Friedland. « Nos élèves n'ont rien en tête que le militaire », gémit dans une lettre d'alors un vieux professeur de latin... Et le voici en personne, cet humaniste désolé ! Il court, par tout le lycée, à la recherche de ses élèves ; il vient les réclamer au farouche capitaine, il se plaint, il insiste au nom des Belles-Lettres. Il n'insiste pas longtemps, car le capitaine manque de patience. Mirandart n'a jamais laissé « marcher sur sa patte de bois », et il le déclare d'un tel ton que M. le Professeur Layé préfère s'incliner... Dix campagnes, quatre blessures ; une oreille perdue au pont d'Arcole, une balafre à Rivoli, un « pruneau de Mélas » à Gênes, une jambe coupée après Austerlitz, de pareils états de services valent bien ceux des vieux Romains. En vain M. Layé invoque-t-il timidement la Poésie, l'Histoire... L'histoire ?

L'histoire, la voici ! C'est nous qui la faisons.

Et le vieux capitaine reprend, aux applaudissements des élèves, la lecture interrompue du Moniteur. « La victoire n'a pas hésité un seul instant... Nous avons pris 80 pièces de canon ; plusieurs drapeaux sont restés en notre pouvoir. La bataille de Friedland est digne d'être mise à côté de celles de Marengo, d'Austerlitz et d'Iéna...

Est-il des vers plus beaux que cette noble prose ? »

A ce moment, un roulement de tambour appelle les élèves à l'exercice. Ils s'y rendent en criant : « Vive le capitaine ! » pendant que leur professeur, resté seul en scène, lève les bras au ciel et soupire :

Où cela nous doit-il mener, *bone Deus*?

Nous voyons, à la scène suivante, « où cela devait les mener » ; car l'épopée est suivie d'un épilogue. A 1807 succède

1815 ! 1815, hélas ! plus de galons, plus de parements bleu-de-ciel, plus de Bulletins de victoire ! Le tambour lui-même est supprimé ; la cloche va prendre sa place. Les voici tous les deux, le tambour et la cloche, chantant sur un air d'Offenbach, l'un, la gloire militaire, l'autre, le repos et la paix. En vain les collégiens sifflent « la paix honteuse » et réclament le tambour guerrier ; en vain ils se révoltent pour ne pas s'incliner devant les fleurs de lys ; l'émeute est réprimée, la discipline rétablie... et la vision disparaît.

Elle m'avait pourtant frappé au point que les scènes les plus drôles n'ont pas pu l'emporter dans mes préférences... Je sais bien que mes camarades ne sont pas tous de mon avis ; les deux Labadens, surtout, Isidore Loupin et Achille Focardeau, ont rallié leurs suffrages. Mais, moi, je suis un peu cocardier, d'aucuns disent un peu batailleur et les rudes manières de 1807 ne m'auraient pas effarouché... Ai-je besoin d'ajouter qu'après tant de belles choses, cette évocation du passé, du présent et même de l'avenir revenait encore une fois au ton de l'épopée, et qu'elle finissait par une apothéose ?

Le général Hoche, en personne, notre patron, descendu de son piédestal, venait féliciter toutes les générations de collégiens réunies dans la scène finale,

Cent ans accumulés de travail et d'honneur !

Et il nous donnait rendez-vous, bien entendu, au « prochain centenaire » !

CONVERSATION SUR LE GÉNÉRAL HOCHE

APRÈS LA LECTURE DES COPIES

Jamais une occasion meilleure ne se présentera, pour

S. Boizot sculp!.

HOCHE PACIFICATEUR DE LA VENDÉE.

nous, de connaître le grand homme dont notre lycée porte
fièrement le nom. Certes, votre camarade G., qui jouait
le rôle de Hoche à la Revue du Centenaire, ne manquait
pas de prestance, et il a lancé d'une belle voix claironnante ces vers qui chantent encore à toutes les oreilles :

> ... Mais nous avions du moins, jusqu'au culte exalté,
> L'amour de la Patrie et de la Liberté...
> ... Vous proclamez l'espoir et la vaillance active ;
> Des actes, non des mots[1], et toujours l'offensive...

J'ai pensé pourtant que vous ne seriez pas fâchés de
connaître la véritable physionomie de Hoche, et j'ai demandé à un professeur de Sorbonne quelques documents
précieux que je savais en sa possession. Il habite Versailles et aime notre lycée. Voici ce qu'il m'a donné bien volontiers pour vous.

Le premier document est la photographie d'un basrelief, composé en 1798[2] par le sculpteur L. Simon Boizot.
L'attitude, sans doute, est grave et solennelle, comme le voulaient les circonstances, et la figure du soldat-pacificateur
est un peu idéalisée ; mais les traits sont fort ressemblants,
si nous en jugeons par les autres témoignages contemporains. Pour l'artiste comme pour ceux[3] qui lui avaient

1. *Res, non verba.* Devise de Hoche.
2. Hoche était mort le 18 septembre 1797.
3. Ses amis, ses compagnons d'armes, qui lui élevaient alors un
monument sur le Rhin, en face de Neuwied, et voulaient y placer
quatre bas-reliefs. Le monument fut construit, en effet, mais les basreliefs restèrent dans les magasins du Palais de Versailles, où
M. E. Bourgeois ne les a retrouvés qu'en 1903. M. de Nolhac les a
fait placer au Château, dans l'Escalier des Princes. Ils représentent :
l'attaque de Wissembourg ; l'affaire de Quiberon ; Hoche pacificateur
de la Vendée ; la bataille de Neuwied.

commandé son œuvre, Hoche était avant tout un héros républicain, celui qu'on proposait alors comme modèle dans toutes les écoles de la République. Ils n'auraient pas eu la pensée (comme les peintres et les graveurs des années suivantes) d'adoucir la physionomie un peu rude du général populaire. Celui que son armée, l'armée de Sambre-et-Meuse, pleura comme un autre Turenne, ne rougissait pas lui-même de son humble origine, et le garde-française de 1784, haut de cinq pieds six pouces, taillé en « Hercule[1] plutôt qu'en Apollon », se devinait encore en 1797 dans le vainqueur de Neuwied. C'est ainsi que Boizot l'a représenté. « L'effigie du chef plébéien, dit M. E. Bourgeois, menton plein et saillant, lèvres plissées et serrées qui marquent la volonté, nez droit et hardi, sourcils fortement arqués, regard qui respire la force et l'esprit, paraissait définitivement fixée pour la postérité. »

Elle ne l'était pas, cependant, et c'est une bien curieuse histoire que l'iconographie de Hoche, notre patron !... Peu d'années après sa mort, sous le Consulat et l'Empire, la mode fut d'ennoblir, d'affadir les mâles figures de l'épopée républicaine ; la miniature encouragea les peintres à transformer sans ménagements tous ces « Hercules » en « Adonis », et le type du héros de convention, élégant ou solennel, toujours froid et sans caractère, fit oublier les vrais portraits, tracés d'abord d'après nature. Les familles elles-mêmes, bien souvent, de la meilleure foi du monde, se laissèrent prendre à cette illusion. Heureux encore, lorsqu'on ne drapait[2] pas à l'antique les soldats de l'An II,

1. BARRAS, *Mémoires*, t. II, p. 54.
2. Voir l'invraisemblable statue romaine de Hoche, aujourd'hui

U. Boze del'. Phot. Braun.

HOCHE EN 1794.

sans oublier le casque romain, les sandales, la toge et la chaise curule !

C'est seulement en 1903 que M. Bourgeois a rétabli la vérité. Ceux qu'intéressent les recherches sur la Révolution pourront lire avec fruit son curieux travail, intitulé : *Les destinées d'une figure historique dans l'art du xviii° et du xix° siècle*[1], où se trouvent reproduits, outre les deux portraits ci-joints, beaucoup de documents inédits. Ils y verront aussi un amusant exemple de la méthode historique appliquée aux œuvres d'art... Nous l'avons déjà constaté plusieurs fois, la recherche des pièces rares et originales, en dehors des programmes, sans l'aide des manuels, est la vraie manière de s'instruire, pour un jeune homme intelligent.

La seconde photographie représente le portrait dessiné par Ursule Boze, en 1794, pendant que Hoche était emprisonné, sur l'ordre de Saint-Just, à la Conciergerie. Vous voyez, par la reproduction d'une lettre autographe[2] de Hoche, que le général lui-même faisait le plus grand cas de cette œuvre sérieuse. Il semble que, deux mois à peine avant sa mort, se sentant peut-être atteint, il ait voulu nous la léguer. Son court billet, dans une rude concision militaire, a des allures de testament ; et mieux encore que l'autre soir, nous croyons l'entendre parler. Oui, nous pouvons le dire encore : « L'histoire est une résurrection. »

déposée au Château. Elle figura quatre ans sur la place Hoche, à Versailles, de 1830 à 1834. Celle qui s'y dresse aujourd'hui est plus simple, mais elle n'est guère plus ressemblante.

1. *Revue de l'Art ancien et moderne*, t. xiv, 7° année, n°s du 10 mai et du 10 juillet 1903.
2. Conservée, ainsi que le dessin d'U. Boze, à la bibliothèque de Versailles.

Watrelos, le 25 thermidor, 5ᵉ année.

Tant de gens parlent de moi sans me connaître, que je veux absolument, Monsieur Boze, que mon excellent dessin soit gravé. Je vous prie de le donner à l'artiste sur-le-champ. Mandez-moi combien je dois vous faire remettre pour le tout. Un de mes amis vous portera la somme.

Le général commandant en chef l'armée de Sambre-et-Meuse.
L. Hoche.

DISSERTATION FAMILIÈRE

Néron dans le monde, ou : *Un jeune enfant de ma connaissance.*

Sarcey, Legouvé, ces maîtres aimables qui savaient si bien découvrir dans nos auteurs classiques les « choses d'actualité », nous recommandaient de transporter ces grands drames dans l'existence moderne, et de prêter aux personnages légendaires le costume de notre temps. Ils les dépouillaient, au besoin, de leur grandeur tragique ; ils remplaçaient les crimes par des délits, et les vices par de simples défauts ; ils montraient plus volontiers le côté ridicule que le côté dramatique, et, des deux aspects que présente toujours une peinture fidèle de la vie, ils retenaient plutôt la comédie que la tragédie. Mais on reconnaissait toujours les mêmes situations, les mêmes personnages ; et les vieux chefs-d'œuvre, dans la causerie familière de ces excellents critiques, s'animaient d'une vie imprévue.

Vous appliquerez ce procédé à *Néron*. Néron est une mauvaise nature ; un de ces êtres dont les médecins disent qu'il a une hérédité chargée ! De plus, c'est un enfant mal élevé, très mal élevé ; à l'heure où nous faisons sa connaissance, les derniers obstacles qui le retenaient disparaissent...

Vous vous rappellerez le mot de Racine lui-même, qui le traite de « monstre naissant », et vous chercherez autour de vous, parmi les enfants mal élevés (la race n'est pas près de s'éteindre), des exemples analogues à celui du jeune Néron.

Je ne vous demande pas une dissertation entière ; ce serait trop difficile, et votre expérience est trop courte pour vous fournir beaucoup d'exemples.

Vous n'en prendrez qu'un, développé en deux pages environ, de manière à nous donner un paragraphe comme ceux du devoir n° 26, sur Corneille.

Vous choisirez un des points suivants, n'importe lequel, pourvu que l'exemple cité à l'appui soit rigoureusement authentique.

1. **Une mauvaise éducation.** — Les procédés d'Agrippine. Au lieu d'agir sur son fils par la vigilance et la sévérité, elle a usé envers lui :

a. des *tendresses* faciles, des gâteries... ;

b. de la *crainte* malsaine, la peur de Britannicus...

Elle a achevé de le corrompre par son exemple : ambition, égoïsme.

2. **De bons professeurs maladroits.** — Les défauts de *Sénèque* : un rhéteur ambitieux.

Burrhus, un très honnête homme, mais naïf et un peu grave !

3. **Le défaut le plus profond de Néron.** — Ce qu'on appelait autrefois un mauvais esprit ; ce qu'on appelle au régiment : une mauvaise tête. L'instinct de la révolte, l'*esprit de contradiction*, qui se plaît à résister pour le plaisir de résister.

4. **L'habitude de satisfaire ses moindres caprices et de ne penser qu'à son plaisir.**

5. **L'habitude de ne compter pour rien tout ce qui n'est pas ce caprice ou ce plaisir.**

Il y a des égoïstes aimables, absolument inoffensifs. Ils sont étourdis, légers, ne pensent jamais à leurs voisins, mais ils n'ont aucune méchanceté ; souvent leur gaîté naturelle, la simplicité de leurs manières, le plaisir même qu'ils trouvent à vivre, en font, dans le train ordinaire de la vie, de fort agréables compagnons... Ceux auxquels je songe ici appartiennent à une autre catégorie, heureusement plus rare, celle des « égoïstes féroces » ! Ceux-là diraient volontiers comme Orgon :

> Et je verrais mourir frère, enfants, mère et femme,
> Que je m'en soucierais autant que de cela !

Peu importe à ce maniaque le bonheur de ceux qui l'entourent ! Peu importe à Néron l'honneur de Junie ou la vie de Britannicus ! Le jour où Agrippine lui sera trop à charge, l'existence même de sa mère ne comptera pas pour lui... Évidemment, comme nos égoïstes ne sont pas tout-puissants, comme ils sont retenus par certaines habitudes, le plus féroce d'entre eux ne rappelle que de loin l'assassin de Britannicus ! Le mauvais fils, par exemple, dont nous connaissons tous quelques spécimens, remplace les coups de poignard par des paroles brutales, et la coupe de poison par le chagrin dont il consume ses malheureux parents. Mais, moralement, il ne vaut guère mieux que son impérial modèle. C'est un Néron.

6. La vanité. — Ténor et poète... Que ne ferait pas un Néron pour être applaudi ?

7. La cruauté. — Le raffinement dans la méchanceté, l'art de torturer ceux qu'il fait souffrir.

Exemples : Il oblige Junie à désespérer Britannicus. Voir la scène où il surprend Britannicus aux pieds de Junie. Voir aussi le mot sur sa mère : « J'embrasse mon rival », et l'insolence ironique de la tirade qui précède.

Vous apercevrez peut-être encore d'autres remarques à faire, qui vous suggéreront d'autres rapprochements. **Lisez et relisez le rôle. On retrouve toujours, dans ces grands peintres de la vie réelle, quelque chose à découvrir.**

Une question d'un élève.

« Peut-on prendre comme exemple un enfant de quatre ou cinq ans ?

— Parfaitement ; le caractère se dessine très bien à cet âge ; Agrippine le rappelle :

> Dès vos plus jeunes ans, mes soins et mes tendresses
> N'ont arraché de vous que de feintes caresses. »

Objection d'un autre élève.

« Les exemples courent les rues...

— C'est précisément pour ce motif que je vous en propose l'étude. Il est intéressant déjà de les noter, et de choisir celui qui nous paraît le plus « suggestif ». Mais le travail original, celui que je vous demande surtout, c'est l'*analyse* soigneuse, détaillée, vivante, de l'exemple une fois choisi. Il faut chercher dans votre mémoire tous les traits frappants, tous ceux qui vous permettront de faire vivre le personnage, et de nous le présenter « en chair et en os ». Bref, donnez-moi, chacun, deux pages analogues à celles de C. (*Horace à Madagascar*), de M. (*La clémence d'Auguste*), et de de J. (*Les soldats de plomb*). Je voudrais avoir le « pendant ».

Vous pourrez vous inspirer d'une anecdote racontée par Nisard (*Hist. de la Litt. fr.*, t. III, p. 19, note 1). Un soir qu'il était l'hôte d'une famille allemande, la conversation roulait sur Schiller et sur Racine ; Nisard insistait sur la vérité familière des peintures dans Britannicus : « Combien n'y a-t-il pas, disait-il, d'Agrippines domestiques, femmes de tête, comme on les appelle, qui veulent rester maîtresses dans la maison d'un fils devenu chef de famille et qui continuent à gouverner sous son nom !... » Il développa cette idée, au milieu d'un silence qu'il prenait pour un témoignage d'approbation... Il apprit en sortant que plus sa comparaison était juste, et plus elle avait gêné l'assistance : Agrippine et Néron l'écoutaient !

Et s'il avait fait grand plaisir à l'un, il avait vivement contrarié l'autre ! « Je fus fâché, ajoute-t-il, d'avoir admiré Racine si mal à propos ; mais je retins cette preuve en action de la vérité pratique de ses tragédies. »

CORRECTION

Cinq ou six élèves n'ont pas encore très bien compris ce qu'il fallait faire ; deux d'entre eux ont choisi des défauts qui n'ont guère de ressemblance avec ceux de Néron ; les autres ont vu le sujet, mais ont voulu nous tracer un portrait général de l'enfant, le suivre dans diverses circonstances. Ce n'est pas ce que je vous demandais dans ces *deux pages*. Ils sont restés forcément superficiels.

Je ne voulais qu'*un paragraphe*, l'analyse d'un petit incident précis et restreint, d'un seul. On peut juger un homme sur un acte bien observé. C'est ainsi que la majorité de la classe a compris le devoir.

Nous avons d'abord trois études sur la *faiblesse maternelle et paternelle,* qu'on nous garantit « absolument authentiques ». On nous raconte l'histoire de l'enfant volontaire et capricieux qui a facilement raison de ses parents débonnaires... Je sais bien que tel n'est pas précisément le cas d'Agrippine ; elle a corrompu Néron par d'autres moyens ; ces élèves n'ont pas encore vu très exactement le sujet. Pourtant, il n'est pas sans rapport avec leurs histoires.

Écoutez-en une :

« Oui, mon chéri, tu auras ton chemin de fer ! » Telle était la réponse de Mme Léopold à son fils Louis, âgé de 6 ans. La scène qui venait d'avoir lieu avait été des plus violentes. Le jeune Louis, une petite frimousse charmante encadrée de boucles blondes, était un enfant volontaire. Une fois que Monsieur avait dit : « Je le veux », il fallait absolument passer par son caprice, sous peine d'une crise de larmes accompagnée de véritables rugissements. Et puis maman était si faible ! « Comme mon petit Louis est gentil, disait-elle, quel charmant enfant ! Que ne ferait-on pas pour lui ? » Et elle le croyait, cette pauvre maman, et tous les jours elle cédait un peu plus. « Ah ! la pauvre Mme Léopold ! » disait-on dans le quartier. Pourtant, cette fois-ci, la lutte avait été plus rude. Maman venait d'être sermonnée par l'oncle Jacques, le capitaine au long cours, qui lui avait dit de serrer la bride à son garnement. Il ne l'aimait pas, son oncle Jacques, le petit Louis. Il sentait sa forte volonté et tremblait de tous ses membres quand il entendait la grosse voix du marin dire en roulant les r : « Je te ferais mousse, mon garçon, si j'étais ton père ! » Aussi avait-il attendu le départ de l'oncle pour exposer sa requête. Sa mère, obéissant encore à l'influence de ce brave homme, répondit d'abord : « Mon enfant, tu m'ennuies avec tes caprices continuels. Tu n'auras pas ton chemin de fer. » L'enfant, stupéfait, regarda fixement sa mère pendant quelques instants. « Non, ce n'est plus elle, se disait-il dans sa petite cervelle mutine. » Mais le malheur voulut que Louis entendit le soupir prolongé que cet effort avait coûté à sa mère. Il reprit courage et releva la tête ; un sourire moqueur plissait le coin de ses lèvres. Il serra nerveusement ses deux petits poings comme un lutteur qui se prépare à l'attaque ; puis il se mit à rugir, et des pleurs abondants vinrent gonfler ses jolis yeux bleus. Dès que maman le vit pleurer, elle faiblit. Encore quelques cris et elle lui promit son jouet... « plus tard... s'il était sage ». Dès lors, elle était perdue et il tenait la victoire. Glissant sur la pente fatale, maman se laissa reprendre par sa faiblesse habituelle et elle promit à son fils, à son petit Louis, le chemin de fer demandé. Tous les jours, des scènes semblables se renouvelaient dans la maison...

M. D.

S. et R. ont choisi des exemples qui se rattachent assez bien à un défaut *néronien* : la méchanceté pure, la méchanceté pour l'amour de l'art, pour le plaisir de nuire ou de faire souffrir :

C'était, quand je l'ai connu, un bien vilain garnement que M. Théodore J. Sa mère elle-même (chose rare et curieuse) l'avait gâté par son exemple et ses conseils. Non que le défaut de cette femme fût celui d'Agrippine : elle n'était pas ambitieuse ; elle n'était possédée que par la curiosité. Mais l'effet produit était le même ; et cette curiosité dévorante, insensée, avait exercé les mêmes ravages qu'une passion véritable. De même qu'Agrippine avait fait de Néron l'instrument de son ambition, cette malheureuse mère n'avait rien trouvé de mieux que de prendre son propre fils comme agent d'information ; elle en avait fait... un « indicateur » ! Et celui-ci se plaisait à la satisfaire. Il avait une habileté prodigieuse à faire parler les gens et allait bien vite rapporter à sa mère tout ce qu'il avait pu entendre. Ce dangereux petit bonhomme, qui n'avait que neuf ou dix ans, trouvait son plaisir à ce métier d'espion. Sa méchanceté infernale le poussait, même quand il ne recueillait pas de bonne histoire pour sa mère, à inventer de toutes pièces l'anecdote cherchée, généralement une atroce calomnie. Il n'était jamais plus heureux que s'il avait réussi à créer un ennui à quelqu'un. Mais, un jour, les circonstances furent telles que sa mère ne put se féliciter d'avoir un pareil fils. Ils avaient pour voisine de campagne une excellente personne dont le fils unique, âgé de treize ans, était la seule affection. On peut croire que la bonne dame veillait avec sollicitude sur son rejeton ; sa tendresse en était parfois ridicule. Le diabolique Théodore ne tarda pas à remarquer cette faiblesse et voici le tour pendable qu'il exécuta. Pendant une promenade à bicyclette, il quitta son camarade et retourna bien vite d'un air terrifié faire savoir à Mme X. que son fils était parti en bateau — et quel bateau ! — une yole fragile qui devait chavirer au moindre mouvement. Mme X. fut affolée, épouvantée, elle crut son fils mort, noyé. Elle le vit déjà au fond de la rivière. Elle lança plusieurs canots dans la direction soi-disant prise par son fils et elle fut assez bouleversée par l'émotion pour en être malade pendant quinze jours. X. revint le soir même ; il n'avait jamais mis le pied sur la moindre barque. Mais son camarade s'était joliment amusé ; il avait bien ri de cette mère naïve ; vraiment c'était drôle de la voir inquiète et désespérée ! Théodore fut sévèrement puni, mais en vain. Lorsque je le perdis de vue, il n'attendait qu'une occasion pour recommencer — par vengeance !

C. S.

La *cruauté envers les animaux* est, chez les tout jeunes enfants, un symptôme qu'il ne faut pas négliger. Très facile à corriger, elle n'en est pas moins un signe inquiétant de dureté, sinon de méchanceté :

> Rien ne vous a pu vaincre, et votre *dureté*
> Aurait dû, dans son cours, arrêter ma bonté.

R. et du P. nous en donnent des exemples bien observés d'après nature.

Nous avons encore d'autres bonnes histoires : la *mauvaise tête* que R. connut dans un collège de province, qui apprenait une autre leçon que celle du jour pour contrarier le professeur, et répondait à ses observations en lui jetant un trousseau de clefs à la tête ; — le jeune et précoce *voleur* domestique, de D., hardi dans l'exécution, tenace jusqu'au cynisme dans ses dénégations, habile à rejeter sur un innocent l'odieux de l'acte commis ; — l'affreux gamin que le brave C. s'efforçait de faire travailler, d'intéresser par une bonne méthode, d'amadouer par la douceur, et qui, après avoir épuisé de mille manières la patience de son jeune maître, le regarda fixement et lui dit d'une voix tranchante : « Moi, je ne cède jamais ». Ah ! la jolie collection ! J'en passe, non sans regret ; je passe la *colère méchante* de D. (l'enfant qui brise le jouet destiné à son frère) ; la *vengeance ingénieuse* de R. (l'enfant qui fabrique, en dévastant la maison, l'arc et les flèches qu'on lui refuse) ; l'*égoïsme sauvage* de M. (l'enfant qui joue bruyamment, court et crie à côté de la chambre de son grand-père gravement malade) ; d'autres encore... Le sujet étant inépuisable, il faut bien s'arrêter. Terminons par la peinture de la *brute*, de la brute mauvaise, telle qu'elle fit un jour frémir C.

Il l'a rencontrée loin d'ici, en Égypte ; mais le front bas, le regard mauvais du monstre (le front et le regard de Néron) sont de tous les pays et de tous les temps ; la couleur locale lui donne seulement plus d'originalité.

A X..., en Égypte, une de ces villes cosmopolites où affluent toutes les richesses de l'Asie, un des plus beaux magasins, sans contredit, appartient à MM. Marochetti et Zendono, et tout homme de goût se doit de visiter leur maison... M. Zendono, un Espagnol de petite taille, avec une tête très grosse, prenait la peine de nous montrer lui-même ces merveilles, et il nous vantait ses mérites avec ceux de sa marchandise (fournisseur du Khédive, du prince Nashimoto, du roi de Siam, etc.). Et, de fait, ils étaient très curieux, ses magasins : le long des murs pendaient de riches soieries aux couleurs éclatantes ; des bahuts laqués par de patients Japonais voisinaient avec les statues de bronze, les satsumas d'un vieux samouraï, et sur des coffres ornés de chrysanthèmes d'ivoire étaient posées des boîtes de cuivre où, en lettres d'argent, se lisaient quelques versets du Coran. Mais une armoire tout en santal sculpté attira notre attention : « Vous regardez ce meuble, nous dit M. Zendono ; oui, en vérité, il est beau. M'en offrirait-on mille livres sterling que je ne le vendrais pas. Une triste et douloureuse histoire s'y rattache.

— Voyons, dit mon père, contez-nous ça.
— Ce meuble, reprit-il, fut façonné par mon frère, chef de gare à L... ; il y passa quinze années de sa vie, et fut victime d'un accident peu de temps après qu'il eut fini cet admirable ouvrage. Il laissait une femme et un fils en bas âge ; ma belle-sœur très bonne, mais excessivement faible, l'éleva très mal ; il faisait tout ce qu'il voulait et sa mère, au lieu de réprimer ces vilains défauts par le fouet, me

faisait jouer le rôle de Croquemitaine. J'étais un ogre, lui disait-elle, qui emportait chez lui les petits enfants pas sages et les mangeait. A dix ans, ce mauvais garnement faisait partie de tous les « clubs » de petits Arabes dont le noble but est d'aller alléger de leurs bourses les voyageurs qui débarquent des paquebots. Il avait déjà senti plusieurs fois sur son échine la lanière d'hippopotame du policier indigène. L'année dernière, je reçus de ma malheureuse belle-sœur une lettre de désespoir ; elle m'appelait à son secours ; son fils l'avait battue la veille, et avait fait le serment de la noyer. Je partis aussitôt. Quand j'arrivai dans la maison de mon défunt frère, quelle fut ma surprise de trouver dans la salle une petite vieille courbée en deux, les cheveux blancs. Cette femme, c'était ma belle-sœur ! Je l'avais quittée, il y avait trois ans, belle, la figure encore jeune, quoiqu'elle approchât de la cinquantaine, et voilà ce qu'en trois années son fils avait fait d'elle ! Je visitai son appartement ; des meubles sculptés par mon frère, il n'y avait plus trace ; plus trace non plus des antiques satsumas ; mon neveu, dans ses accès de furie, avait tout brisé. Je l'avoue, ma colère ne connut plus de bornes. Sa maison, si bien tenue autrefois, était sale ; la poussière n'avait pas été enlevée depuis six mois, m'expliqua-t-elle, aucune Arabe ne voulant rester à son service à cause des brutalités de son fils. Il allait rentrer bientôt, je l'attendis. Enfin, il arriva ; jamais je n'avais vu un aussi sale personnage. Ses bottes étaient couvertes de boue, sa culotte, jadis blanche, avait la couleur de la terre ; sa figure balafrée, son nez rouge et énorme était horrible à voir : « Salut, oncle Croquo, que viens-tu faire dans ma maison ? » me dit-il d'une voix pâteuse. Je ne raconterai pas la scène qui se passa entre nous trois, ce serait trop long. Sachez que pendant longtemps je tâchai de l'admonester, soit en usant de douceur, soit en laissant éclater ma colère. Lui, avachi plutôt qu'assis sur une chaise, écoutait en branlant la tête sans prononcer une parole. Enfin, Monsieur, il se leva, tira de sa poche un long couteau arabe et se précipita sur sa mère. Je m'interposai, son poignard me coupa le pouce ; et M. Zendono nous montra sa main droite où effectivement le pouce manquait. Effrayé de son acte, quoiqu'il eût déjà (j'en suis sûr) versé plusieurs fois le sang, il s'enfuit. J'ai pris ma belle-sœur chez moi et n'ai plus revu celui qui avait été son fils. »

DEUX EXERCICES DE PREMIÈRE

TRANSITION ENTRE LES DEUX CLASSES

DOUBLE FORME QUE PEUT PRENDRE UN SUJET DE CRITIQUE LITTÉRAIRE : NARRATION ET DISSERTATION

Le « réalisme » dans Racine. — Une « consultation » des pères de famille.

I. — Narration.

LA DOULEUR DE RACINE.

1. Chez Boileau, en novembre 1679. Un dîner intime : Racine, Chapelle, La Fontaine, quelques amis... *On parle des scandales* révélés, des scandales soupçonnés... (V. précis d'histoire : *l'Affaire des poisons*).

2. Racine reste pensif... On l'interroge... Il dit le chagrin qui le torture... Ces grandes dames compromises ressemblent terriblement aux héroïnes de son théâtre... Il craint d'avoir *tracé des peintures immorales.* (Ses sujets... V. BRUNETIÈRE, *Les époques du théâtre français*, p. 165.)

3. En vain, ses amis essaient de lui rendre confiance : La Fontaine lui rappelle les *touchantes figures* qui, dans son théâtre, représentent la vertu. Boileau prend la défense des *criminels eux-mêmes* : cette peinture est une grande leçon morale. M. Arnauld en juge ainsi. (V. *Racine*, éd. Lanson, p. 755.)

4. Racine se retire seul, de bonne heure, touché, mais non convaincu. Il pleure, dans la nuit, en songeant à ses *maîtres de Port-Royal*... Arnauld est indulgent pour *Phèdre*, mais Nicole a traité d' « empoisonneurs » tous les auteurs dramatiques... Racine ne pensera désormais qu'au salut de son âme et à l'éducation de ses enfants.

Quelques dates : Procès de la Voisin, Chambre ardente, 10 avril 1679-1ᵉʳ octobre 1680. — Suspension, puis reprise du procès : 19 mai 1681-21 juillet 1682.- 1ʳᵉ représentation de *Phèdre* : 1ᵉʳ janvier 1677.-Mariage de Racine : 1ᵉʳ juin 1677.

II. — Dissertation.

Comment expliquez-vous que Racine ait renoncé définitivement au théâtre, après 1677 ?

Début.

Découragement, en apparence inexplicable, de Racine. Les faits.

Les motifs.

1. Superficiels : longtemps seuls allégués. — Cabale de *Phèdre* ; fatigue ; piété.

2. Profonds : devinés par Brunetière ; précisés par les découvertes de M. Funck-Brentano à la Bibliothèque de l'Arsenal.

Valeur de ces motifs.

1. Elle était réelle. — *a.* Les *sujets et les caractères* dans Racine : la fatalité de la passion ; l'entraînement irrésistible au crime.

b. Or, le *but de la vie*, aux yeux de Racine (la grâce) comme aux nôtres (la volonté), est de subordonner nos mauvais instincts à la raison, et d'en triompher par un continuel effort.

2. Elle fut, cependant, exagérée par lui. — *a.* Ces analyses *ne sont pas une apologie du crime* ; elles sont une peinture fidèle et complète de la vie ; la vertu n'en est pas absente.

b. De plus, par les conséquences terribles qu'amène cet affaiblissement de l'énergie humaine, elles nous *donnent une grande leçon*[1]... Telle était l'opinion d'Arnauld.

---

[1]. V. *Théâtre choisi de Racine* ; éd. Lanson, p. 755.

Conclusion.

Décision fâcheuse de Racine. Son extrême sensibilité.

Avantages que présente chacune de ces deux matières.

I. L'*idée essentielle* de chaque paragraphe ; les *arguments* qui permettent de la démontrer, et les *exemples* sur lesquels s'appuient les arguments, sont plus faciles à découvrir dans une **dissertation**. On y raisonne mieux, parce qu'on n'a pas d'autre souci que de raisonner.

II. Mais l'*expression*, dans un **récit**, est plus facile à trouver, en même temps qu'elle est plus vive et plus colorée. L'*art de peindre* par le choix des images, l'*art de toucher* par le mouvement des phrases s'acquièrent plus facilement par la narration.

Aujourd'hui, vous choisirez la forme narrative.

CORRECTION

(Extraits de deux copies.)

1. Une fois de plus, l'antique maison de la rue du Vieux-Colombier abrite les grands amis : Racine, Boileau, La Fontaine, Chapelle et quelques autres encore ; un dîner intime les a réunis dans la vaste salle où les petites vitres enchâssées

dans du plomb ne laissent pénétrer qu'une faible lumière. Racine, seul, est pensif ; alors qu'autour de lui La Fontaine, distrait, compose de légères épigrammes, que Boileau et les autres parlent et rient bruyamment, Racine reste sombre. Son œil fixe et profond, le pli dédaigneux et fatigué de sa lèvre lui donnent grand air, ainsi.. Boileau, soudain, s'écrie : « Eh ! Messieurs, ce sont balivernes que tout cela, il me semble. Croyez-moi, les scandales de la cour sont loin d'être épuisés ; et nous pouvons nous attendre à des révélations plus curieuses encore...

— Je ne jurerais certes pas, dit Chapelle, que toutes les accusations de cette Voisin sont bien fondées ; je crois que cette maudite sorcière profite du bruit retentissant mené autour de cette affaire pour perdre les gens dont elle veut se venger ! »

La Fontaine reprit avec calme : « Mon seul avis est que le loup entré dans la bergerie peut dévorer n'importe quel mouton ! »

— Et vous avez raison, soupire le gros maréchal de Vivonne, rien n'est plus respecté maintenant ! »

Pendant cette conversation, Racine, plongé dans sa rêverie, demeure pensif. « Je me résignerais encore, continue Boileau, à voir révéler des crimes et condamner des misérables qui furent la honte de tous les temps ! Mais ce qui est effrayant, c'est de se rendre compte, si brusquement, qu'autour de soi, dans la même société, des gens que l'on croyait connaître, que l'on jugeait dignes d'estime, sont des empoisonneurs, des assassins ou pis encore. Je n'ai pas, grâce à Dieu ! un caractère qui me porte à voir partout le mal ! Mais, tant de grandes dames compromises, tout l'honneur d'une noblesse si fière, si arrogante, entaché, vous avouerez qu'il y a là de quoi donner à réfléchir. » « Champagne, dit-il à son domestique, après quelques instants de silence, apportez du vin... pour M. Racine surtout ! Je croirais volontiers qu'il tombe malade d'hypocondrie ! » Racine lève son verre plein, puis le repose sur la table sans y avoir trempé les lèvres. « Est-ce que, par hasard, ce sont les mœurs corrompues du siècle qui vous chagrinent à ce point ? dit Chapelle en rapprochant sa chaise.

— Racine, reprend La Fontaine, vous souffrez ; nous sommes vos amis ; que vous arrive-t-il ? »

C. C.
Élève de Seconde C.

2. « Mes amis, répondit Racine, dont le visage avait pâli au dernier mot de Chapelle, vous venez bien involontairement de ranimer en moi un chagrin que je m'efforce en vain d'oublier. Depuis trois ans j'ai quitté le théâtre, et je vivrai jusqu'à ma mort dans le silence et le repos. J'ai pris en horreur l'art qui a fait ma gloire et ma fortune ; je reconnais, trop tard, hélas ! qu'en dehors de la religion et de la vertu, la vie n'est qu'une vanité vide de sens. Que mon exemple au moins vous serve de leçon ! Vous me dites que j'ai du talent, c'est ce qui fait ma douleur. J'ai travaillé depuis dix ans pour le compte de l'enfer, parant et comme déguisant du charme de la poésie le meurtre et l'impudicité, l'emportement des sens, le délire et l'inceste ! J'ai rencontré quelquefois l'accent de la vérité, j'ai joui du succès et des applaudissements de la foule : un honnête homme, venu pour son malheur à la représentation d'une de mes tragédies, sera donc sorti du théâtre dans l'état d'esprit d'un Néron ou d'un Oreste ! Je ne peux relire mon œuvre sans désespoir quand je songe à tout le mal dont je porterai la responsabilité[1]. Tous mes héros sont victimes de l'amour et des mauvaises passions : Hermione,

---

1. Quelques épithètes ont été ajoutées ou modifiées en classe, et trois lignes complètement refaites (« Partout le sang... »).

amante furieuse, jalouse, criminelle; — Oreste, devenu meurtrier par faiblesse; — Narcisse, le plus odieux des traîtres; — Néron, le monstre naissant, qui prélude au parricide par le meurtre de Britannicus; — Roxane, affolée par la jalousie, qui fait assassiner celui dont elle ne peut se faire aimer; — Phèdre, la sœur de Roxane, aussi coupable qu'elle et plus corrompue... Partout le sang et la débauche! Partout la passion sauvage, la folie poussée jusqu'au crime! Voilà mon œuvre! Oui, souvent, je crois voir se dresser devant mes yeux ces êtres auxquels j'ai tenté de donner la vie, auxquels je l'ai donnée, peut-être... Hélas! ils sont comme des fantômes vivants dont la vue accable ma pauvre conscience. Et voici qu'aujourd'hui, ces fantômes ne sont plus évoqués seulement par mon rêve; ils existent, ils confessent devant la Chambre ardente ces actes dont rien ne voile plus l'horreur. Par eux, le ciel, sans doute, a voulu me punir, montrant à mes yeux effrayés ce que dissimulaient naguère la poésie de la légende et le prestige de l'antiquité! Et je pleure ma jeunesse à jamais perdue, mes travaux consacrés à une œuvre impie... Ces héros que j'ai créés, ne me dites pas, chers amis, qu'ils sont immortels! Ce serait mon plus grand chagrin. »

3. « Je crois, mon cher Racine, reprit alors La Fontaine, que vous exagérez. Vous ne voyez plus qu'un côté de votre théâtre, vous ne vous rappelez que les criminels. Et vous oubliez les aimables, les grandes et poétiques figures qui représentent dans vos tragédies l'innocence et la vertu. Croyez-moi, mon cher ami; le poète qui a su peindre, à côté de Phèdre et de Roxane, la timide Junie, la tendre Bérénice, la sage et douce Iphigénie, ne passera pas pour aimer la violence des passions terribles; celui qui nous fit pleurer sur la vertu d'Hippolyte, qui dressa le courageux Burrhus en face de l'empereur tout-puissant, celui qui fit parler « l'âme de Mithri-

date » ne sera jamais soupçonné de complaisance pour Néron ; celui qui nous montra dans l'immortelle *Andromaque* tant de sagesse unie à tant de piété, une si haute raison parée d'une telle grâce, ne sera pas accusé d'indulgence pour Hermione...

— Bravo, Monsieur, reprit Boileau ! Et pourtant, si vous le permettez, j'irai plus loin que vous encore, et j'oserai prendre la défense, contre M. Racine, des criminels eux-mêmes ! Si le spectacle de la vertu est édifiant pour le public, la peinture du crime éveille en lui l'horreur du mal, et cette indignation vertueuse est plus puissante sur les âmes qu'une admiration un peu froide. Dans *Phèdre,* en particulier, *Phèdre* qui, plus que toutes les autres, semble tourmenter notre ami, la leçon morale est si belle que M. Arnauld, vous le savez, ne lui ménage pas l'éloge. La seule pensée du crime, avez-vous dit, mon cher Racine, et cette fois avec raison, la seule pensée du crime y est regardée avec autant d'horreur que le crime même. Les moindres fautes y sont durement punies. *Phèdre* rappelle aux chrétiens la faiblesse et la perversité de la nature, le retour perpétuel aux fautes et au péché originel ; elle nous montre, comme toutes vos pièces, que le relèvement n'est rendu possible que par la seule *grâce efficace,* ainsi que l'a dit un de vos maîtres les plus respectés de Port-Royal, M. Arnauld. La peinture exacte de l'homme, dont vous suivez pas à pas les états d'âme successifs, avec les regrets qui l'arrêtent, les passions qui l'entraînent jusqu'à la chute fatale et définitive, est une application, la plus belle de toutes (puisqu'elle est soutenue par votre talent), de la doctrine augustinienne. Sans l'aide de Dieu, l'homme ne peut rien ; malgré tous ses efforts, il sera nécessairement amené à des excès et à des crimes qu'il déteste : Phèdre est chrétienne par ses remords, elle l'est presque par la douleur dont sa faute est précédée : elle n'est qu'une Janséniste à qui la grâce a manqué[1]!... Reprenez donc courage et confiance en vous-même ! Ne condamnez pas une œuvre qu'admirent les plus vertueux des hommes : croyez-en des juges éprouvés. Je vous ai donné déjà, il y a trois ans, des encouragements que vous n'avez pas voulu entendre. Je vous ai dit alors que vos tragédies sont admirables, parce qu'elles sont un modèle d'exactitude et de précision, d'art sobre et délicat. Je vous répète aujourd'hui qu'elles apparaîtront également, aux yeux de la postérité, comme de grandes leçons morales. Entendez, je vous en conjure, ces conseils d'un ami sincère ; n'interrompez pas, au plus beau moment de votre existence, une carrière remplie encore de si belles promesses. »

J. L.
Élève de Première C [2].

4. Boileau se tait ; ému, touché, mais non convaincu, Racine ne peut retrouver sa gaîté, malgré tous les efforts de ses amis faits pour l'arracher à ses tristes pensées ; cette contrainte le gêne et, de bonne heure, il se retire. La nuit s'écoule lentement pour lui ; il ne dort pas ; il rêve, ou plutôt il songe. Il songe à sa jeunesse et surtout à ses maîtres de Port-Royal-des-Champs. Il revoit les bons solitaires, savants, pieux et désintéressés, qui ont pris soin de lui pendant son enfance. Comme il est loin déjà, le temps où Lancelot, au milieu des fleurs, lui expliquait Euripide, où Nicole et Antoine le Maître lisaient avec lui Tacite et Virgile ! Racine pleure lentement au souvenir de la lettre cruelle, blessante, qu'il avait osé publier contre ses anciens maîtres et contre les pieuses femmes de Port-Royal. Arnauld, certes, donne raison à ses tragédies ; il est indulgent pour *Phèdre* ; mais dans *Les Visionnaires*, Ni-

---

1. Phrase refaite en classe.
2. Où le sujet avait été donné en novembre 1906.

cole a traité les poètes dramatiques « d'empoisonneurs publics. » Allons, sa décision est bien prise; sa conscience lui dicte la conduite à tenir. Ses œuvres ont déjà fait assez de mal; Racine se retirera du théâtre; il cherchera à se rapprocher de ses maîtres vénérés; il tournera ses pensées vers le salut de son âme et l'éducation de ses enfants; il remplira ses devoirs de chrétien et de père pour racheter ses fautes passées; avec joie, dans cette nuit, Racine, le grand Racine, renonce à jamais au théâtre!

C. C.
Élève de Seconde C.

RÉFLEXIONS

Opinion des pères de famille.

Si l'on s'en tenait à la lecture de ces quatre développements, on serait tenté de conclure que le sujet convient assez bien aux élèves, soit à la fin de la Seconde, soit au commencement de la Première. Mais il ne s'agit pas ici de nous laisser prendre à un trompe-l'œil, et le seul mérite de ce livre est d'être un compte rendu exact de la réalité. Ces deux élèves ont eu : l'un, le premier prix en Seconde; l'autre, le second prix en Première. En dehors d'eux, les copies satisfaisantes ont été peu nombreuses, et la moyenne est restée fort au-dessous de ce que j'attendais. Un sujet analogue sur Molière a donné si peu de résultats à la 4ᵉ composition, que je l'ai supprimé de notre série, ne voulant pas publier, pour la première fois, une matière sans copies...

Je me garderai bien, naturellement, de tirer de ces observations isolées une conclusion générale ; mais, au témoignage de plusieurs de mes collègues, les résultats ne sont pas meilleurs dans d'autres classes ; d'aucuns ajoutent que jamais ils ne furent excellents, et que les bons devoirs, sur des sujets aussi généraux, ont toujours été une exception...

J'ai pensé qu'il serait intéressant d'avoir sur ce point l'avis de quelques pères de famille, et je me suis adressé à trois d'entre eux, qui entretiennent avec moi les plus cordiales relations. Par leur âge, leur situation, leurs manières de voir différentes, ils représentent assez bien les diverses opinions qu'on peut exprimer à ce sujet, et leur témoignage résume probablement celui de la moyenne des hommes instruits.

Le premier prend à peu près son parti de cette diminution de l'enseignement littéraire. « J'ai lu, me dit-il, avec le plus vif intérêt, le travail que vous m'avez fait remettre [1]... Tout en reconnaissant que la préparation au baccalauréat est plus qu'une excuse, je déplore l'obligation où vous vous trouvez de proposer à des élèves, parfois bien jeunes, des exercices au-dessus de leurs forces... Les études de Levrault [2] sur les auteurs français me paraissent être le seul genre de critique à la portée des élèves de Seconde et de Première. . » Je passe à dessein les formules aimables qui atténuaient ces jugements, pour mieux montrer la seule chose qui nous importe ici : le désir de

---

1. Les chapitres 30 et 30 bis.
2. L. LEVRAULT, *Les auteurs français.* (Études critiques et analyses.) Delaplane, édit.

voir les exercices littéraires se borner à des *analyses* et à des *comparaisons* sur des sujets très restreints, sans aborder les *dissertations générales,* qui paraissent « dépasser les forces des élèves ».

La seconde lettre, assez développée, contient plus de regrets et de réserves :

« Ce travail, dit-elle à propos de *La douleur de Racine,* nécessite la connaissance de l'homme en lui-même et dans ses rapports avec ses semblables ; cette connaissance ne s'acquiert que par l'âge, l'expérience de la vie, les études philosophiques ou sociales ; il est difficile de la demander à des jeunes gens de 16 ans. On ne peut que chercher à développer chez eux le goût de ces études, et les mettre en mesure de les poursuivre eux-mêmes plus tard... Quel est, d'ailleurs, l'ouvrage de critique réellement sérieux qui soit à la portée de leur âge ? Sainte-Beuve écrivait pour des hommes mûrs ; plus récemment, les feuilletons de Sarcey ou de Larroumet, les articles de Brunetière s'adressaient aux graves lecteurs du *Temps* et de la *Revue des Deux-Mondes*; les conférences de Jules Lemaître, à des lettrés qui pensent et savent raisonner. On doit, en Première, préparer les élèves à comprendre un jour la critique, mais on dépasserait le but en exigeant d'eux, comme on l'a fait trop souvent jusqu'ici dans les épreuves du baccalauréat, un feuilleton de Sarcey, un article de Brunetière ou une conférence de M. J. Lemaître. . Je le reconnais, il est délicat de trouver la *limite*. Ne pas demander assez aux bons élèves des lycées, c'est faire d'eux des médiocrités ; leur demander trop, c'est les transformer en pédants qui jugent et raisonnent comme de mauvais journalistes... Mais ces considérations nous mèneraient trop loin, et je termine sans conclure, car je crois, malgré Regnard, que la critique et l'art sont également difficiles ! »

Mes correspondants sont trop modestes ! L'un sous une forme plus brève, l'autre avec plus de développement, l'un avec plus de résignation, l'autre avec plus de regrets, exprimaient en termes fort justes une opinion de laquelle nous devons désormais tenir le plus grand compte. Ils espèrent que nous pourrons encore développer, même chez les élèves de la division C, un certain sens littéraire ; mais le choix des sujets leur paraît exiger plus que jamais beaucoup de tact et de la prudence.

Cette *limite* que leur réserve excessive se refusait à nous fixer, m'a été indiquée par un troisième père de famille avec plus de précision. C'est justement celui de ces messieurs qui m'avait écrit au mois de mars deux lettres si intéressantes sur les *sujets pratiques*. On a vu combien il désirait que notre enseignement devînt de plus en plus positif et concret. Il n'en est pas moins, aujourd'hui, le moment venu, un partisan déclaré de la dissertation française :

« J'ai toujours considéré, dit-il, la dissertation comme l'exercice à la fois le plus élégant et le plus profitable qui puisse être proposé à des élèves, même absorbés par les mathématiques. C'est qu'il y a une certaine analogie entre une dissertation et un problème... La narration, pour vos élèves, doit avoir déjà fait son temps. Ils ont puisé dans ce devoir menu et un peu enfantin l'habitude de grouper leurs idées, de les exposer en termes propres, et même de tirer des faits une conclusion morale : ce qui touche presque à la dissertation, et ménage la transition d'un exercice à l'autre. Il est donc temps que les élèves s'attachent à raisonner sur des idées, à en peser la valeur, le pour et le contre, comme vous dites. Il est temps qu'ils fassent des dissertations.

Celle que vous leur avez proposée (*La douleur de Racine*) présente peut-être un inconvénient, non pas littéraire, mais moral ; quoiqu'il soit bon de les mettre en garde contre un culte idolâtrique du grand siècle, il est, je le crains, un peu pénible d'insister sur ce côté lamentable d'une belle époque[1]... Je comprends, pourtant, que vous ayez passé outre parce qu'un pareil sujet me paraît être, à d'autres égards, le modèle de ceux qui conviennent à la classe de Première. Je ne crois pas que l'analyse de pareils sentiments dépasse la portée des jeunes gens de cet âge : la finesse de La Fontaine, le bon sens de Boileau doivent leur inspirer des pensées justes et simples ; le conflit qui se livre dans le cœur de Racine entre la conscience du poète, certain de ses bonnes intentions, et les scrupules du Janséniste, épouvanté du résultat, est de ceux qui doivent frapper leur propre conscience ; et je me demande même à quel âge et à quelle époque de la vie ils trouveraient le goût et le loisir de méditer sur ces choses, s'ils ne l'ont pas fait au lycée, sous l'impression immédiate des lectures « classiques ». — La seule condition est que le sujet soit précis, ramené à l'étude d'un personnage ou d'une œuvre donnée, dans une circonstance déterminée. Ainsi, parmi les sujets que vous avez proposés

---

1. L'Affaire des poisons : la corruption d'une partie de la noblesse.

cette année en Première et que vous me communiquez, le modèle de ceux qui me semblent devoir être écartés ou modifiés, est celui-ci, donné en juillet 1904, par la Faculté de Clermont-Ferrand : *Qu'est-ce qu'un moraliste ?* — *La Fontaine moraliste* me plairait au contraire. Celui que vous avez proposé sur l'ensemble du xviii° siècle : *Dire, d'après Voltaire, Rousseau, les Encyclopédistes et leur parti, ce qu'on entendait au* xviii° *siècle par le mot de philosophe*, est déjà beaucoup moins difficile. Mais toutes mes préférences vont aux matières comme celle que vous avez tirée de Pierrot Desseilligny : *Bossuet à son oncle, pour lui raconter l'entrée de Richelieu à Paris*. Voilà qui est restreint, concret, appuyé sur des souvenirs clairs, et tout à fait à la portée de nos enfants[1]. Il n'est pas possible que ce genre de sujets soit retranché de nos études. Se résigner à un tel sacrifice serait, non seulement découronner, mais tuer à bref délai l'enseignement secondaire. »

Sentant bien que mes premiers correspondants ne les rejetaient pas non plus, *a priori*, je leur ai envoyé par la suite, mes cahiers de Première, et ils ont éprouvé la même impression ; sept ou huit sujets leur ont paru, comme à nous, devoir être éliminés. Cinq ou six matières plus simples, mais encore trop difficiles, pourraient être conservées, avec des modifications. Le reste leur agrée complètement ; et ils se sont ralliés à l'avis de mon dernier correspondant.

1. Ce sujet avait été bien traité, en effet, par mes élèves de Première.

On voit donc, à la fin de cette année de Seconde, dans quel esprit nous devrons prolonger en Première la série de nos observations. Les pères de famille n'exigent nullement de la rhétorique qu'elle oublie son antique noblesse ; ils désirent que leurs fils continuent à « savoir parler des choses avec les honnêtes gens », et la dissertation littéraire leur paraît toujours le meilleur des exercices ; mais la mesure, dans le choix des sujets, est plus difficile encore à trouver qu'autrefois... Les Facultés ne paraissent pas moins hésitantes que nous sur ce point si délicat. Au moment où j'achevais de mettre au net ce chapitre, on est venu me communiquer les sujets donnés à Paris, le 12 juillet 1907, aux élèves de la division A. La Sorbonne avait visiblement tenu à ménager les deux tendances : l'explication d'un sonnet de Ronsard et un éloge de Corneille rappelaient les vieux sujets du baccalauréat ; mais un troisième sujet invitait les élèves à raconter un voyage en chemin de fer par train de plaisir. Cette concession d'un jury aimable et libéral n'a rien qui nous déplaise, mais à condition qu'elle reste exceptionnelle ; autrement, ce train de plaisir risquerait de nous engager sur une voie trop différente de celle que nous devons suivre. Il est bon que la Sorbonne nous aide à défendre la dissertation et force les candidats à lire les auteurs du programme. Nul doute qu'elle ne partage, sur ce point, l'avis de mes correspondants, et qu'on n'arrive à sauver, à force de mesure et de tact, cet exercice indispensable. Avec lui périraient, on peut le dire, les études classiques.

80 *bis*.

COMMENT ON ANALYSE UN CHAPITRE DE CRITIQUE LITTÉRAIRE

Un souvenir sur Brunetière.

Pour bien faire une *dissertation littéraire,* il suffit, en général, de lire les textes originaux. Vous verrez dans un curieux passage de La Bruyère le conseil qu'il donne à ce sujet[1]. Il ne faut pas nous demander, en présence d'une tragédie ou d'un discours, ce qu'en a pensé Nisard, ce qu'en peuvent dire actuellement M. Faguet ou M. Lanson, mais bien ce que nous éprouvons nous-mêmes à cette lecture, et quel est notre jugement.

Il est nécessaire, cependant, de connaître la *méthode* des meilleurs critiques, et de voir comment ils procèdent, afin de les imiter. Tous les préceptes que je pourrais vous dicter ne valent pas l'analyse d'un bon chapitre, ou d'une conférence bien faite. Essayons d'étudier ensemble une conférence de Brunetière. Chacun de vous lira pendant cinq minutes; les autres écouteront, pendant que je résu-

---

[1]. La Bruyère, *Caractères,* chap. xiv : « L'étude des textes ne peut jamais être assez recommandée... »

merai d'un mot chaque développement ; je vous arrêterai de temps en temps pour vous rendre compte de mon travail et vous le dicter.

ANALYSE

[BRUNETIÈRE : *Les époques du théâtre français* (1re conférence).]

Les astérisques indiquent les endroits où j'ai arrêté le lecteur. On voit que j'ai pris neuf fois la parole pour résumer la page lue et faire trouver aux élèves la formule exacte. Elle se réduit parfois à un mot, et ne dépasse jamais trois lignes.

I. — Qu'y a-t-il de nouveau dans *Le Cid*?

Ce n'étaient :

* 1. Ni le *sujet*, ni le *modèle* (la mode espagnole).

* 2. Ni les *lieux communs* de morale ou de politique.

* 3. Ni même *la force du vers*.

II. — Originalité.

* La tragédie cesse d'être une série d'aventures.

* 1. L'*action* se déroule presque tout entière dans l'âme même des personnages.

* 2. *Leur volonté se substitue au hasard.* Différence

entre le romanesque et le dramatique : Corneille et Victor Hugo ; — le roman et le drame.

* 3. *Un but élevé est proposé à leurs efforts,* un but plus précieux que la vie : une grande idée à laquelle ils sacrifient leur personne.

III. — Imperfections.

* 1. *Elle est encore un peu épique :* a. Par l'influence trop grande encore des événements extérieurs.

b. Par la psychologie un peu courte des personnages.

* 2. *Elle est encore un peu lyrique.* Grand défaut des prédécesseurs de Corneille ; exemples : Théophile, Tristan.

AUTRE ANALYSE

Nous nous sommes attachés, dans cette première étude, à voir le plan d'une *conférence* entière. Voyons maintenant en détail le plan d'un *seul paragraphe*. Le procédé est le même : chaque paragraphe est une petite conférence dans la grande. Prenez, pages 153 et 154, la première partie de l'étude sur *Phèdre*. Brunetière, avant de montrer dans *Phèdre* les premiers symptômes de la décadence du genre, rappelle la *beauté poétique* du chef-d'œuvre de Racine.

Beauté poétique de *Phèdre*.

* 1. L'*harmonie du style*.

* 2. L'*art de peindre* : les hommes; — le décor.
(Modèle de paragraphe bien construit : deux idées; chacune d'entre elles appuyée de deux exemples.)

* 3. *La poésie du passé* : la vie grecque; la légende.
Comment elles s'animent sous nos yeux.

* Conclusion : L'évocation des formes et des couleurs.

Ces plans, ainsi disposés, ressemblent sans doute beaucoup à ceux que Brunetière avait tracés lui-même. Il a pris soin de donner à la *Revue des Cours et Conférences* la série même de ses plans, l'année où il traita, avec tant de succès, de la poésie lyrique au xixe siècle. La comparaison entre ces sommaires et les conférences développées que la *Revue Bleue* publiait en même temps, était des plus instructives. Rien ne frappe et n'instruit mieux les jeunes gens que de surprendre ainsi le procédé d'un écrivain, et de suivre, en plein travail d'invention, les progrès de sa pensée. Brunetière s'en rendait si bien compte qu'avant d'en faire profiter le public, il lui arrivait de mettre à la disposition de ses élèves le trésor de ses notes personnelles. Plus d'un, parmi nous, est sorti du petit hôtel qu'il habitait alors à Passy, rue de l'Assomption, après une brève conversation qui l'instruisait mieux que de longues recherches. Je me vois encore parcourant avec lui, dans sa bibliothèque, les *notes* qu'il avait eues sous les yeux, l'année précédente, pour nous faire son beau cours sur le xviii° siècle ; il m'expliquait comment il avait tiré de 'elle ligne tel développement ; il insistait sur la disposition matérielle de ses « titres » qui frappaient l'œil. Puis il se taisait, me laissait feuilleter et se promenait de long en large, en roulant une cigarette... Et devant son papier muet, en présence de ses divisions, de ses accolades, de ses 1° et de ses 2°, je voyais s'animer ces pages desséchées. Plus de six mois s'étaient écoulés depuis le jour où sa voix puissante leur avait donné la vie ; et je croyais encore l'entendre. Vous ne pouvez pas vous imaginer, en effet, quand nous lisons ces phrases parfois si massives, l'effet qu'elles produisaient lorsqu'il les composait lui-même sous nos yeux... « Il faut, me dit-il ce jour-là, lorsque j'eus terminé l'examen de ses notes, il faut, quand vous parlez, avoir présente à l'esprit la fin de votre période, les derniers mots de votre phrase. Là se trouve résumée, condensée l'*idée maîtresse*, celle que vous voulez démontrer. Et pendant que vous avez ainsi devant les yeux le but auquel vous devez tendre, les arguments, les exemples s'ordonnent d'eux-mêmes dans votre esprit ; vous les énumérez sans effort, dans leur ordre d'importance, et ils vous mènent naturellement à la conclusion voulue... » Et c'était, en effet, un merveilleux spectacle, les jours où il était bien en verve, de voir ses grandes phrases se construire, s'organiser peu à peu, monter pour ainsi dire comme une pièce d'artifice, jusqu'à ce que le mot final jaillît, tel qu'une gerbe de lumière, au moment qu'il avait choisi... Ces détails sont peut-être encore un peu compliqués pour vous, et Brunetière ne s'adressait pas à des élèves de Seconde ! Je n'ai pas résisté, pourtant, voyant que vous compreniez si facilement son procédé de composition, au besoin de vous rappeler la personne de ce grand maître. Lorsqu'il est mort, cet hiver, estimé même de ceux qui ne l'aimaient pas, beaucoup d'articles élogieux ont paru dans les journaux, mais aucun hommage ne fut plus sincère et plus ému que le muet souvenir de ses plus anciens élèves. Par la puissance de sa méthode, l'étendue de son érudition, la beauté de son éloquence, il avait fait de son enseignement, dans les premières années surtout, une chose vraiment unique ; et c'est un plaisir pour moi de sentir que, même affaibli, l'écho de sa vigoureuse parole ne vous laisse pas insensibles. On n'oublie pas de pareilles leçons [1].

1. Voir *Journal des Débats*, 24 janvier 1908, l'article de M. de Vogüé sur la bibliothèque de Brunetière.

30 *ter.*

EXEMPLES DE DISSERTATIONS ANALOGUES AU PRÉCÉDENT SUR TROIS DES AUTEURS ÉTUDIÉS EN SECONDE

Je voudrais vous voir bien convaincus, avant de revenir une dernière fois aux exercices de Seconde, que ces *dissertations littéraires* ne sont pas trop difficiles pour vous, *lorsque vous connaissez bien* l'auteur dont il faut vous inspirer. Voici d'abord deux devoirs qui m'ont été remis par vos « anciens », l'un à la fin de la Seconde, l'autre au début de la Première ; la copie sur J.-J. Rousseau date du temps où la Première s'appelait encore la Rhétorique, mais la lettre d'Horace est de l'année dernière, et vous en connaissez l'auteur.

Vous verrez que les deux élèves avaient lu, l'un et l'autre, les textes nécessaires, en prenant des notes détaillées ; vous connaissez ce genre de lectures ; elles peuvent être assez rapides, puisque vous n'avez à retenir que les passages où il est question de la *campagne* et de la *nature*. Nos jeunes auteurs ont évité, pourtant, de faire un « centon » ; ils n'ont pas été gênés, écrasés par leurs souvenirs, grâce au *plan* qu'ils avaient choisi. Les idées générales, très simples et parfaitement claires, dont chacune fait le sujet d'un paragraphe, montrent qu'ils ont pu se détacher de leurs notes, comprendre la pensée même d'Horace ou de J.-J. Rousseau, et la traduire dans leur propre langage... Leur *style*, enfin, rappelle souvent des tours ou des images empruntés aux *Épîtres* ou aux *Rêveries d'un promeneur solitaire*. Mais ce sont des réminiscences et non des copies. Cette imitation « n'est pas un esclavage ». Vous allez en juger vous-mêmes :

1er Devoir.

Une journée d'Horace à la campagne.

O l'agréable, la charmante journée que j'ai passée dans ma villa de la Sabine ! Quel plaisir ce fut pour moi de quitter la bruyante Rome ! Plus de fâcheux, plus de solliciteurs qui viennent m'accabler de questions et de placets ! Partout, autour de moi, le calme des champs ! La campagne me devient chaque jour plus chère : c'est, en effet, lorsque s'envolent nos années avec nos rêves et nos illusions, lorsque blanchissent nos cheveux, c'est alors seulement que nous comprenons les charmes de la nature, que nous aimons à entendre le mugissement des troupeaux et les chants d'un pâtre sur la montagne.

J'arrivai dans ma villa vers la fin de la matinée. O, mon cher Julius, la ravissante route ! Figure-toi, de tous les côtés, des montagnes couvertes de pâturages humides : là se plaît la blanche génisse, là bondit le jeune taureau qui ne connaît pas encore la charrue et dont la tête ne s'est point courbée sous le joug. Des chênes nombreux recouvrent de leur ombre les bœufs qui sommeillent. Plus bas, un torrent aux eaux fraîches s'enfonce bruyamment dans des gorges profondes, au milieu de rochers où les chèvres capricieuses osent seules se hasarder. Quelle retraite faite pour notre ami Virgile ! J'avais, la veille, envoyé un esclave prévenir mon villicus : celui-ci vint m'attendre à quelques milles et me ramena dans ma ferme monté dans une charrette que traînaient à pas lents deux magnifiques bœufs. Je trouvai le repas préparé : dîner simple et frugal, mais pour moi bien meilleur que les plats les plus recherchés des plus riches affranchis. Des fèves et des légumes, que je relevai d'un excellent morceau de lard, des fruits cueillis le matin même dans mon jardin, des fromages faits avec le lait de mes vaches et de mes chèvres, du vin fait avec le raisin de mes coteaux et que j'avais enfermé l'année précédente dans de grandes amphores ; et ce festin, devant mon foyer, devant mes Lares ! Ensuite j'allai me coucher près d'une source fraîche, au milieu du foin coupé dont je préfère l'odeur aux parfums de l'Orient et de l'Inde. Je restai ainsi un moment, tout rêveur, comparant la vie énervante et tumultueuse de Rome avec le calme et le silence de la campagne. Je songeais aussi au poëme qu'a entrepris notre ami Virgile. Puis, vaincu par la chaleur, je m'endormis à l'ombre d'un chêne antique. O bois, sous vos frais ombrages, le sommeil est plus doux et plus profond que sous les lambris dorés des palais de marbre !

Vers cinq heures, m'étant réveillé, je voulus faire le tour de mon domaine. Je partis, accompagné seulement de mon villicus et d'un esclave. Mes serviteurs travaillaient : les uns rentraient les dernières gerbes ; d'autres battaient le blé ; d'autres tournaient la meule, écrasaient le grain ou préparaient le pain ; quelques-uns, après avoir cueilli les fruits, les rapportaient à la ferme et les mettaient avec les autres provisions pour l'hiver. J'interrogeai mes fermiers ; ils me répondaient qu'ils étaient contents : les moissons avaient été abondantes, les grappes de raisin se gonflaient déjà de suc et quelques-unes même commençaient à jaunir. Cependant mes champs ne produisent pas tout ce qu'ils pourraient donner : les pierres, les herbes, les ronces en couvrent une grande partie par suite de la négligence de mon intendant. Celui-ci est un de ces esclaves paresseux, fainéants et débauchés comme on en trouve tant. Il regrette Rome et les tavernes où il avait coutume de s'enivrer. J'essayai de lui faire comprendre son bonheur : il était le maître de ma villa, il dirigeait mes serviteurs, il n'avait qu'à les surveiller ; à Rome, au contraire, il serait le dernier de mes esclaves. Je n'ai pu le persuader et je vais le remplacer par un vieux serviteur qui m'est très attaché. Il paraît d'ailleurs fort heureux de cette décision et se voit déjà les jours de fête, sautant lourdement aux accords aigus des joueuses de flûte. Cependant, je me mis à enlever quelques herbes, à jeter hors du champ les pierres qu'il contenait ; je fis ainsi la joie de mes voisins amusés par ma maladresse, et je ne fus pas le dernier à rire avec eux. Un peu plus loin, je trouvai un champ inondé ; mon homme avait négligé, à la suite d'un orage, de faire une digue pour arrêter l'eau. Les esclaves, mon cher Julius, ont besoin d'être surveillés sans cesse ; désormais je viendrai plus souvent. Tel qu'il est pourtant, mon domaine ferait encore bien des jaloux, et j'y passe avec délices ces admirables journées. Assis sur le gazon épais, je contemple mes bœufs qui se promènent en mugissant au fond de la vallée. Armé d'une serpe j'enlève aux arbres les branches inutiles ; j'enferme dans des amphores le miel tiré des rayons. Ou bien, avec mes filets, je puis surprendre la grive gloutonne, le lièvre timide, la grue voyageuse. O, trois ou quatre fois heureux, celui qui, comme les hommes d'autrefois, laboure le champ paternel avec ses propres bœufs !

La nature pourtant, vous le savez, ne suffit pas à me distraire, j'aime la société des hommes. Même à la campagne, je la recherche, et les laboureurs, mes voisins, sont les bienvenus dans ma maison. J'en avais rencontré plusieurs au cours de ma longue promenade, et je les avais invités à venir souper le soir même... O soirée, ô souper vraiment digne des dieux ! Point de festin somptueux, point de plats préparés par les meilleurs cuisiniers de Rome, point de vaisselle précieuse. Dans une salle simple, sans vains ornements, mais propre cependant et même élégante, représente-toi quelques vieux Romains couchés autour de la table. On nous sert d'abord des légumes et du jambon. Ensuite apparaissent quelques poissons pris dans le torrent voisin. Enfin, des fromages, de la crème, des poires : voilà tout notre festin. Nous mangeons et nous buvons copieusement, mais sans excès et sans luxe ; les vins renommés, les fleurs, les parfums, les couronnes de rose, les chansons, les légères danseuses égyptiennes ou espagnoles, vêtues de voiles d'Orient, toutes les frivolités et tous les raffinements de Rome sont inconnus ici. Quel est, crois-tu, le sujet de leurs conversations? Chez ces hommes graves, il n'est point question des intrigues et des scandales de Rome. Ils ont, en effet, gardé les mœurs de leurs pères : leurs mains sont calleuses, leurs épaules robustes, leur corps brûlé par le soleil, résistant à toutes les fatigues ; leurs femmes travaillent dans les champs, leurs filles filent la laine, prennent soin de la maison, surveillent les esclaves, honorent Diane et Vesta ; couronnées de fleurs champêtres, elles déposent sur leurs autels les guirlandes qu'elles ont tressées et les gâteaux qu'elles ont pétris ; elles ignorent les artifices de la toilette et n'entendent point le grec. Les conversations de ces laboureurs sont sérieuses : ils parlent de leurs récoltes, des dégâts causés par les orages. Ils discutent les procédés de culture. Ils se disent les nouvelles venues des armées, les conquêtes, les victoires, les actes d'héroïsme de nos soldats, et ils se réjouissent. Ils vantent les bienfaits et la bonne administration de César. Ils se communiquent les nouvelles du pays : les ventes, les achats, les maladies qui frappent le bétail. Ils cherchent encore si ce n'est pas la vertu plutôt que la richesse qui fait le bonheur. Enfin, nous nous séparâmes fort tard, après avoir passé une bonne partie de la nuit au milieu de conversations agréables.

Pourrait-on passer la journée aussi simplement à Rome ? Notre ami Virgile l'a dit, croyons-le :

> *O fortunatos nimium, sua si bona norint,*
> *Agricolas.*

E. T.
Élève de Seconde A (juin 1906).

2e Devoir.

Lettre de J.-J. Rousseau au marquis de Girardin, pour le remercier de l'hospitalité qu'il lui a offerte dans son château et dans son parc d'Ermenonville (mai 1778).

L'écrivain, âgé, inquiet et malade, accepte l'invitation en raison de son amour de la solitude et de la nature[1].

Monsieur,

hospitalité que vous m'offrez dans votre château et dans votre parc d'Ermenonville ne peut qu'être bien accueillie par un ami de la nature, qui déplore tous les jours d'en être séparé. Votre offre généreuse m'est allée au cœur ; elle me touche d'autant plus que, depuis longtemps, mes semblables m'ont habitué à de tout autres procédés. Je vois, Monsieur,

1. Baccalauréat, Poitiers, novembre 1895.

qu'une âme compatissante a eu pitié de mes malheurs; elle a voulu rendre heureux mes derniers moments... L'empressement que je mets à répondre à son appel si touchant lui dira, mieux que toute parole, ma profonde reconnaissance.

Vous ne pouvez concevoir, Monsieur, tout le plaisir que j'éprouverai à quitter enfin Paris, ce séjour d'horreur, où je n'ai jamais eu qu'à souffrir. Dans ces derniers temps surtout, mon existence est devenue intolérable ; partout on cherche à me nuire, des ennemis puissants s'acharnent à ma perte, je suis enfin l'objet d'une persécution aussi injuste que féroce. Forcé par mes ennemis de me tenir toujours sur mes gardes, j'en suis arrivé à douter de tous les hommes, à ne les considérer tous qu'avec méfiance. Cet état d'esprit me fait beaucoup souffrir. Moi, qui étais né pour aimer les hommes, qui ne leur demandais qu'un peu d'amitié, je me suis vu durement repoussé, accablé de leur mépris ou de leur haine, et persécuté comme un malfaiteur. Mon âme sensible ne demandait qu'à aimer, ils l'ont forcée à haïr. Puis la maladie est venue ajouter ses ravages aux misères déjà si grandes que j'endurais. Elle ne me laisse que de rares répits. Aussitôt que je puis marcher, je vais chercher à la campagne le calme et la solitude. Que ne risquerais-je pas pour passer, ne fût-ce que quelques instants, en compagnie de la nature? J'oublie, avec elle, mes idées noires; je redeviens gai, je jouis de la vie. Mais quand il me faut rentrer, quand j'aperçois les premiers faubourgs de Paris, la mélancolie m'envahit de nouveau, je suis assailli de pressentiments funestes et je rentre plus morose que je n'étais sorti. Vous m'offrez, Monsieur, en me donnant un asile champêtre, le seul remède qui puisse, sinon guérir, du moins soulager mon âme; vous ne sauverez pas, je le crains, la vie du philosophe cruellement blessé, mais vous aurez, dans votre charité, adouci ses derniers jours.

Quelle existence calme et tranquille je vais enfin passer au sein de la nature! Le parc d'Ermenonville, dont j'ai souvent admiré la beauté, m'a laissé une impression délicieuse. La majesté de ses arbres séculaires, le velouté de ses gazons, la rivière charmante qui baigne ce parc enchanté et entretient sur ses bords une luxuriante verdure, tout concourt à en faire le plus délicieux séjour qu'il soit permis à un homme d'habiter. J'aime à penser au moment heureux où je pourrai jouir de tous les charmes de ce parc magnifique. Je me vois d'avance, parcourant ses allées, humides de rosée, pour aller, au soleil levant, saluer le réveil de la nature. C'est pour moi le plus bel instant de la journée. Ce spectacle grandiose me produit une impression de calme et de fraîcheur, et les idées noires s'enfuient, en même temps que les ténèbres, de mon cœur tout rajeuni. J'aime à sentir les fortes exhalaisons des arbres, j'aime à entendre les oiseaux gazouiller joyeusement pour saluer le retour de l'aurore. J'irai ensuite m'isoler dans cette Ile des Peupliers, qui occupe le milieu du petit lac et dont j'ai toujours admiré la fraîcheur, l'heureuse position, la poésie. Tout se réunit pour en faire une retraite charmante ; on y est à l'abri des importuns et l'on a sous les yeux le spectacle de l'eau qui court en murmurant. J'ai toujours aimé à rêver au bord de l'eau. Tantôt je suis les ébats d'une troupe de poissons qui font de temps à autre reluire au soleil leurs ventres argentés ; tantôt je m'amuse à suivre le vol des moustiques et des libellules aux ailes diaprées, à écouter le cri bref du martin-pêcheur, rasant l'eau de son vol, un poisson dans le bec. Mais ce qui me plaît surtout dans une île, c'est l'isolement où l'on se trouve. On aime à croire infranchissable l'eau qui vous entoure, on goûte tous les charmes de la solitude sans que rien vienne se mettre entre la nature et vous, et le silence, à peine troublé par le bourdonnement continu des insectes, berce mieux que les voix humaines la mélancolie du sage.

Ah ! combien elle me sera douce, cette solitude chérie ! Comme j'y goûterai, non seulement le charme du paysage, mais la simplicité même de l'existence champêtre ! Lorsqu'après une matinée délicieuse, passée sur les bords du lac, je reviendrai vers l'Ermitage que votre bonté me réserve, mille sensations évanouies renaîtront d'elles-mêmes dans mon âme ; mille joies, que seuls peuvent connaître ceux qui vécurent jeunes au village, ranimeront une dernière fois mon cœur. Le pavillon que vous me destinez est, dites-vous, à quelque distance de votre château princier ; il est simple, il rappelle un peu la maison aux contrevents verts dont rêva toujours Jean-Jacques, et par les fenêtres ouvertes, on aperçoit une de vos fermes... Comme la bonté d'un ami est ingénieuse et délicate ! Comme elle prévient mes désirs et devine mes moindres goûts ! Je passerai dans cet asile plein de fraîcheur et d'ombre les heures les plus chaudes du jour ; j'y prendrai mon repas sur une table rustique ; point n'est besoin, pour le fournir, de dépeupler votre garenne, de faire monter de votre cave les vins les plus généreux. Du laitage, de l'eau fraîche, quelques légumes cuits au lard, et, pour commencer le repas, une bonne omelette au cerfeuil telle que les font nos paysannes ; voilà ce qui convient, Monsieur, au philosophe de la nature. Dehors j'apercevrai la cour de la ferme silencieuse ; les hommes seront aux champs, les bêtes au pâturage ; seul l'aboiement de quelque chien, le gloussement des poules picorant le fumier, le lourd battement d'aile d'un canard, me rappelleront que la vie n'est jamais complètement absente, et qu'elle palpite autour de nous...

Ainsi, depuis ma tendre enfance, j'ai appris, partout, à comprendre les mille voix de la nature ; tout me parle, tout me distrait dans la campagne et les détails les plus vulgaires sont parfois ceux qui réveillent chez moi les plus doux souvenirs.

Mais il est une heure surtout où mon âme se sent pénétrée d'une émotion mystérieuse ! C'est le soir, lorsque le soleil, déjà très bas sur l'horizon, avertit les hommes de cesser leurs travaux et de se préparer au repos de la nuit... Dès que j'entendrai le bruit des chars et le mugissement des bœufs, dès que la chanson du laboureur se rapprochera de mon ermitage, quand je verrai s'allumer la flamme dans l'âtre sombre, et monter la fumée du toit, je m'éloignerai de la ferme pour sortir dans la plaine. Le lac aux flots irisés, le bois de charmes ou de hêtres au feuillage légèrement agité par la brise conviennent aux heures du matin... J'aime, le soir, les grands espaces, la plaine aux épis dorés sur laquelle le regard peut s'étendre sans fin, tandis que tout au loin, dans le ciel embrasé, sous les nuages aux mille nuances, flamboie le soleil couchant. C'est alors que l'homme sent le mieux la poésie de la Nature, et que l'âme s'élève sans effort vers son inconcevable Auteur. — Certes, tout me parle de lui, tout est merveille dans ce monde qui fut l'ouvrage de ses mains ; un brin d'herbe, une plante fragile suffit parfois à me plonger dans un attendrissement profond ; la botanique me conduit de la surprise à l'admiration, elle me découvre à chaque instant, dans les infiniment petits, la sagesse du Créateur, elle me fait répéter de la moindre fleur ce que l'Évangile dit des lys : « Non, Salomon dans tout son éclat ne fut jamais vêtu comme l'un d'eux ! » — Mais je préfère peut-être encore l'hymne que chantent à sa gloire les vastes étendues de la terre et des cieux. A mesure que la nuit succède au crépuscule, à l'heure où les premières étoiles s'allument dans le firmament sombre, nous perdons de vue la terre, et l'univers immense, les profondeurs infinies s'ouvrent devant nos yeux effrayés. Et lorsqu'un peu plus tard, tous ces millions de mondes gravitent au-dessus de ma tête, suivant les lois établies par une éternelle Sagesse, mon âme se tait, émue devant ces grands spectacles ; je me sens comme écrasé du poids de l'univers ; je voudrais m'élancer dans l'infini, et je me surprends à murmurer : « O grand Être, ô grand Être », sans pouvoir dire ni penser rien de plus.

Telle sera pour moi, Monsieur, l'existence que vous m'offrez au sein même de la Nature. Vous me procurerez ainsi tout le bonheur dont peut jouir encore un homme accablé de maux : vous lui permettrez de reprendre quelque goût à l'existence. Soyez béni pour les consolations que vous donnez au vieux Jean-Jacques ! Soyez béni pour les maux que vous lui évitez dans ses derniers jours, pour le repos que vous offrez à son âme fatiguée, à son cœur tourmenté par la dureté de l'existence et la méchanceté des hommes ! Grâce à vous, je passerai heureux et tranquille le peu de temps qui me reste à vivre ; grâce à vous je pourrai attendre en paix ma fin prochaine, au milieu de la nature calme et souriante ; et lorsque mon âme apaisée, adoucie par ces beaux spectacles, quittera pour un monde meilleur cette terre de souffrance, elle s'envolera avec plus d'allégresse vers l'éternité.

G. L.
Élève de Rhétorique au lycée d'A. (1895-1896).
(Copie complétée et corrigée depuis : « Ah, combien... ».)

8ᵉ Devoir[1].

Vous connaissez tous mon ancien élève de Seconde qui avait composé en 1906 le devoir sur *Pénélope endormie*. C'est un grand « liseur » ! Chaque fois que j'indiquais,

---

[1]. Fait au baccalauréat, le 22 juillet 1907. Inséré seulement le 15 octobre 1907, mais lu, en Première, aux mêmes élèves.

en classe, une lecture, il ne manquait pas de la faire, même quand il savait que je n'aurais pas le temps de l'interroger. Il avait donc étudié le premier livre des *Essais* de Montaigne, comme le reste, d'après le « plan de lecture » que j'avais composé pour les élèves de son année, et que je vous ai dicté, depuis, dans la série de nos explications sur le xvi⁰ siècle. Voici comment il a été récompensé de sa ponctualité, par un de ces hasards qui n'arrivent qu'aux hommes et aux élèves toujours prêts à saisir les bonnes occasions.

Le jour où il s'est présenté au baccalauréat, la Sorbonne a proposé, entre autres sujets, une *lettre de Montaigne à Mademoiselle de Gournay pour lui recommander sa mémoire et le soin de ses œuvres*. La majorité des candidats appartenaient à la division C ; il est clair qu'on n'attendait d'eux qu'une connaissance assez superficielle des *Essais*. Mais B., qui avait fait son année de Première[1] dans la division *Latin-Langues*, était dans de meilleures conditions ; il avait lu assidûment, non seulement les *Essais* de Montaigne, commencés en Seconde, mais les extraits de Rabelais, de Ronsard, de du Bellay .. Voici comment il a mis à profit ses lectures, et tiré parti d'une méthode qui n'a rien de commun avec la récitation des manuels ! L'examinateur, en le félicitant, à l'examen oral, d'avoir regardé si attentivement ses auteurs, lui a dit que sa note était excellente (19 sur 20). Vous allez voir, d'après la lecture de son brouillon, mis au net, que la Sorbonne avait bien jugé !

---

1. Sous la direction de M. Berret.

Lettre de Montaigne à Mademoiselle de Gournay pour lui recommander sa mémoire et le soin de ses œuvres.

MADEMOISELLE,

Me voylà sur mon hyver et icelle lettre est (peut-estre) l'ultime et finable lettre que ie vous escrips. La déesse Mort me presse d'aller au plus tost dans le païs où ont esté mes ancestres. Dieu mercy ! ie la voys approucher (comme disoyt le Saige) sans la désirer et sans la redoubter ; ores, Mademoiselle, donnez moy licence de vous commettre le soing de mes escripts et aussy de ma Renommée et illustration si toutesfoys i'en ai gaigné et acquis.

I'ai (ie doibs vous le dire comme à sincère amye) tant soit peu aymé la gloire. Elle enflamme les cueurs d'une généreuse envye, comme l'ai lu souventes foys en Plutarche (quel à vray parler est mon homme) et le gentil homme de Gascongne, soit par armes, soit par lettres, prise fort la réputation. Ne voys-ie tous gendarmes depuis le plus fameux capitan iusqu'au moindre argoulet convoiter bruict et renommée ? Ores, comme bien est encore plus belle et plus noble de prendre place en la glorieuse pléiade et lignée des escripvains (pour ce que un chascun a sa vanité et mesme au bord de la mort, comme votre serviteur, Mademoiselle) Mais ie croys de plus, Mademoiselle, que ces escriptz que ie commets en vos mains doctes et quasi maternelles sont utiles et prouffitables à l'humaine cognoissance de icelle vye et de ce fameux et estrange animal qu'on appelle l'homme. Ie veulx vous explicquer icy l'intencion que i'ai eue en escripvant comme ie l'ai faict. Ie veulx que icelle missive soit mon codicille testamentaire ; ie vous le mande comme à ma fille d'alliance. Considerez, Mademoiselle, que i'escripvais en tems emply de vols, pilleries et praticques angoisseuses et terribles. Et scachez que en l'Antiquité n'ouït-on jamais conter de tant de guerres et divisions qui partagèrent les François, aultrefois saiges et senez, en papaux et huguenots, lesquels se derobbeoient et s'entresgorgeoient sans pitié. Et estoient menés ces partys par orgueil, malebouche, folie. Ne leur ai-ie remontré que pour la parolle des faulx doctes lesquels les guidoient aux champs de batailles, on ne debvoit certes pas tüer un seul homme? Asseurement, Mademoiselle, c'est un monstre bien changeant et variable que l'homme, mais entre tant de deffaults et vices, vanité et orgueil sont soubvent le mobile veritable qui le mènent à sa perte comme le chartier l'asne au moullin. Ores, i'ai persuadé en mes libvres à nos Françoys que les idées qui nous paraissent stables et asseurées icy le sont singulières et semblent griefves bourdes là, faisant bariolage de caquetteries de sçavans et epilogueurs, lesquels ne sont, pour somme que tintamarre de cervelles, I'ai adonc voulu enseigner humilité et tranquille modération d'esprit sans oultrageuse suffisance. Pour ce que cinq à six barbacoles, mateologiens, bailleurs de bourles vont prouffictant de la besterie des hommes, leur ai-ie enseigné à doubter (non des vérités évidentes et asseurées de la foy), ores de la débile saigesse et expérience inclose en nos cervelles, affin qu'ils apprissent la tressainte, tressaine, tressimple vye de Nature.

Ie esgarde ma vye passée et peux-ie dire à raison que ie n'ai jamais eu que bonheurs, gentile, libere, franche et gaillarde felicité à mener cette vye telle que Nature nous crie de la praticquer. Ostons ces espines, ces hous oultrageux et angoisseux que ie ne sçais quels pedants ont comme exprès semés et faict croistre sur le chemin de Vertu, qui nous guide droictement à cette vye là. Ie le dysois iadis : l'ayme la vye et la cultive semblablement qu'il plut à Dieu de nous la donner en octroy. Nature est guide doulx et plaisant, ie trace et queste en tout sa trace. Liberté est, ce me semble la prime condicion d'une telle vye. Vices et deffaults sont les asseurés tyrans de notre corps et asme, et peut-on dire d'eulx ce que disoit un Ancien' Sophocles, de maison de prince:

> Qui en maison de prince entre, devient
> Serf, quoi qu'il soit libre quand il y vient

Ie ne suis meilleur qu'aultre, et puis-ie dire toutesfoys, que j'ai tout faict pour eviter celle tyrannie, et l'ai faict autant par gaillardise d'esperit et de droict sens que par amour de ma tranquillité corporelle, car qui enchaisne et garote l'esperit en fera bientost autant du corps. Et aussy ie ne me despite tant que contre les fous qui suyvent et quièrent princes et gentilzhommes se mettant en geole d'eulx-mêmes. Corps d'hommes est comme monnoye d'avare et l'esperit semblablement: Se prester peut-estre, se donner, iamais. Ie veulx que nostre vye soit calme comme une rivière sans rochers ni sablons et que du surgeon de la source on esgarde la finable issue et perte en la Mort. Et puis-ie égallement repenser en moy avec resconfort que ie ne me mutinai iamais à icelle pensée (navrante à l'asme de bien d'aultres) assçavoir que nous mourrons tous. Ie l'ai dit soubvent: ie veulx que Mort me treuve plantant mes choux et que j'aille à la dame sans lamenter, ni regrettant mon champ et mes choux. Ouy, vivons en pensant à la Mort, mais vivons bien pendant qu'elle ne tracasse. Pour ce que, ie vous l'asseure, Douleur est pour moy veritable ennemye des hommes et poinct la Mort. A steure la gravelle me le preuve dextrement. A esgarder les plours souspirs et piteuses lamentations que les hommes jettent contre les souffrances peineuses et pondereuses de icelle vye, debvroient bien, semble-t-il bastir de main ouvrière un parfaict art du bon vivre. Et ores, Mademoiselle, ie vous le dys sincèrement et vous baille licence de le repeter aux doctes qui vouldroient épiloguer sur mes libvres. C'est cet art que i'ai tasché de construire et édifier : la science de vye sans douleur ne mal.

Parquoy et pource vous fais-ie un si long prosne ? Que mes escriptz plaisent ou non peu me chaut. N'auront-ilz pas, Mademoiselle, une avocate et zélée et veillante en vostre personne ? Tant que parlerez ou escriprez sur eulx, ie serai en paix et fiance parfaicte. On m'a dict que certains petits messires se soucioient de mes libvres comme d'une paire de moufles, que la langue en estoit cause. Ie ne me mutine pas la contre et i'avoue avecques componction que ie ne connais le beau langage tel qu'il se praticque au iour d'huy à Paris. Ie parle avecques franchise ayant gousté le parler de ma Gascougne et m'y estant tousjours froete ie le prononce de nature et l'escripvs sans malice. Et comme, Mademoiselle, avez veu comment se porte la cappe castillane ou comment on s'en accoustre chez moy, ou recouvrant le corps entier, ou l'épaulle seullement, ou la fesant flotter librement et de cent mille aultres praticques, ainsy aye-ie accoutumance de me parer de mon stile, le laissant aler à dérive comme ruisseaulx de montaigne qu'ont gonflés les pluyes d'hiver. Ie ne sçais quels muguets, ie ne sçais quels bailleurs de bourles inventent nouvelle langue et prétendent bannir l'ancienne, la treuvant trop aspre et ne sçachant priser sa gaillardise, sçuyvant et traçant des autheurs venus d'Italie, sans vigueur ne franche gentillesse.

Ie suys, Mademoiselle, en la conclusion d'icelle lettre et ne vous aye dict le principal, assavoir que ie suis heureulx d'avoyr, après la trespiteuse fin de mon amy messire de la Boetie, mains humaines, fidelles et loyalles pour y remettre ce que i'ai de plus amiable, cher et gentil, c'est a dire mes libvres et escriptz. Ie vous lègue mon papier journal de route ; et vous le ferez paraistre au jour si le voulez ; ie vous lègue le soing de me defendre devant Postérité tâsche griefve quand je pense le peu que ie vaulx ; légère et asseurée quand ie voys en quelles mains ai commis ma partie. Si i'estois orateur et feseur de beaulx dicts, vous nommerois-ie prestresse des Muses et véritable sœur d'Apollo ; mais comme ie ne suis que Montaigne, ie préfère vous appeler ma treschere fille d'alliance que j'ayme de tout cueur, de toute asme en paternelle affection. Donné en mon chastel de Montaigne en ma chastellenie de mesme nom, ce douziesme du moys de febvrier de l'an de grace 1592.

Michel-Eyquem, seigneur de MONTAIGNE, *Mayre des eschevins de Bordéaulx, Escuier du Roy.*

A. B.
Élève de Seconde B (1905-1906) ;
Élève de Première B (1906-1907).

Fait à la Sorbonne, le 22 juillet 1907.

Vous remarquerez que sur quatre devoirs de critique littéraire, pris parmi les meilleurs, nous avons une *narration*, trois *lettres*, et pas une dissertation proprement dite... Cette proportion n'est pas due au hasard ; et si les dissertations vous restent accessibles, c'est probablement sous cette double forme. Vous pouvez voir, en même temps, qu'elle est la plus attrayante.

RETOUR EN ARRIÈRE

LES DEUX DERNIERS EXERCICES DE SECONDE

DEUX SENTIMENTS, DEUX SUJETS [1]

Patriotisme. Humanité.

1ᵉʳ Sujet.

La fête de Hoche à Versailles [2].

1. Elle est annuelle ; elle est banale ; le *décor* est toujours le même ; et les *réflexions* des badauds sont rarement dignes d'être retenues... (La ville. Le public. Un tableau de Roll.)

2. Et pourtant, je suis d'abord la foule sur la Place d'Armes ; la *beauté* du spectacle me séduit bien vite : j'aime à voir, de loin, s'aligner les troupes et s'ébranler les régiments... (L'aspect général de la Place et de l'Avenue de Paris. Beauté de toute force organisée. Un tableau de Van der Meulen.)

3. J'aime, ensuite, revenir lentement vers la Place

1. A choisir.
2. Dimanche 23 juin 1907.

Hoche, en même temps que les *soldats*; je regarde dans les rangs avec sympathie; dans quelques années, moi-même... (Le soldat. Quelques physionomies. Beauté du sacrifice individuel. Un tableau de Detaille.)

4. J'arrive à la Place Hoche pour la fin du défilé. Je comprends le *sens symbolique* de la fête... La statue : un chef énergique. L'inscription de Villemain : un bon citoyen. (Le chef. Puissance du caractère et du talent.)

2ᵉ Sujet[1].

Dans les bois de Saint-Cloud, un dimanche d'été.

1. Quelques esprits chagrins se plaignent de la foule parisienne qui vient *troubler* nos bois les dimanches d'été... J'avoue que je préfère la solitude de la semaine... Pourtant, je ne partage pas leur mauvaise humeur.

2. Je songe à l'existence que mène, pendant six jours, cette bande de *commis* de magasin que je rencontre le matin, chargés de paquets divers et si heureux de respirer...

3. Je pense à l'étroit logement, à la dure existence de ces *familles ouvrières* qui déjeunent sur l'herbe, à l'heure du grand soleil, de si bon appétit.

4. Et je suis indulgent pour leurs plaisanteries. Leurs **conversations** me touchent ; les chansons les plus vul-

1. Pour ceux qui ne se trouvaient pas à Versailles le 23 juin.

gaires, elles-mêmes, ont leur poésie. Béni soit le bois populaire.

Ce devoir n'a pu être traité, à cause des compositions des prix groupées dans les douze premiers jours du mois de juillet.

81 bis.

UNE ANALYSE MORALE[1]

Analyser un chapitre de M. DEMOLINS, *dans les « Causes de la supériorité des Anglo-Saxons ».*

CHAPITRE CHOISI : *Quel est l'état social le plus favorable au bonheur ?*

DÉBUT.

Un livre anglais sur le bonheur : *Le bonheur de vivre*, de Sir John LUBBOCK. Succès extraordinaire de cet ouvrage dans les pays de langue anglaise (77 éditions). Et pourtant, simplicité non moins étonnante des jouissances qu'il nous propose : le plaisir de contempler les beaux paysages, de croire que nous sommes propriétaires des landes incultes, des falaises, des plages, de tout ce qui appartient à la communauté. Pour qu'une race soit aussi optimiste et trouve le bonheur dans des jouissances aussi simples, il

---

1. A propos d'une explication sur La Bruyère. (*Du mérite personnel*, portrait d'Egésippe.)

faut qu'elle le possède en elle-même. Et c'est en effet la solution de cette énigme.

Définition du bonheur.

M. Demolins le définit : « l'état de satisfaction des gens qui réussissent à surmonter vraiment les *difficultés matérielles* et *morales* de la vie ».

I. — Éléments secondaires du bonheur.

1. *Un bon caractère*. — Nécessaire, en effet, mais insuffisant. Il ne change pas la réalité. Il aide à supporter la douleur ; il ne la supprime pas[1].

2. *La santé*. — Il est évident qu'elle n'est aussi qu'une condition négative du bonheur. Elle nous met en état de nous le procurer. Rien de plus.

3. *La fortune*. — L'homme riche est vite blasé sur les plaisirs qu'elle procure. Il en désire toujours d'autres, plus coûteux et plus compliqués. De plus, il perd le goût de l'effort ; la fortune se dissipe fatalement en quelques générations.

4. *La religion*. — Elle n'est pas faite pour veiller à

---

1. M. Demolins n'insiste pas assez sur cet élément du bonheur. Voir, sur la modération dans les désirs, le livre de M. le Pasteur WAGNER : *La Vie simple*, et l'éloge qu'a fait publiquement de cet ouvrage le président Roosevelt... un Anglo-Saxon !

notre bonheur en ce monde. Si, même, nous voulons lui demander ce qu'elle ne doit pas nous fournir, elle nous induit en erreur. Elle nous inspire la résignation passive, alors que nous aurions besoin d'activité[1].

II. — Élément primordial : le milieu social.

1ᵉʳ **Milieu : Le bonheur procuré par une oisiveté relative.** Les peuples pasteurs. Exemple : les Tartares mongols.

1. *Difficultés matérielles réduites à rien.* — L'herbe et le troupeau.

2. *Difficultés morales atténuées.* — Par la modération des désirs. (Cet homme est content de son sort. Difficulté qu'on éprouve à le faire changer de vie. Souvenirs d'Homère. Témoignage des voyageurs contemporains.)
Par la constitution sociale. (Les difficultés mises en commun. L'homme habitué à s'appuyer sur les autres. Le clan ou la tribu.)

2ᵉ **Milieu : Le travail imposé à des races mal préparées.** — Contradiction entre l'hérédité et la nécessité du travail.

1. *L'hérédité.* — Le besoin acquis d'éviter l'effort. —

---

[1]. Ici encore, nous reproduisons simplement les idées de M. Demolins, sans les adopter entièrement. Elles sont d'ailleurs un peu atténuées dans le texte complet.

Il persiste chez l'homme, alors que la prairie primitive ne suffit plus à le nourrir sans travail.

Diverses formes que prend dans nos sociétés cet instinct : toutes consistent à s'appuyer sur la communauté; c'est le procédé du *frelon* à l'égard des abeilles. Remarquer le mouvement de cette page, qui ne manque pas d'éloquence :

> C'est un frelon, ce jeune homme qui... qui...
> C'est un frelon, ce bourgeois qui...
> C'est un frelon...

chaque paragraphe se terminant par le même refrain[1] :

> ... cherche à se faire entretenir par la Société.

2. *La nécessité du travail.* — Elle est imposée par le sol, le climat et le grand nombre des habitants.

Etat précaire des *frelons*, réfugiés dans les maigres fonctions publiques.

Travail de Sisyphe imposé à tous les citoyens qui craignent, sinon pour eux-mêmes, au moins pour leurs enfants, l'effort et toute espèce de risque. La question de la *dot*.

Tristesse qui en résulte. Les philosophies pessimistes, du nirvâna au nihilisme.

3e Milieu : Le bonheur procuré par le travail et l'effort. — 1. *Explication de ce paradoxe.* — Importance de

---

[1]. Procédé imité de Voltaire, dans le fameux épisode de *Candide* : «... et je suis venu passer le carnaval à Venise ».

l'entraînement, qui permet d'éprouver du bien-être dans un exercice en apparence pénible.

2. *Le fait.* — Et il existe, en effet, de pareils individus, de pareilles races. Le monde anglo-saxon. Les meilleurs éléments du nôtre.

Voir début du chapitre X de sir John Lubbock, *Le travail et le repos* : « Parmi les peines de la vie, je ne compte pas, naturellement, la nécessité de travailler. »

De même, notre proverbe français, « Le travail c'est la liberté », qu'on voudrait voir citer ensuite par M. Demolins, et où l'on retrouve toute la gaîté, toute la force joyeuse de nos meilleurs artisans. Au contraire, le proverbe espagnol : « Se reposer est santé » et le mot italien de *farniente* expriment un tout autre idéal.

Jolie réflexion d'un Oriental, assistant à une partie de cricket et demandant « pourquoi ces gentlemen ne payaient pas quelques malheureux pour faire cette besogne à leur place ».

Et, pour terminer, le proverbe turc : « Il vaut mieux être assis que debout, couché qu'assis, mort que couché. »

Il est certain que la grande masse du genre humain aime mieux être assise que debout et ne trouve pas, en général, le bonheur dans l'activité. Mais il existe d'heureuses, de nombreuses exceptions. C'est parmi elles qu'il faut nous ranger ! Le monde leur appartient.

... Et M. Demolins ajoute, en terminant son livre (p. 410) : « Il est écrit : « Tu gagneras ton pain à la sueur de ton front. » Cette parole est non seulement le fondement de la puissance sociale, mais encore le fondement de la puissance morale. Les peuples qui se dérobent, par toutes sortes de petites combinaisons, à cette loi du travail personnel et intense, subissent une dépression, une infériorité morale : ainsi le Peau-Rouge par rapport à l'Oriental ; ainsi l'Oriental par rapport à l'Occidental; ainsi [une partie des] peuples latins et germains de l'Occident par rapport aux peuples anglo-saxons.

POUR LES JOURS DE PLUIE PENDANT LES VACANCES

Quatre ou cinq livres à emporter.

Quelques pères de famille m'avaient prié, pendant ces dernières semaines, d'indiquer à leurs fils des lectures pour les vacances. J'avais donc dressé une liste, très incomplète forcément, et sujette à mainte critique, mais où je m'efforçais de satisfaire les goûts les plus différents. Il faut croire que le but s'est trouvé atteint, puisque ces indications, communiquées d'abord aux seuls intéressés, ont été, les jours suivants, réclamées par l'un, puis par l'autre. Le 31 juillet encore, un élève est venu les demander.

Leur empressement est d'autant plus à noter que cette liste imparfaite et hâtive était loin de mériter, par elle-même, un pareil succès. Il prouve que les lectures sérieuses n'effraient pas nos enfants. Leur curiosité ne demande qu'à être dirigée et soutenue. Je publie donc à ce titre, et sans l'améliorer, notre liste, comme un naïf document.

Sur l'antiquité.

Taine, *Essai sur Tite-Live* (la moitié du volume environ).

G. Boissier, *Cicéron et ses amis* (la vie privée, Atticus).
— *Promenades archéologiques.*
— *Nouvelles promenades archéologiques.*

Fustel de Coulanges, *La Cité antique* (les quatre premiers chapitres).

Rien sur le XVI° siècle.

Vous avez vu combien d'explications exige la moindre lecture pour être bien comprise. Les beaux ouvrages, allemands ou français, qui existent sur la Renaissance et la Réforme, sont au-dessus de votre portée.

XVII° siècle.

Taine, *La Fontaine et ses Fables.*
G. Boissier, *Mme de Sévigné.*
Saint-Simon, *Scènes et portraits* (2 volumes d'extraits. Hachette, édit.).

Il ne s'agit pas, pendant ces deux mois, d'acquérir des connaissances sur le xvii° siècle. Les deux premiers volumes doivent simplement vous apprendre à voir l'intérêt toujours actuel des classiques, et à penser avec eux dans le langage des honnêtes gens. Quant à Saint-Simon, il vous amusera ; ce recueil, fait pour les classes, est une vraie comédie à l'usage des gens du monde.

XVIII° siècle.

Rien. Nous l'étudierons ensemble, en Première.

XIX° siècle.

Critique.

FAGUET, xix° siècle.
TAINE, *Essais* et *Nouveaux essais de critique et d'histoire*.
J. LEMAITRE, *Les contemporains* (chapitres choisis par vos parents).
FROMENTIN, *Les maîtres d'autrefois* (pour ceux qui aiment le dessin).

Histoire.

TAINE, *L'ancien régime*.
DE TOCQUEVILLE, *L'ancien régime et la révolution* (difficile, mais de premier ordre).
GUIZOT, *Histoire de la civilisation en France* (le 1er volume).
MICHELET, La partie de l'*Histoire de France* relative au Moyen âge (le xiv° et le xv° siècle surtout).
PH. DE SÉGUR, *Histoire de la Grande Armée en 1812*.
MARBOT, *Mémoires*.
DE VIGNY, *Servitude et grandeur militaires*.

Géographie et Voyages.

(A faire compléter par votre professeur d'histoire).

Dubois, *Tombouctou la Mystérieuse.*
C^t Toutée, *Du Dahomé au Sahara.*
Lt Hourst, *Sur le Niger et au pays des Touaregs.*
Foa, *Mes chasses* (assez coûteux).

A ce dernier livre se rattache ce qu'on pourrait appeler la « littérature sportive », si développée en Angleterre et aux États-Unis. Ceux d'entre vous, par exemple, qui vont en Suisse ou en Savoie ne manqueront pas de se procurer le beau livre du Dr Zigmondi sur les *dangers de la montagne*, toutes les qualités que développe le sport : l'énergie, la confiance en soi, la persévérance, le goût de l'effort et de la lutte, ont été bien mises en lumière par cet aimable et simple écrivain. Il périt (en corrigeant les épreuves mêmes de son livre) pour avoir oublié ses propres principes, et tenté une ascension difficile[1] dans des conditions imparfaites Mais cette conclusion funèbre n'enlève rien à la valeur de l'œuvre, tout en attirant à l'auteur une mélancolique sympathie. .

D'autres, mieux informés que moi, vous indiqueront certainement des ouvrages analogues ; on cite un conseiller-maître à la Cour des Comptes[2] qui n'a pas dédaigné d'écrire un livre instructif et charmant sur la *pêche à la mouche*

---

1. La Meije.
2. M. Albert-Petit.

artificielle. Tout homme intelligent qui vous parle avec conviction d'un sport, quel qu'il soit, vous donne autant d'idées, éveille autant de sentiments que beaucoup d'œuvres purement littéraires ; ou plutôt, ce genre d'ouvrages, toutes les fois qu'il attire votre attention sur une loi de la nature ou une qualité de l'homme, est pour vous de la plus utile, de la meilleure littérature.

Géographie économique. Commerce et industrie.

TAINE, *Notes sur l'Angleterre* (un modèle).
DE ROUSIERS, *La vie américaine*.

Un des livres que Taine lut avec le plus de plaisir, la dernière année de sa vie. L'auteur des *Notes sur l'Angleterre* aimait à voir se répandre ces méthodes de notation qu'il avait été, avec Le Play, le premier à pratiquer. Depuis, elles ont été bien vulgarisées. Elles ne l'étaient pas encore autant, lorsqu'il me recommandait cet ouvrage en 1891. Taine se montrait moins satisfait lorsqu'un autre genre de disciples se réclamaient de son exemple. Un jour que de jeunes écrivains naturalistes lui avaient envoyé un petit lot de nouvelles et de pièces de vers, avec cette dédicace : « A notre père intellectuel », il leur répondit sur sa carte :

Le flot qui l'apporta recule épouvanté [1].

Vous pouvez suivre cette double indication du grand philosophe. Vous ne vous égarerez pas !

1. Conversations de Taine à Menthon-St-Bernard, en 1891.

J. Huret, *En Amérique. De New-York à la Nouvelle-Orléans.*

— *De la Nouvelle-Orléans à San Francisco* (très vivant).

— *En Allemagne. Rhin et Westphalie.*

Vicomte d'Avenel, *Le mécanisme de la vie moderne,* l'histoire de Félix Potin et celle de Boucicaut.

Demolins, *Les Français d'aujourd'hui.*

R. Bazin, *La terre qui meurt.*

J. Méline, *Le retour à la terre.*

Vous noterez le principe commun à tous ces livres, si bien exprimé par M. J. Huret : il faut, vous dit-il sans relâche, par la bouche des Américains, *se tenir au courant des dernières découvertes,* chercher toujours *ce qui est nouveau,* et s'en servir avant les autres (t. I, p. 104, 117, 307); la page 117 surtout mérite d'être méditée, d'autant plus que les remarques y sont faites par un industriel français, M. Clément, alors de passage à New-York. « Chaque spécialiste, dit-il, c'est-à-dire chaque ingénieur, chaque contremaître, chaque ouvrier se demande constamment ce qu'il faudrait faire pour que sa machine produise mieux et plus vite... » Je vous recommande aussi, comme symbolique, le dialogue de la page 290, entre l'auteur et un industriel, sur une merveilleuse machine déjà dépassée par une autre « deux fois plus pratique » :

« Et que ferez-vous de celle-ci ? »

Il sourit :

« Oh, nous la mettrons à la vieille ferraille... »

Il en est de même dans nos études. Littéraires ou scientifiques, elles ne peuvent nous être utiles que si elles sont constamment *en avance*, et non en retard, sur la moyenne des connaissances et des opinions courantes. Penser aujourd'hui avec le petit nombre ce que la foule pensera demain ; faire en excentrique, en original, ce qui dans quelque temps passera pour une banalité : voilà quelle doit être votre ambition ; voilà le stimulant de votre activité, la source des joies intellectuelles les plus vives, en même temps que les plus fécondes.

Romans.

V. Hugo, *Notre-Dame de Paris.*
Balzac, *Eugénie Grandet, César Birotteau.*
Daudet, *L'Évangéliste.*
P. Loti, *Pêcheur d'Islande.*
Mérimée, *Colomba.*
G. Sand, *Les quatre romans champêtres.*
Erckmann-Chatrian, *Madame Thérèse.*

Théâtre.

E. Augier, *Le gendre de M. Poirier.*
Sardou, *Patrie, La Haine.*
Becque, *Les Corbeaux.*
Labiche, *Le voyage de M. Perrichon.*

Les éclectiques pourront choisir un volume dans chaque catégorie ; par exemple :
G. Boissier, *La maison d'Horace.*
Taine, *La Fontaine et ses Fables.*

Faguet, xix⁰ *siècle.*
Vigny, *Servitude et grandeur militaires.*
Foa, *Mes chasses.*
Huret, *En Allemagne. Rhin et Westphalie.*
G. Sand, *Les maîtres sonneurs.*
Sardou, *Patrie.*

Les « spécialistes » (il n'est pas mauvais d'avoir une passion — on en change si vite !) se borneront à une seule catégorie. Les « scientifiques » négligeront le roman comme frivole, et les « littéraires » dédaigneront le vicomte d'Avenel comme traitant des sujets vulgaires... Ils auront tort, les uns et les autres. Mais que ne leur pardonnerai-je pas, s'ils manifestent un goût quelconque, s'ils ont une préférence *personnelle,* et si la lecture de leur choix les engage à réfléchir ! Une seule recommandation. N'emportez pas plus de six ou sept volumes au grand maximum. Vous éviterez les excédents de bagages au chemin de fer et l'encombrement dans votre mémoire... *Non multa sed multum...* S'il pleut beaucoup, d'une manière invraisemblable, vous en serez quittes pour dire, comme Royer-Collard : « Je ne lis plus, Monsieur, je relis ! » Les volumes que j'ai indiqués ici sont de ceux qu'on peut relire.

LA DERNIÈRE CLASSE

Les derniers jours de juillet sont venus. Depuis une quinzaine, déjà, la classe n'était plus que l'ombre d'elle-même et le nombre des élèves se trouvait bien réduit le samedi 27, quand nous avons pris possession du local de la Première C. Par un heureux hasard, qui ne se retrouvera plus pour la génération suivante, je conserverai l'an prochain en Première les élèves que j'avais cette année en Seconde ; aussi est-ce surtout à l'avenir que nous pensons. Cette année finissante n'a rien de la mélancolie qui s'attache aux choses en train de disparaître pour toujours ; et si nous jetons un regard sur le passé, c'est pour le rattacher à la nouvelle année que nous sentons si proche... Déjà, pour vos « anciens », le baccalauréat est presque terminé ; les moins favorisés passent en ce moment même l'examen oral ; les autres, reçus ou... ajournés, oublient à la mer ou à la montagne, ou simplement aux « rives prochaines », sous les ombrages de Trianon, les soucis de l'année scolaire Nous pouvons nous emparer de la classe, puisqu'ils n'ont assurément aucune envie d'y revenir pour travailler.

De quoi parler, sinon de ce passage même, de la transition entre la Seconde qui finit et la Première qui commence? Logiquement les deux exercices compris sous le n° 30 auraient dû occuper nos derniers instants, et terminer dans nos cahiers la longue série des devoirs.

Ils étaient faits naturellement pour des classes de transition. Mais j'avais tenu à les voir traiter par tous les élèves, et il était prudent de ne pas attendre les dernières semaines pour y insister; d'autant plus qu'il était question, cette année, de fixer les vacances au 14 juillet, et, qu'en fait, les effectifs, à partir de cette date fatale, sont partout réduits des trois quarts... De là vient que ces deux devoirs nous avaient occupés dès la fin de juin ; ils étaient déjà loin de nous. Mais nous y sommes revenus. L'occasion était bonne de corriger dans les détails ces deux chapitres de *notre livre!* Nous les relisons ensemble, appréciant les conseils si justes des pères de famille, évoquant le souvenir de Brunetière, ajoutant certains traits, retranchant des mots inutiles... Tout à coup, la porte s'ouvre ; deux élèves de Première entrent ; ils viennent nous donner quelques détails sur les examens de la veille ; les uns sont agréables, d'autres moins attrayants... Tous les bulletins de victoire n'ont-ils pas, hélas! leurs morts et leurs blessés? Mais nous savons nous élever au-dessus de ces choses contingentes; nous apprécions les sujets, non pas dans l'état d'esprit probable des victimes, mais avec l'impartialité de philosophes qui se sont tenus loin du combat. Ces matières paraissent, en général, très acceptables, et nous n'aurions pas lieu de nous inquiéter si nous avions un peu plus de temps à consacrer l'année prochaine au français... Les six sujets donnés, en deux séries, dans la division C, le 18 et le 22 juillet, appartiennent à quatre genres différents : le premier, le meilleur pour nous, est une définition du *rôle social de la science*, d'après une parole de Lavoisier. Le second est un commentaire grammatical et littéraire de 23 vers d'*André Chénier*. Deux autres sont des lettres, l'une sur *Montaigne*, l'autre sur *Bossuet*, impliquant une connaissance très sommaire de leurs œuvres ; dans les deux derniers enfin, les élèves devaient définir l'*histoire*, d'après un passage de la Lettre à l'Académie, ou *comparer* quelques tragédies classiques à celles de Schiller et de Gœthe[1]. Pas de narration, cette fois ; aucune fantaisie. Ce n'est pas, évidemment, que la Faculté y renonce, après en avoir proposé la semaine précédente ; elle fera toujours bon accueil aux plus humbles formes de la pensée ; mais elle garde évidemment ses préférences pour un genre un peu plus difficile et plus profitable encore, la dissertation litté-

---

[1]. On rapprochera avec intérêt des sujets donnés à Paris cette année ceux qui ont été proposés aux sessions précédentes par les différentes Facultés. M. JASINSKI, professeur de Première au lycée de Caen, docteur ès lettres, a eu la patience de recueillir et de classer tous ces documents utiles. (*La Composition française au baccalauréat*.) Son procédé méthodique nous donne, avec netteté, la *notion vraie* de ce qui est actuellement demandé au baccalauréat. On y trouve sur la morale, l'histoire, la littérature, les beaux-arts et la géographie, l'ensemble des idées essentielles qu'un jeune homme doit avoir acquises pour ne pas être absolument un « illettré » ; la série chronologique des dissertations littéraires produit, notamment, un effet assez curieux, par l'importance qu'elle donne à toutes les grandes questions pour rejeter dans l'ombre celles qui ne méritent pas d'être retenues ; elle fait honneur au goût et à l'indulgence des jurys. C'est le programme du bon sens.

raire. Elle prend soin, d'ailleurs, de choisir ses matières, conformément aux vœux des pères de famille, avec beaucoup de prudence[1].

Nous tiendrons compte l'an prochain, de ces indications, ou plutôt *j'en* tiendrai compte ; car le mot de baccalauréat ne devra jamais être prononcé ! Nous serons un peu, vis-à-vis de cette fâcheuse échéance, comme les Cadets de Gascogne vis-à-vis du nez de Cyrano ; nous y penserons toujours trop ! Et nous tâcherons d'éviter

> la moindre allusion au fatal cartilage !

Vous n'aurez qu'à faire chaque semaine ce que je vous indiquerai, sans vous laisser absorber, comme un trop grand nombre d'élèves de Première C, par les problèmes de mathématiques ; et vous arriverez mieux préparés que tant d'autres, qui « en » parlent toujours sans y jamais travailler. Je reconnais que le chemin à parcourir est très long ! Le XVIIe siècle à terminer, le XVIIIe siècle à connaître en entier, le XIXe en grande partie... Tout un monde, ou plutôt trois mondes : celui de la raison classique, celui de la philosophie révolutionnaire, celui de la poésie lyrique et de la science... Vraiment, ce que nous avons étudié[2] semble peu de chose à côté de ce qui nous reste à voir. Nous ferons au moins ce que nous pourrons, en trois

---

[1]. Voir cependant, sur les sujets donnés dans la division D, la juste appréciation d'un examinateur, M. Lévy-Wogue. (*L'Enseignement secondaire*, 15 janvier 1908.)

[2]. Dans les classes d'explications, qui n'ont pu être reproduites ici.

heures par semaine. La bibliothèque de la classe nous y aidera... si nous avons le temps de la consulter.

Et nous passons le reste de notre dernière matinée à examiner cette belle bibliothèque. Elle est abondante et variée, enrichie depuis dix ans par des générations curieuses et des maîtres pleins de goût. Nous n'avons pas à nous plaindre de nos devanciers. La reconnaissance ne nous interdit pas, cependant, de critiquer certaines dispositions du catalogue. Nous classons à notre guise les volumes dans un ordre que nous jugeons, sinon plus méthodique, au moins plus conforme à nos manies ; nul doute qu'il ne vaille infiniment mieux ! Nous classons, causons, discutons, tant et si bien que le tambour nous surprend, comme d'habitude, au « plus beau moment », alors que nous avions encore beaucoup de livres à ranger... Mais n'est-ce pas l'éternelle histoire? A-t-on jamais rien achevé? — « Au revoir, mes chers amis, à l'année prochaine ! Et surtout, rappelez-vous une de nos devises, le vieux mot : *age quod agis*. Vous avez assez bien employé l'année. A l'exception de quelques lectures, *ne faites rien pendant les vacances !* » Une clameur joyeuse me répond. Je n'ai jamais été mieux compris.

POST-SCRIPTUM

---

2 janvier 1903.

Nous nous sommes retrouvés, en effet, en Première, et nous rédigeons fréquemment, sur les points qui nous intéressent, nos impressions de chaque jour... Ai-je besoin, pourtant, d'ajouter qu'avec une année nouvelle et un programme différent, notre *Journal* a changé, bien souvent, de caractère? Nous ne sommes plus au temps d'*Anatole*, des *Retraités du parc de Versailles*, et de la *Revue du Centenaire*; l'observation des menus faits que fournit la vie quotidienne ne suffit plus à nous soutenir dans des devoirs plus élevés, et l'*explication des textes*, déjà si importante en Seconde, devient en Première la partie capitale de notre enseignement.

C'est donc *aux explications et à la lecture des auteurs* que je consacrerai un nouvel ouvrage, s'il s'est rencontré un public suffisant pour faire bon accueil à de pareilles études. Après avoir vu comment un élève met de l'ordre dans sa pensée et de la netteté dans son style, nous essaierons de lui fournir les connaissances nécessaires pour que cette « rhétorique des classes » ne reste pas un art formel et repose toujours sur des idées solides. Le goût des lectures sérieuses et des réflexions prolongées, le besoin de ne pas se payer de mots et d'aller jusqu'au fond des choses sont plus importants encore à contracter de bonne heure, que la facilité de parler et d'écrire. Rien ne serait plus dangereux, dans une société où les hommes de science tiennent une place tous les jours plus grande, que de les rendre aptes simplement à jongler avec des idées, des fantômes d'idées dignes de Protagoras... Il serait vraiment bien fâcheux d'avoir supprimé l'ancienne rhétorique, comme trop vague et trop redondante, pour la remplacer par une autre, plus sèche, mais tout aussi creuse, sous son apparence décevante de rigueur pseudo-scientifique. Il faut donc, tout en apprenant à exprimer sa pensée, demander à ceux que nos pères appelaient les « bons auteurs » la manière d'observer consciencieusement la nature et de demeurer toujours fidèle à la vérité. L'*art de lire* doit accompagner l'*art d'écrire*. Et c'est pourquoi j'en ferai l'objet de mon second « plaidoyer » !

Tel qu'il est dès aujourd'hui, et quoiqu'il soit encore privé d'un complément nécessaire, j'espère que ce premier discours (cette première *action pro domo !*) sera facilement compris. Le lecteur n'a pas pu se tromper sur le but que je me proposais dans ce *Journal d'un professeur*. Il a su lire entre les lignes, aidé çà et là par les notes où perçait de temps en temps, dès la fin de l'Avant-propos, mon intention secrète. Je n'ai fait que suivre l'exemple de tous les auteurs de *Mémoires*. Ce qu'ils feignent de passer sous silence est, en général, ce qu'ils tiennent essentiellement à faire entendre, et ils espèrent bien que le récit pur et simple des événements sera la démonstration vivante de la thèse qui leur tient au cœur. Puisse cette apologie peu déguisée des Lettres, dans des classes où la vie leur est rendue si difficile, attirer sur leur sort précaire une attention bienveillante! Si ma « première vue », en effet, a été, comme celle de Rollin, de « mettre[1] par écrit la méthode usitée parmi nous », ma dernière est de lui gagner des soutiens et des défenseurs; et l'on ne s'étonnera pas, sans doute, de me voir souhaiter, en terminant, qu'une meilleure place puisse être faite, une place vraiment digne d'elle, dans notre enseignement scientifique, à l'éducation littéraire.

---

1. Je profite de cette dernière allusion à la méthode suivie pour dire tout ce que je dois à l'un de mes anciens maîtres. M. Mossot, professeur honoraire de Rhétorique au lycée Condorcet, a bien voulu revoir mon manuscrit en détail, et m'aider dans des corrections que la forme même de l'ouvrage rendait un peu minutieuses. Ceux qui l'ont connu, dans la chaire qu'il occupa si longtemps en Seconde, puis en Rhétorique, devineront sans peine les services que m'ont rendus son goût et son expérience. Je ne puis trop le remercier de ses affectueux conseils.

TABLE DES MATIÈRES

	Pages.
Avant-propos.	1
1. **Les deux premières classes.** — *Conseils généraux sur la narration.* — Analyse d'un conte de Daudet.	17
2. **Narration :** Une bonne leçon.	26
Correction : Comparaison entre deux copies.	27
3. **Plan-Analyse.** — *Manière de prendre des notes dans un auteur.* — Deux notes sur J.-J. Rousseau.	35
Corrigé de la Note.	36
Corrigé de l'Analyse, ou « l'art des préparations » dans un récit bien composé.	40
4. **Narration.** — *Le choix des détails pittoresques. Le mouvement dans un récit.* — Charlemagne au lycée.	42
Correction.	43
5. **Plan détaillé d'une dissertation.** — *Analyse d'un caractère :* Le baron du xie siècle dans la « Chanson de Roland ».	51
Correction.	54
6. **Narration :** Charles VIII et Anne de Beaujeu.	55
Correction.	58
7. **Conseils pour la lecture d'une Chanson de Geste.** — *Exercice oral et facultatif. Étude des procédés narratifs dans une Chanson de Geste.* — Guibourc et Guillaume au Court-Nez.	64
8. **Narration.** — *Souvenir des vieilles études. Sujet pris dans un cahier d'autrefois :* Homère et Achille.	66
Corrigé.	69
9. **Lecture méthodique d'un auteur :** *Notes sur le sentiment de la nature dans l'œuvre de J.-J. Rousseau.*	71
Plan à compléter.	72
Autres lectures plus originales	73
Dernier conseil : Sur les Estampes et les Gravures.	77

10. Réflexions sur un tableau : « Légèreté !... » ou : « Les suites d'un bal masqué ». 80
    Conseils. 81
    Corrigé. 83
11. Analyse d'une tirade. — *Note sur le rôle des devoirs et des compositions.* — Le Monologue de Micion. . . . 86
    Corrigé. 86
12. Analyse facultative : La « théorie de la mémoire », par Legouvé. 90
    Corrigé. 91
13. Dissertation familière. — *Réflexions d'un élève :* Mon examen de conscience, après le premier trimestre. Travail et méthode. 94
14. Analyse et jugement. — *Comment il faut lire Molière :* La première scène du « Misanthrope », du vers 88 au vers 180. 101
    Corrigé. 103
15. Narration : Le sommeil de Pénélope. 108
    Correction. 109
16. Narration : La croix d'honneur. 118
    Correction. 119
17. Lettres familières : Un chapitre de la « civilité puérile et honnête ». 125
    Correction ; I. — Lettre au professeur. 126
              II. — Lettre de Jour de l'An. . . . 130
              III. — Lettre d'affaires. 134
18. Analyse d'un caractère tiré d'une comédie. 136
    Conseils. 136
    Correction. 137
19. Un récit : Braves gens d'autrefois. Au village, en 1853. 143
    Conseils 144
    Correction. Quelques mots adressés à l'auteur de la meilleure copie. 146
    Note. 151
20. Une comparaison : Euclion et Harpagon. 154
    Conseils 154
    Corrigé. 155
21. Narration : Anatole, *ou :* Le travail personnel. . . . 159
    Conseils. 160
    Correction. 161
22. Plan : Sur le style de Montaigne. 167

TABLE DES MATIÈRES

23. Dissertation proposée par un père de famille. — *En songeant à l'avenir* : Conversation avec les élèves, suivie des réflexions d'un professeur allemand 170
    Un incident : Deux jours après la dictée du devoir. 173
    Un curieux rapprochement. 177

23 bis. Analyse sur un sujet scientifique : Fragment du discours de M. Jules Lemaître recevant Berthelot à l'Académie française. 181
    Réflexions sur les rapports des lettres et des sciences, dans les classes de Seconde et de Première 185

24. Narration sur le « bon vieux temps ». — A Versailles : Retraités. 187
    Souvenir de la correction. 188

25. Réflexions personnelles : Mes souvenirs sur Corneille, *ou :* Ce que je connais de Corneille. 194
    Correction. 195

26. Dissertation familière : Quel profit dois-je retirer de Corneille ? 200
    Correction. 201

27. Dissertation de morale pratique. 208
    Conseils pratiques 208
    Correction du devoir 211
    Quelques réflexions à ce sujet. 218

27 bis. Autre sujet « modern-style ». 222

28. Le centenaire du lycée Hoche (1807-1907) : Compte rendu sommaire de la « Revue » jouée à cette occasion sur le théâtre du lycée. 225
    Corrigé. 228
    Conversation sur le général Hoche. 232
    Fac-similé d'une lettre autographe du général Hoche. 236-237

29. Dissertation familière : Néron dans le monde, *ou :* Un jeune enfant de ma connaissance. 238
    Correction. 243

DEUX EXERCICES DE PREMIÈRE. — TRANSITION ENTRE LES DEUX CLASSES.

30. Double forme que peut prendre un sujet de critique littéraire : narration et dissertation. — Le « réalisme » dans Racine. 252
    Réflexions. — Opinion des pères de famille . . . 261

30 bis. Comment on analyse un chapitre de critique littéraire. — Un souvenir sur Brunetière. 268
    Analyse. 269
    Autre analyse. 270

30 ter. Exemples de dissertations analogues au précédent sur trois des auteurs étudiés en Seconde 274
    1er devoir. — Une journée d'Horace à la campagne. 275
    2e devoir. — Lettre de J.-J. Rousseau au marquis de Girardin. 279
    3e devoir. — Lettre de Montaigne à Mlle de Gournay. 284

RETOUR EN ARRIÈRE. — LES DEUX DERNIERS EXERCICES DE SECONDE.

31. Deux sentiments, deux sujets : Patriotisme. Humanité. 292
    1er sujet. — La fête de Hoche à Versailles. . . . 292
    2e sujet. — Dans les bois de Saint-Cloud, un dimanche d'été. 293

31 bis. Une analyse morale : « Quel est l'état social le plus favorable au bonheur ? ». 295

32. Pour les jours de pluie pendant les vacances. Quatre ou cinq livres à emporter. 301

33. La dernière classe. 309

POST-SCRIPTUM. 314

PLANCHES HORS TEXTE.

Le tombeau de J.-J. Rousseau à Ermenonville. 78-79
Suites d'un bal masqué. 80-81
Pénélope endormie. 108-109
Hoche pacificateur de la Vendée. 232-233
Hoche en 1794. 234-235

CHARTRES. — IMPRIMERIE DURAND, RUE FULBERT.

Librairie VUIBERT, Boulevard Saint-Germain, 63, PARIS.

Journal de Mathématiques élémentaires
par H. VUIBERT *(40ᵉ année).*

Journal 28/22ᶜᵐ, avec figures et épures dans le texte, paraissant le 1ᵉʳ et le 15 de chaque mois, du 1ᵉʳ octobre au 15 juillet. — (A quelque époque de l'année que l'on s'abonne, on reçoit tous les numéros parus depuis le 1ᵉʳ octobre.) — Abonnement annuel : France et Colonies, 5 fr.; Étranger., ... 6 fr. »

Ce journal s'adresse aux candidats aux écoles et aux baccalauréats d'ordre scientifique et aux élèves qui doivent plus tard étudier les sciences. Le journal propose des problèmes (notamment tous ceux qui ont été posés dans les examens et concours); il publie les meilleures solutions reçues, avec les noms de leurs auteurs; les autres bonnes copies sont signalées à la suite.

TRAITÉS DE MATHÉMATIQUES
(Vol. 22/14ᶜᵐ, brochés.)

Arithmétique : classe de Mathématiques, par A. GRÉVY, docteur ès sciences, professeur au lycée Saint-Louis., . . 2 50
Algèbre : classe de Mathématiques, par A. GRÉVY. . . . . 6 »
Géométrie, par A. GRÉVY. — 3 volumes. . . . . 7 »
  Géométrie plane (classes de 2ᵉ C et D). . . . . 3 »
  Géométrie dans l'espace (classes de 1ʳᵉ C et D). . . . . 2 »
  Compléments de Géométrie (cl. de Mathématiques). . . 2 »
Géométrie, par C. GUICHARD, membre correspondant de l'Institut, professeur à la Sorbonne :
  Tome I : *Géométrie plane et dans l'espace.* . . . . . . 6 »
  Tome II : *Compléments.* . . . . 6 »
Géométrie descriptive, par T. CHOLLET, professeur agrégé au lycée de Versailles, et P. MINEUR, professeur agrégé au collège Rollin :
  Tome I *(classes de 1ʳᵉ C et D)*.. . . . . 3 50
  Tome II *(cl. de Mathématiques).* . . . . 3 »
Mécanique (cl. de Mathématiques), par C. GUICHARD, membre correspondant de l'Institut, professeur à la Sorbonne. . . 3 »
Cosmographie (cl. de Mathématiques), par A. GRIGNON. — Vol. illustré, avec 11 pl. hors texte et carte céleste. . . . 3 »

Algèbre : classes de 3ᵉ B et 2ᵉ et 1ʳᵉ C et D, par A. GRÉVY. — Vol. 18/12ᶜᵐ, cart. toile. 2 50
Trigonométrie : classes de 1ʳᵉ C et D et de Mathématiques, par A. GRÉVY. — Vol. 18/12ᶜᵐ, cart. toile.. . . . . . . 2 25

Librairie VUIBERT, Boulevard Saint-Germain, 63, PARIS.

SCIENCES PHYSIQUES

Ouvrages de M. TURPAIN, *professeur à l'Université de Poitiers.*

(Volumes 20/13cm, cartonnés toile):

Notions de physique (cl. de 4e et 3e B). . . . . 3 fr. »
Eléments de Physique (cl. de Philosophie A et B). . . 5 fr. »
Physique (cl. de 2e et 1re C et D et Math. A et B). . . . 8 fr. »
Eléments de Chimie (Cl. de Philosophie A et B), par P. RIVALS, professeur à la Faculté des sciences de Marseille, et E. DEVAUD, professeur au lycée. . . . . 2 fr. 50

Ouvrages de M. J. BASIN, *professeur au lycée de Lille.*

(Volumes 18/12cm, brochés ou cartonnés toile):

Physique (cl. de Seconde C et D). . . . . br. 2 50 : cart. 3 »
— (cl. de Première C et D). . . . . br. 3 50 : cart. 4 »
— (cl. de Mathématiques A et B). . . br. 3 » : cart. 3 50
Chimie (cl. de Seconde C et D). . . . . . br. 1 80 : cart. 2 25
— (cl. de Première C et D). . . . . br. 1 90 : cart. 2 50
— (cl. de Mathématiques A B). . . . br. 2 50 : cart. 3 »
Les trois volumes précédents réunis en un seul. . . . cart. 6 50
Eléments de Chimie (cl. de Philosophie). . . br. 3 » : cart. 3 50

SCIENCES NATURELLES

Ouvrages de M. E. CAUSTIER, *professeur au lycée Saint-Louis.*

Sciences naturelles à l'usage des élèves des classes de Philosophie et de Mathématiques. — Nouvelle édition, conforme au programme du 4 mai 1912 et entièrement refondue. — Vol. 18/12cm, cart. toile. 4 fr. 50
Précis d'Hygiène à l'usage des élèves des classes de Philosophie et de Mathématiques. — Vol. 16/11cm. . . . . 1 fr. 25
Conférences de Géologie. — Vol. 19/13cm, cart. toile. . . 1 fr. 75
Anatomie et Physiologie animales et végétales, édition A. — Vol. 16/11cm, cart. toile. . . . . 3 fr. 50
Sciences naturelles et Hygiène. — Vol. 11/16cm, cart. toile. 4 fr. »
Notions de Paléontologie animale. — Vol. 16/11cm. . . . 1 fr. »
Précis de Sciences naturelles et d'Hygiène, conforme au programme d'admission à Saint-Cyr. — Vol. 18/12cm, cart. toile. . . 4 fr. »

Librairie VUIBERT, Boulevard Saint-Germain, 63, PARIS.

Problèmes de Baccalauréat

Mathématiques, par H. VUIBERT. — Volume renfermant 681 problèmes d'arithmétique, algèbre, géométrie, trigonométrie, géométrie descriptive, mécanique, cosmographie, avec les solutions. — Un vol. 23/14cm de 528 pages en petit texte. 7e édition. . 5 fr. »

Physique et Chimie, par E. BOUANT. — Vol. 23/14cm avec les solutions. 6e édition.. . . . . 3 fr. »

Les problèmes qui sont traités dans ces deux ouvrages n'ont pas été pris au hasard, mais choisis de façon à former un recueil méthodique d'exercices gradués sur les diverses branches des mathématiques, de la physique et de la chimie élémentaires. Les solutions sont très développées ; les discussions, complètes.

LANGUES VIVANTES

THE NEW ENGLISH GRAMMAR (*pour les classes de 4e à 1re*), par J. R. LUGNE-PHILIPON. — Un vol. 20/13cm, cart. toile. . 2 fr. 25

THE NEW ENGLISH RECITER (*pour les classes de 6e à 1re*), par J. R. LUGNE-PHILIPON. — Vol. 18/12cm illust., cart. toile. 1 fr. 25

A VERY SHORT ENGLISH GRAMMAR, by MÉJASSON. — Vol. 18/12cm, cart. toile souple. . . . . 0 fr. 60

NEUE DEUTSCHE GRAMMATIK (*pour les classes de 4e à 1re*), par H. MASSOUL, professeur agrégé au lycée Louis-le-Grand. — Vol. 20/13cm, cart. toile.. . . . . 2 fr. 25

ORTHOGRAPHE ALLEMANDE (Règles de la nouvelle). Texte officiel avec vocabulaire — Brochure 20/13cm. . . . . 0 fr. 30

Texte officiel et traduction française. . . . . 0 fr. 75

POESIE (ITALIANE) SCELTE (*pour les classes de 6e à 1re*), par J. MARCHIONI. — Vol. 18/12cm, cart. toile. 2e édition. . 1 fr. 50

LECTURES ET SUJETS DE CONVERSATION
en langues étrangères

(Volumes 18/12cm, cart. toile.)

" Sprich Deutsch ", von G. STIER und LANG.
" Speak English ", by A.-A. LIÉGAUX-WOOD and LANG.
" Hablad Español ", por S. DILHAN y LANG.
" Parla Italiano ", per cura di G. PADOVANI e LANG.

Ces ouvrages condensent et mettent en œuvre, dans des phrases simples, tout le vocabulaire de la conversation. Écrits sur le même plan, ils se renforcent et se soutiennent mutuellement.

Chaque langue comprend trois degrés :

1er degré, 1 fr. 25. — 2e degré, 1 fr. 25. — 3e degré, 1 fr. 50.

Librairie VUIBERT, Boulevard Saint-Germain, 63, PARIS.

H. VUIBERT (25ᵉ année.)

ANNUAIRE DE LA JEUNESSE
Éducation et Instruction. — Écoles spéciales.

Un beau vol. 18/12ᶜᵐ de 1200 pages, broché. . . . . . 3 fr. 50
relié toile rouge. . . . . 4 fr. 50

Tableau fidèle de tous les enseignements et de toutes les écoles existant en France, l'*Annuaire de la Jeunesse* est appelé à être entre les mains de tous les jeunes gens désireux de s'instruire et tous les pères de famille soucieux de l'éducation et de l'avenir de leurs enfants.

Ouvrages du Lieutenant de vaisseau G. HÉBERT
Directeur du Collège d'Athlètes.

Guide pratique d'Éducation physique. — Magnifique volume 22/14ᶜᵐ, illustré de 411 gravures.. . . . . . 8 fr. »

Le manuel de ceux qui désirent arriver au développement physique complet et harmonieux. S'adresse particulièrement à ceux qui ont déjà un certain acquis. Décrit en détail les *exercices utilitaires indispensables* (marche, course, saut, grimper, lever, lancer, défense et natation); étudie également les *exercices éducatifs élémentaires* qui doivent servir de soutien aux exercices essentiels.

L'Éducation physique raisonnée. — Volume 21/16ᶜᵐ, illustré de 111 gravures. 2ᵉ édition. . . . . 3 fr. »

L'Éducation physique ou l'Entraînement complet par la Méthode naturelle. — Volume 25/16ᶜᵐ, illustré de photographies. 2ᵉ édition. . . . . 2 fr. »

Le Code de la Force. — Volume 18/12ᶜᵐ. . . . 1 fr. 50

La Culture Virile et les Devoirs physiques de l'Officier combattant. — Volume 18/12ᶜᵐ.. . . . . . . 2 fr. »

Ma Leçon-type d'Entraînement complet et utilitaire. — Volume 18/12ᶜᵐ, illustré de 216 gravures.. . 1 fr. 75

Ma Leçon-type de Natation. — Volume 18/12ᶜᵐ, illustré de 52 gravures. . . . . 1 fr. 25

Demander le prospectus détaillé de ces ouvrages.

EXTRAIT DU CATALOGUE

DE LA

LIBRAIRIE VUIBERT

63, Boulevard Saint-Germain, Paris, V^e.

ANNALES DU BACCALAURÉAT

Recueil de tous les sujets donnés, dans toutes les Facultés, aux différentes épreuves écrites du Baccalauréat.

1re partie : chacune des quatre séries.
2e partie : chacune des deux séries.

Les **Annales du Baccalauréat** complètes paraissent depuis 1911.

Chaque année comprend 9 fascicules 18/12^{cm} :

1er Fascicule : **Mathématiques et Sciences physiques** (1re partie : séries *Latin-Sciences* et *Sciences-Langues* ; 2e partie : série *Mathématiques*). . 2 fr. 50

2e Fascicule : **Compositions françaises** (séries littéraires et scientifiques). . . . . 2 fr. »

3e Fascicule : **Versions latines** (séries littéraires et *Latin-Sciences*).. . . . . 1 fr. 25

4e Fascicule : **Versions grecques.**. . . . . 1 fr. 50

5e Fascicule : **Compositions allemandes** (séries *Latin-Langues* et *Sciences-Langues*). . . . . . . 1 fr. 25

6e Fascicule : **Compositions anglaises** (séries *Latin-Langues* et *Sciences-Langues*). . . . . 1 fr. 25

7e Fascicule : **Compositions espagnoles, italiennes, russes et arabes** (séries *Latin-Langues* et *Sciences-Langues*).. . . . . 0 fr. 75

8e Fascicule : **Dissertations philosophiques, Sciences physiques et naturelles** (série *Philosophie*). 1 fr. 50

9e Fascicule : **Dissertations philosophiques** (série *Mathématiques*). . . . . 1 fr. »

Pour les années 1914 et 1915, les fascicules 2 à 9 ne sont pas publiés.

Librairie VUIBERT, Boulevard Saint-Germain, 63, PARIS.

MANUELS DU BACCALAURÉAT
(Volumes 16/11ᶜᵐ)

Première partie

Histoire ancienne *(Latin-Grec, Latin-Langues)*, par L. Homo.
(sous presse).
Histoire moderne, par H. Hauser.. . . . . 1 fr. »
Géographie *(France et colonies)*, par H. Hauser.. . . . . 1 fr. 50
Mathématiques *(Latin-Sciences, Sciences-Langues)*, par MM. Guichard, Humbert et Mineur. — Vol. cart. toile. . . . . 3 fr. »
Physique *(Latin-Sciences, Sciences-Langues)*, par L. Boisard. 3 fr. »
Chimie *(Latin-Sciences, Sciences-Langues)*, par P. Rivals. . 2 fr. 50

Deuxième partie

Histoire contemporaine, par H. Hauser. . . . . . . 1 fr. »
Géographie *(Les principales puissances du monde)*, par H. Hauser. 1 fr. 25
Philosophie, *série Philosophie*, par P. Janet. . . . . . 3 fr. 50
Philosophie et Histoire, *série Philosophie*, par MM. Janet et Hauser. — Vol. cart. toile. . . . . 4 fr. 50
Philosophie, *série Mathématiques*, par P. Janet. . . . . 1 fr. 50
Philosophie et Histoire, *série Mathématiques*, par MM. Janet et Hauser. — Vol. cart. toile. . . . . 2 fr. 25
Mathématiques, *série Mathématiques*, par MM. Guichard, Humbert, Maluski, Mineur, Papelier et Tartinville. — Vol. cart. toile. 4 fr. »
Histoire naturelle, par E. Caustier. — Vol. cart. toile. . 4 fr. »
Physique, *série Philosophie*, par A. Gallotti. . . . . . 3 fr. 50
Physique, *série Mathématiques*, par L. Boisard. . . . . 2 fr. 50
Chimie, *série Philosophie*, par MM. Rivals et Devaud. . 2 fr. »
Chimie, *série Mathématiques*, par MM. Rivals et Devaud. . 2 fr. »

Programmes du Baccalauréat. — Brochure 18/12ᶜᵐ :
Séries littéraires. . . . . 0 fr. 40
Séries scientifiques. . . . . 0 fr. 40

Librairie VUIBERT, Boulevard Saint-Germain, 63, PARIS.

La Composition française au Baccalauréat, à l'usage des élèves de Seconde et Première A, B, C, D, par Max JASINSKI, professeur au lycée de Caen. — Vol. 22/14ᶜᵐ. . . . . 3 fr. »

Cet ouvrage renferme des conseils, de nombreux sujets traités et plans développés et comprend en outre plus de 900 sujets proposés depuis quelques années par toutes les Facultés françaises.

La Dissertation philosophique au Baccalauréat, à l'usage des classes de Philosophie, par J. LEBLOND, professeur au lycée de Charleville. — Vol. 22/14ᶜᵐ. . . . . 4 fr. »

Contient peu de dissertations toutes faites ; on a voulu non pas se substituer aux élèves et paralyser leur initiative, mais les aider dans leur travail, leur suggérer des idées, leur donner les moyens de ne pas rester désarmés devant une question difficile....

La Composition allemande au Baccalauréat et dans les divers examens et concours, par Henri MASSOUL, professeur au lycée Louis-le-Grand. — Vol. 22/14ᶜᵐ. . . . . 2 fr. 50

Contient surtout des sujets de devoirs, des préparations, des *matériaux*. Quelques développements indiqueront aux élèves le but modeste où peuvent atteindre leurs efforts.

La Version latine au Baccalauréat, à l'usage des élèves de Seconde et Première A, B, C, par A. YRONDELLE, professeur au collège d'Orange. — Vol. 22/14ᶜᵐ. . . . . 2 fr. »

Avant d'être composé, ce livre a été professé et soigneusement expérimenté. Aussi rendra-t-il les plus grands services aux élèves, principalement à ceux de Seconde et Première C, qui ne peuvent consacrer à l'étude du latin autant de temps que leurs camarades des classes de lettres.

La Version latine (*Méthode et textes choisis*), par U.-V. CHATELAIN, professeur au lycée Voltaire. — Vol. 22/14ᶜᵐ. . . . . 3 fr. »

En plus de textes choisis, le volume contient des conseils pratiques pour apprendre à faire une version latine et portant sur l'étude du texte et sur la rédaction de la traduction. Il contient aussi la liste des homonymes et des paronymes latins, celle des principaux sens des mots importants et un résumé de la grammaire latine en vue de la version.

Syntaxe latine-française *en vue de la version*, à l'usage de toutes les classes de l'enseignement secondaire, par J. ESTÈVE, professeur au lycée Ampère, à Lyon. — Vol. 18/12ᶜᵐ, cart. toile. . 1 fr. 50

Il y a beaucoup de grammaires latines pour apprendre à écrire en latin, c'est-à-dire à faire des thèmes ; il n'y en a pas pour apprendre à faire des versions. Ce petit manuel a pour but d'apprendre à faire une version.

Librairie VUIBERT, Boulevard Saint-Germain, 63, PARIS.

Vient de paraître :

CAHIER DE LATIN

Méthode auxiliaire pour l'enseignement de la Syntaxe par l'observation directe

par R. GÉANT, professeur au lycée Louis-le-Grand.
Vol. 25/19cm, cart. toile. . . . . 2 fr. 50

Cette méthode se présente sous la forme combinée d'une *collection d'exemples* (verso des pages) et d'un *registre d'observations* (pages blanches au recto).

La *collection d'exemples*, qui contient tous les types de constructions usuelles, est classée selon l'ordre analytique ; elle est destinée à servir de base aux leçons dogmatiques, à munir l'élève d'une bonne *topographie grammaticale*, à exercer sa mémoire et à la meubler de tous les paradigmes essentiels à l'intelligence des textes. Elle représente « tout ce qu'il faut savoir » en syntaxe latine.

En face de cette partie théorique, se constituera peu à peu, au cours des explications d'auteurs et des corrections de devoirs, une collection parallèle de phrases directement *observées* par l'élève, échantillons d'autant plus caractéristiques qu'ils auront été l'objet d'un choix personnel et d'un examen critique. Qu'il s'agisse de la vérification de règles connues ou d'anticipations sur les leçons à venir, ce cahier sera au livre de grammaire ce que l'herbier est au livre de botanique.

L'ENSEIGNEMENT DU FRANÇAIS PAR LE LATIN
(*Mémoire présenté au Premier Congrès de la Langue française en Amérique.*) par Gustave ZIDLER, professeur au lycée Hoche. — Broch. 25/16cm. . . . . 0 fr. 75

Plaidoyer chaleureux, très riche d'arguments, en faveur des études latines.

LA PRONONCIATION DU LATIN, par Louis HAVET,
membre de l'Institut, professeur au Collège de France. — Broch. 25/16cm. . . . . 0 fr. 50

Exposé lumineux de l'état de la question et esquisse d'une solution pratique.

DEUX CENTS VERSIONS LATINES proposées aux concours de l'École Normale supérieure et des Bourses de licence et aux examens de licence, réunies et classées par Henri BORNECQUE, professeur de philologie latine à l'Université de Lille. — Volume 22/14cm, cartonné. . . . . 2 fr. 50

www.ingramcontent.com/pod-product-compliance
Lightning Source LLC
Chambersburg PA
CBHW060321170426
43202CB00014B/2623